J'ose entreprendre !

Créer et diriger son entreprise : 100 risques à éviter pour réussir

STÉPHANE DEGONDE

J'ose entreprendre !

Créer et diriger son entreprise : 100 risques à éviter pour réussir

LE PASSEUR
ÉDITEUR

www.lepasseur-editeur.com

ISBN : 978-2-36890-245-5

« La sagesse suprême est d'avoir des rêves assez grands, pour ne pas les perdre du regard, tandis qu'on les poursuit. »

William Faulkner

« C'est la contemplation silencieuse des atlas, à plat ventre sur le tapis, entre dix et treize ans, qui donne l'envie de tout planter là. Songez à des régions comme le Banat, la Caspienne, le Cachemire, aux musiques qui y résonnent, aux regards qu'on y croise, aux idées qui vous y attendent… Lorsque le désir résiste aux premières atteintes du bon sens, on lui cherche des raisons. Et on en trouve qui ne valent rien. La vérité, c'est qu'on ne sait comment nommer ce qui vous pousse. Quelque chose en vous grandit et détache les amarres, jusqu'au jour où, pas trop sûr de soi, on s'en va pour de bon.

Un voyage se passe de motifs. Il ne tarde pas à prouver qu'il se suffit à lui-même. On croit qu'on va faire un voyage, mais bientôt c'est le voyage qui vous fait, ou vous défait. »

Nicolas Bouvier

Avant-propos

4 ans pour lancer une startup… 4 minutes pour la liquider.

4 minutes, c'est le temps qu'il aura fallu pour prononcer la liquidation de la société CincoSenso, l'opérateur de solutions prépayées que j'avais créé en 2008 avec deux associés.

4 années d'engagement, de risques, d'efforts et de sacrifices, pour faire de cette startup une entreprise rentable, réalisant plus d'1,5 million d'euros de chiffre d'affaires, et faisant vivre 8 personnes.

4 années réduites à néant par la liquidation judiciaire brutale de notre premier client, l'éditeur de coffrets cadeaux Happytime, prononcée le 2 août 2012. Celui-ci représentait plus de 50 % de notre chiffre d'affaires.

La soudaineté et l'absence d'information préalable sur la très mauvaise santé financière de l'entreprise ne nous ont pas permis de prendre les dispositions d'urgence pour sécuriser notre activité. Mais c'est surtout le non-paiement d'une créance de 212 000 euros, sans aucune chance de recouvrement ni aucune possibilité de recours, qui aura décidé de notre sort.

J'ai découvert le 2 août 2012 ce que « catastrophe nucléaire » voulait dire, en langue entrepreneuriale.

Passés les premiers sentiments de trahison et d'injustice, spontanés, forcément inutiles, il m'est apparu nécessaire, salutaire même, de m'interroger sur ma propre responsabilité de dirigeant dans cette issue fatale. Autrement dit, comprendre la fragilité que j'avais pu, par mes décisions ou renoncements, contribuer à entretenir.

De conférences en témoignages divers, mettre des mots sur ces micro-fragilités m'a permis d'en prendre la pleine mesure. Des erreurs anodines, sans effet aucun lorsqu'elles sont considérées individuellement, mais aux conséquences souvent majeures lorsque, mises bout à bout, elles finissent par constituer un macro-risque ! Il suffit alors d'un événement supplémentaire, insignifiant ou majuscule, pour que la ligne du danger, voire le point de non-retour, soit franchie.

Cette histoire, mon histoire, n'est pas unique : 63 000 faillites d'entreprises brûlent chaque année les rêves et ambitions d'entrepreneurs de tous âges et de tous horizons. Un chiffre qui, certes, rappelle le caractère dangereux de l'aventure, mais qui montre aussi l'immense travail qu'il reste à faire pour préparer davantage encore les candidats au grand saut.

Ce livre est donc une nouvelle histoire. Un voyage dans la géographie des risques. 100 points de vigilance identifiés auprès de 51 entrepreneurs – fondateurs de startups, acteurs du commerce innovant ou encore spécialistes des services aux entreprises –, non pour délivrer des vérités et conseils sur le risque entrepreneurial, mais pour amener à réfléchir et s'entraîner pour mieux l'appréhender.

En témoignant sur les principaux écueils qu'ils ont rencontrés, ce sont des réflexes que transmettent ces 51 entrepreneurs. Considérer le risque, c'est avant toute chose s'entraîner au principe de la résolution des difficultés, souvent imprévisibles.

Cet ouvrage est donc un carnet de bord pour entrepreneurs rêveurs ou en devenir, soit près de 30 % des actifs en France. Il propose à tous les aventuriers de l'initiative, vierges de toute expérience entrepreneuriale, de s'exercer à la gymnastique du risque. 100 risques, ce sera beaucoup et bien peu. Ce sera suffisant pour acquérir les bons réflexes qui donneront le goût et neutraliseront la peur.

C'est enfin une ode au courage, au désir de construire et de faire, d'une idée ou d'une passion, une réalité qui se partage. Entreprendre, c'est regarder une montagne, la trouver vraiment très haute, s'attendre à vivre des moments durs et attaquer son ascension malgré tout. C'est le parcours plus que le sommet qui fera la belle histoire. Ce sont les efforts et les difficultés dont on fera une légende…

C'est à ces hommes et ces femmes, animés par la grandeur de l'expérience et l'envie irrépressible d'oser entreprendre, que je dédie ce livre.

Volontarisme
Énergie
Multitâches
Focus
Leadership
Folie
Responsabilité
Choix
Plaisir
Engagement
Rencontre
Audace
Stratégie
Commerce
Dévouement
Agilité
Liberté
Destin
Volonté
Vision
Aventure
Innovation
Autonomie
Convaincre
Rêver
Arbitrage
Chercher
Curiosité
Solitude
Passion
Gestion
Créativité
Dignité
Inconnu
Schizophrénie
Ténacité
Fun
Action
Détermination
Adrénaline
Risque
Satisfaction
Défi
Travail
Expérience
Imagination
Abnégation
Enthousiasme
Confiance
Invention
Épanouissement
Courage
Stress
Initiative
Inconscience
Valorisant
Optimisme
Persévérance
Construction
Bonheur
Partage
Émancipation
Obstination
Excitant

Demandez à 51 entrepreneurs de qualifier en 3 mots ce que représente pour eux la création d'entreprise, et vous obtenez un nuage autour du mot « liberté ».

Quel paradoxe que ce plébiscite, d'ailleurs, quand on découvre que la liberté à laquelle on aspire tous, au moment de se lancer, n'existe pas. Entreprendre n'est pas gagner *la* liberté mais *une* liberté : celle de choisir le chemin et la direction, le rythme et la pression que l'on s'impose, les personnes avec lesquelles on souhaite avancer et travailler, ou encore les sujets sur lesquels concentrer son intérêt et sa curiosité.

Une liberté sous contrainte évidemment, mais *une* liberté qui vaut plus que les autres assurément.

Préambule

12 heures, le tour complet d'un cadran d'horloge… Une révolution au pas de course pour tous ceux qui s'investissent dans un projet d'entreprise. Un effort presque standard, tant ils sont nombreux ceux qui étirent leurs journées des premières heures du matin aux confins de la nuit.

Un entrepreneur travaille 12 heures par jour, et généralement bien plus. 12 heures de hauts et de bas, de joies et de déceptions, d'échanges et de rencontres, d'actions à mener et de décisions à prendre. 12 heures d'initiatives et de difficultés à surmonter, pour finir chaque journée en ayant avancé plus loin encore. 12 heures à apprendre sur soi et à lutter contre ses propres travers, pour grandir en expérience et en compétences.

Le risque de l'entrepreneur se cache dans chaque heure d'une même journée : en prendre conscience est la meilleure des clés pour bien décider, bien agir puis réussir.

À chaque risque, son tableau de bord. Visuels et synthétiques, chacun d'entre eux renseignera sur l'appréciation du risque tel que perçu par les entrepreneurs ayant contribué à cet ouvrage.

Les 12 heures de l'entrepreneur

heure 1 Passer de la naïveté et des illusions au **réalisme**

heure 2 Passer de la prudence et de l'appréhension à l'**audace**

heure 3 Passer de l'excès d'optimisme et de confiance à la **lucidité**

heure 4 Passer de l'inexpérience et de l'immaturité à la **sagesse**

heure 5 Passer du manque de jugement et d'appréciation à la **clairvoyance**

heure 6 Passer de la précipitation et de l'approximation à la **raison**

heure 7 Passer de la méconnaissance et du manque d'ouverture à la **réflexion**

heure 8 Passer de l'aveuglement et de l'inconscience à la **responsabilité**

heure 9 Passer de l'orgueil et de la satisfaction à l'**humilité**

heure 10 Passer du laxisme et des omissions à l'**exigence**

heure 11 Passer de la passivité et de la faiblesse à l'**initiative**

heure 12 Passer du pessimisme et du renoncement à la **foi en soi-même**

Heure 1

Passer de la naïveté et des illusions au réalisme

RISQUE N° 1 | Attendre *la grande idée* pour se lancer

« Vous avez une idée aujourd'hui, une meilleure idée demain, mais la meilleure de toutes… jamais ! »

SIR ROBERT WATSON-WATT

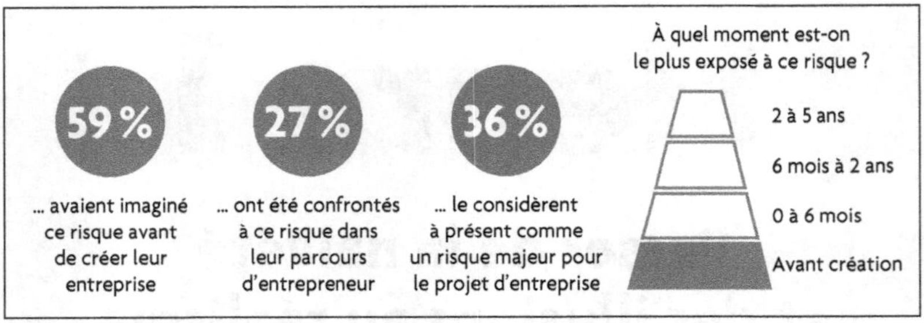

« J'aimerais créer une entreprise… mais je n'ai pas d'idée. »

Il suffit de peu de mots pour faire d'une envie un projet qui s'évapore, et d'une bien mauvaise raison pour se laisser glisser vers la facilité du renoncement.

Combien sont-ils à l'attendre, cette grande idée – celle qui promet un nouveau départ, une forme de liberté, parfois une richesse toute relative ?

Des milliers, des millions sans doute. On compte 29 millions d'actifs de plus de 15 ans en France, 15 millions d'aspirants entrepreneurs, et seulement 538 000 créations d'entreprises en 2013. Ça en fait de la place, pour les rêves trop vite abandonnés !

Attendre la grande idée, c'est oublier qu'une idée, aussi géniale soit-elle, reste un concept subjectif et personnel. La belle idée de l'un n'est pas forcément la grande idée de l'autre, et inversement. Et pour des raisons toutes simples : nos histoires personnelles, nos parcours professionnels, nos sensibilités, nos personnalités, nos ambitions, nos cultures et nos conditions de vie diffèrent.

C'est oublier, aussi, que c'est bien souvent le succès qui donne à l'idée toute sa noblesse, et fait de l'entrepreneur un visionnaire. Une grande idée a donc du génie… *a posteriori* !

C'est oublier, encore, que pour avoir des idées, il faut être un sportif de l'idée, un super-athlète entraîné à la gymnastique de l'observation, de la découverte, de la curiosité et de l'apprentissage. Lire, s'informer, rencontrer, discuter, voyager, se questionner sans cesse, sont les réflexes et habitudes qui donnent de la couleur aux idées. Attendre que la plus grande des idées tombe du ciel, c'est risquer le torticolis à trop regarder en l'air…

C'est oublier, enfin, qu'une bonne idée ne veut pas nécessairement dire « révolution » ou « invention », même si la tentation de transformer le monde et d'être reconnu pour cela est bien tentante… De simples évolutions souvent suffisent : reconsidérer l'usage et l'expérience d'un service ou d'un produit, adapter l'innovation d'un autre secteur ou encore modifier un *business model*.

Bref, attendre la plus grande des idées, c'est prendre le risque de ne jamais la trouver… et rester dans le songe.

À retenir :

- Attendre une grande idée, c'est aussi se poser la question de sa véritable envie d'entreprendre. Et si l'attente était prétexte à différer, voire même une bonne excuse pour ne pas se lancer ?
- Ce n'est pas l'idée qui fait le grand projet, mais la capacité à la mettre en œuvre.
- Les idées ne surgissent pas par hasard. Une seule solution pour les chercher et se donner toutes les chances de les trouver : regarder, écouter, sortir, s'ouvrir, se questionner.

RISQUE N° 2 | Croire qu'il est facile de créer une entreprise

« S'il était aussi facile de faire que de savoir ce qu'il faut faire, les chapelles seraient des églises et les chaumières des palais. »

William Shakespeare

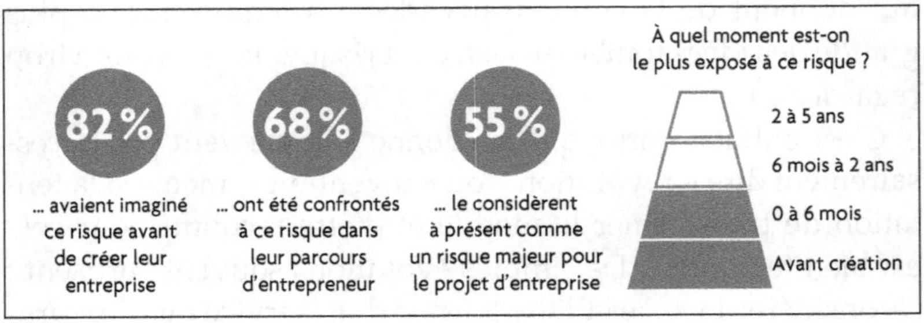

À les voir, tout paraît si simple : une idée sur un banc d'école, quelques copains pour des nuits laborieuses et sans sommeil, des fonds d'investissement qui déversent l'argent presque sans compter, et des médias enthousiastes qui s'emparent du projet pour en faire un nouvel exemple de réussite. La rapidité rend le succès accessible. Disons plutôt qu'elle entretient cette illusion.

Car créer une entreprise n'a rien de facile. C'est d'ailleurs pour cela que l'exercice est passionnant.

Entreprendre, c'est décider de partir en pleine mer sans véritable préparation. Si formations et conseils délivrent des outils et des techniques pour manier le bateau, deux données essentielles manquent : quel va être l'état de la mer ? Et aura-t-on le pied marin ? L'entrepreneur est un marin qui se découvre en pleine mer, une fois la côte perdue de vue. Et la navigation se fait rarement par temps calme…

Entreprendre, c'est aussi savoir redevenir un anonyme : un nom sans statut, une entreprise sans notoriété ni réussite, une marque sans passé. Tout est à construire, en commençant par les fondations. C'est aussi apprendre que les briques se posent avec patience, l'une après l'autre, et dans le bon ordre. L'entreprise est un chemin constitué d'une multitude d'étapes à valider, et d'une multitude d'écueils à éviter.

Entreprendre oblige, enfin, à composer avec de nouvelles contraintes, et résoudre des équations complexes à inconnues multiples. Et puisque l'exercice serait trop simple si on s'en tenait là, les variables changent en permanence. Être entrepreneur, c'est devenir un as de la mathématique agile !

S'il est tentant de penser l'aventure facile, il sera plus facile encore de se laisser surprendre par la difficulté. Et, en langue entrepreneuriale, surprise se dit aussi déstabilisation.

L'entrepreneuriat est donc une chose incertaine qui garantit une chose certaine : rien ne sera facile, mais tout se vivra intensément. Et c'est là sans doute ce qui fait toute la valeur de l'aventure.

Hugues Franc

BEELEEV

J'ai créé Beeleev – un réseau international pour entrepreneurs – en 2013, après avoir fondé puis dirigé l'association Réseau Entreprendre Paris pendant plus de 10 ans.
Repartir de zéro a été pour moi quelque chose d'exaltant : tout était inconnu, vierge, à construire... Je voulais aussi me détacher des « faux dieux » – recherche de renommée, succès, pouvoir, argent – qui paralysent et empêchent de prendre des risques et d'avancer. Et puis, avoir côtoyé et accompagné des centaines d'entrepreneurs pendant des années me poussait moi aussi à tenter d'entreprendre. Cette première année d'activité fut à la fois incroyablement grisante et compliquée. J'ai eu à gérer une séparation avec un associé, comme beaucoup d'entreprises car nos engagements et nos attentes ne se correspondaient finalement pas. Il y avait des signes annonciateurs. Je sentais que quelque chose ne collait pas mais je repoussais sans cesse l'occasion d'en parler. Je ne voulais pas fragiliser l'entreprise par mes questions et mes doutes. La distance (je suis à Paris, mon ex-associé vit à New York) ne nous facilitait pas

•••

la tâche non plus. Il nous fallait dans tous les cas éviter à tout prix le différend qui paralyse.
J'ai aussi dû faire face à un nouvel anonymat. Je quittais un poste de direction, visible et relationnel. Je me retrouvais dans une nouvelle situation : n'être plus utile aux autres, mais rechercher les autres parce qu'ils me sont utiles. Je n'étais plus contacté mais je devais contacter. Enfin, je comptais faire une levée de fonds rapide, mais il m'a fallu beaucoup plus de temps que prévu pour définir puis valider le *business model* et vendre les premières prestations.
Je retiens de tout cela une chose : la nécessité d'être bien accompagné pour réussir à se battre dans la durée et avoir l'énergie de persévérer.
Monter une entreprise n'est pas facile – et tant mieux ! La facilité endort et bride toute créativité et tout élan. Alors oui, comme tout le monde, je fais des erreurs. Mais qu'est-ce que j'apprends !

À retenir :

• L'expérience sera plus forte, plus riche, plus dure aussi, que ce qui avait été imaginé.
• Ce qui compte n'est pas de se préparer à certaines épreuves, mais de s'entraîner à devoir aborder et surmonter toutes les épreuves.
• L'entrepreneuriat est un escalier qui se construit à mesure de son ascension, chaque nouvelle marche pouvant amener à changer de direction.

RISQUE N° 3 | Croire qu'être entrepreneur, c'est être libre à 100 % !

« Naviguer, c'est accepter les contraintes que l'on a choisies. C'est un privilège. La plupart des humains subissent les obligations que la vie leur a imposées. »

Éric Tabarly

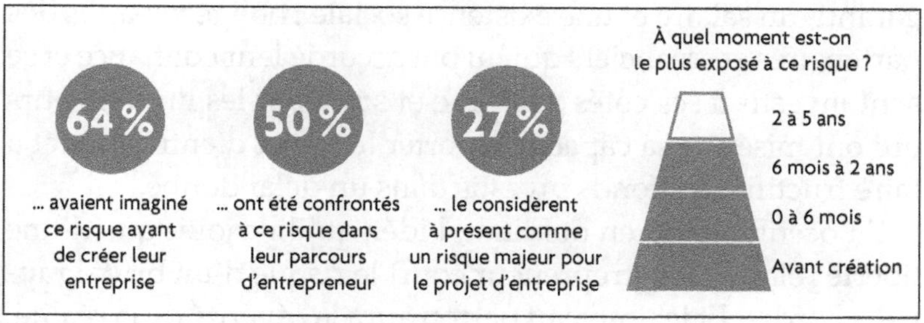

Posez la question suivante autour de vous, à ceux qui viennent d'entreprendre, à ceux qui en rêvent, surtout : « Pour quelle raison voulez-vous créer une entreprise ? »

La « liberté » sera à coup sûr le mot magique ! Être libre d'écrire sa propre histoire, devenir le maître de son destin, et ne plus subir les convictions et décisions d'un autre.

Et ils ont évidemment raison d'y aspirer !

Quelle formidable idée que celle d'inventer l'entrepreneur que l'on a envie d'être, de réfléchir à son propre futur et pouvoir décider la direction qu'on veut lui donner, de choisir la pression que l'on s'impose, de définir le rythme et les conditions du développement de son entreprise, la hauteur des risques que l'on accepte de prendre, de choisir les hommes et les femmes avec lesquels travailler, de gérer son propre agenda et fixer ses horaires de travail, de décider la fréquence et la longueur des pauses que l'on s'accorde…

Car entreprendre, c'est évidemment tout cela et bien d'autres choses encore. Mais croire que la nouvelle liberté acquise ressemble à une liberté absolue est un bien dangereux mirage. En effet, un entrepreneur est en réalité une femme ou un homme qui vit et se projette sous contraintes. Des contraintes qu'il s'est choisi, certes… mais des contraintes quand même !

Un entrepreneur est donc dépendant : enfermé dans ses responsabilités, sa conscience professionnelle, et l'impossibilité de tout plaquer du jour au lendemain ; dépendant des clients qui constituent son assurance pérennité et sa source de rémunération ; engagé vis-à-vis de ses salariés, auxquels l'entreprise garantit un salaire et une existence sociale ; obligé vis-à-vis des partenaires et créanciers qui lui ont accordé leur confiance et se sont investis à ses côtés ; observé et suivi par les investisseurs qui ont misé sur sa capacité à porter le projet d'entreprise et à faire fructifier les fonds investis dans un délai donné.

En occultant, ou en oubliant, l'idée qu'il ne jouit que d'une liberté relative, l'entrepreneur court le risque d'un brutal rappel à l'ordre. Et le nouveau patron aura la sévérité de la réalité.

Patricia Dumesny

SIMONET CONSEIL

Lorsque je me suis lancée dans cette aventure – la création, avec mon associée, de notre propre société de coaching –, c'est bien l'appel du large qui nous a séduites : devenir libres de nos choix, de nos décisions, de notre organisation et être enfin à même d'adapter plus souplement nos horaires, pour mieux « coller » à nos priorités personnelles. Mais nous n'étions pas pour autant naïves, et nous nous doutions bien que toutes les contraintes n'allaient pas totalement disparaître d'elles-mêmes.

Nous avons d'abord dû (ré)apprendre à travailler ensemble, c'est-à-dire à composer et accepter des compromis entre nous. Mais il a également fallu respecter les exigences directes – et parfois rudes – de nos clients, sans le filtre d'une hiérarchie souvent bien confortable ; apprendre aussi à bien sélectionner les éventuels cabinets partenaires qui permettraient d'accélérer le développement d'une jeune structure.

Les contraintes économiques se sont très vite imposées d'elles-mêmes, mais c'est la rançon de ces libertés retrouvées. Au-delà de

•••

• • •

nos maigres fonds propres, la relation directe avec le banquier est rapidement devenue un impératif régulier. Quant aux clients, nous avons dû accepter de fournir des prestations que nous n'avions pas prévues – ou envie – de réaliser, voire d'accroître leur nombre sans pour autant facturer davantage...

Je me suis donc adaptée à ce que souhaitaient nos clients, en veillant à maintenir le rythme qui convenait à ma vie personnelle. Mais, quoiqu'il en soit, j'ai gardé à l'esprit, en permanence, à quel point ces nouvelles libertés étaient grandes, en regard des nouvelles contraintes qu'il me fallait accepter.

À retenir :

- **La liberté absolue n'existe pas : on évolue toujours en environnement contraint.**
- **Créer son entreprise, c'est pouvoir choisir et considérer les nouvelles libertés acquises comme prioritaires, et les nouvelles contraintes associées comme secondaires.**
- **Un entrepreneur est libre de son temps, de ses choix et de ses rêves.**

RISQUE N° 4 | Vouloir lancer un projet *new-tech* quand on n'est pas un *geek* !

> « *Je ne crois pas aux improvisateurs. En réalité, le grand art est toujours le produit d'une extraordinaire habileté technique.* »
>
> FEDERICO ZERI

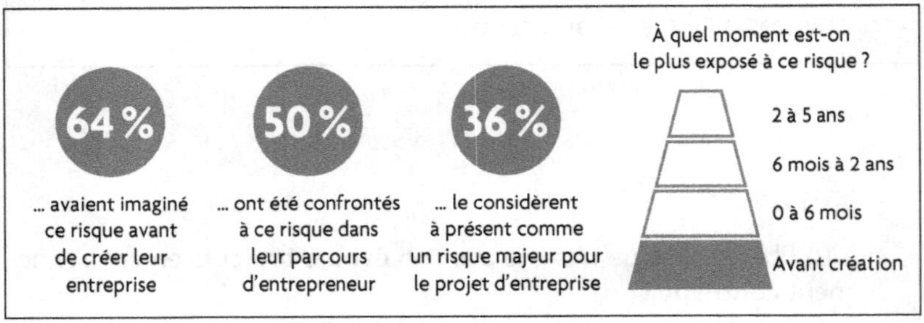

Facebook, Snapchat, WhatsApp ou encore Oculus… La révolution digitale construit ses nouveaux héros. Ils ont moins de 30 ans, font des sweats à capuche et des baskets leur bleu de travail, et définissent une nouvelle façon de gagner sa vie en inventant le métier qui divertit. La capitalisation de leur société a le goût des milliards, et leur réussite la saveur d'une ascension fulgurante. Ils prouvent qu'il est aujourd'hui possible de créer un mastodonte en 5 ans, avec une équipe de quelques dizaines de personnes seulement.

La bonne idée digitale est donc dans l'air du temps, portée par l'enthousiasme de jeunes diplômés ou d'ex-cadres salariés : d'apéros en soirées, chacun y va de sa superidee.com.

Mais si le projet numérique s'énonce facilement, la mettre en œuvre est une toute autre affaire – surtout lorsque le mot « code » n'évoque que les 4 chiffres de sa carte bancaire…

Car inventer une entreprise digitale sans être un *geek* ou un spécialiste du langage informatique – le « code », cela oblige à chercher ailleurs les compétences nécessaires au développement de la plateforme informatique. C'est devoir composer avec un nouvel univers, sans en maîtriser les us et coutumes, la culture ou encore les réseaux d'influence. C'est être dépendant d'une technologie que l'on ne maîtrise ni ne comprends, et s'exposer à des risques que l'on ne peut donc anticiper.

Un risque de recrutement, tout d'abord, tant il est difficile d'évaluer les compétences de candidats dont on ne connaît pas le niveau des études effectuées, la valeur des expériences professionnelles, ni même la qualité de l'expertise acquise. Comment donc s'assurer de la bonne adéquation du profil avec les besoins concrets de l'entreprise ?

Suit le risque d'une association qui ne fonctionne pas, en faisant le pari d'un mariage opportuniste pour répondre au seul besoin technique. Autrement dit, s'associer avec un expert informatique pour pouvoir développer la plateforme sans avoir à investir, mais sous-estimer tout ce qui « fait » la vraie relation d'associés : très bien s'entendre, avoir envie de construire ensemble, des personnalités qui se complètent et se correspondent, des valeurs communes, des ambitions qui se rejoignent. Un autre sujet peut également fragiliser la bonne relation d'associés : se laisser tenter par une répartition de capital très déséquilibrée, qui favorise celui qui a eu l'idée et sous-estime la valeur clé de l'expertise technique, c'est-à-dire le développeur qui va la mettre en œuvre.

En outre, confier le développement de la plateforme à un tiers, agence ou indépendant, sans considérer le droit de la propriété intellectuelle, induit un risque de propriété du code source. En d'autres termes, acheter une voiture sans être propriétaire du moteur, et courir le risque de finir la course à pédales en cas de litige…

Citons enfin le risque de dépendance intellectuelle, à faire reposer les choix technologiques de l'entreprise sur un collaborateur non associé de l'entreprise.

Le bon concept technologique s'étudie souvent sous le seul angle de l'originalité marketing : c'est oublier le rôle déterminant de l'expertise technique pour le faire sortir de l'ombre.

François-Xavier Tanguy
ADVISE UP

Notre objectif, avec mon associé, était de développer un réseau social de projets sur Internet en 2007. Nous avions la vision du projet, la valeur ajoutée du service qu'on pouvait apporter, les prémices d'une communauté active et engagée, mais non les compétences techniques pour développer notre plateforme communautaire. Nous avons donc fait appel à une agence de développement que plusieurs contacts nous avaient recommandée. Novices en la matière, nous leur avons fait confiance spontanément. Pour exprimer clairement nos besoins, nous avons établi un cahier des charges rigoureux et bien détaillé, afin de minimiser au mieux les allers-retours avec l'agence, et l'avons fait valider par un autre ami expert, pour valider la clarté de nos demandes.

Mais ces quelques garanties n'ont pas permis de sécuriser l'avancement du projet, notre agence n'ayant pas su développer le site dans les temps convenus. Allers-retours interminables, délais de production trop longs, bogues omniprésents... Nous souhaitions faire un bon coup de communication en couplant la sortie de notre livre *Des rêves plein le monde* – qui expliquait la genèse de ce projet – et le lancement de la plateforme dreamshake.com.

Résultat : départ à zéro avec une autre agence, perte sèche de 15 000 euros et retard de 8 mois dans notre lancement officiel.

Excès de confiance de notre part ? Manque de rigueur de l'agence ? Cette situation a révélé notre inexpérience en entrepreneuriat, avec un manque évident à la fois d'expertise dans la conduite d'un projet informatique et très technique, et d'exigence quant à la qualité des livrables et le respect des délais.

À retenir :

- **Se lancer dans un projet technologique passe par l'apprentissage nécessaire d'un nouveau langage pour pouvoir échanger avec ceux qui seront chargés de sa mise en œuvre.**
- **Penser application numérique, c'est penser, aussi et surtout, compétence clé, pour lui donner vie et la faire grandir.**
- **La meilleure des plateformes, c'est celle dont on est propriétaire !**

RISQUE N° 5 | Rêver trop fort… et rester dans le rêve

« Une idée sans exécution est un songe. »

DUC DE SAINT-SIMON

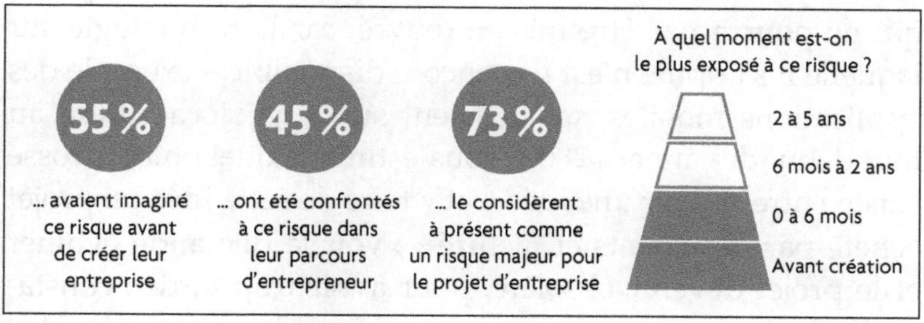

S'il y a bien un rêve qui se partage, c'est celui de créer son entreprise. Un tiers des Français y aspire, donnant à ce projet une place de choix entre les désirs d'achat de maison principale et les envies de tour du monde. Si l'on y réfléchit bien, créer une entreprise est finalement un peu la combinaison des deux : constituer un patrimoine grâce à son outil de travail, et tenter le voyage vers ce monde inconnu qu'est l'initiative entrepreneuriale.

Nombreux sont les ingrédients du rêve : se réaliser, exprimer son potentiel ou sa créativité, donner du sens à son investissement professionnel, chercher le bonheur ou un moyen de l'atteindre, prendre son indépendance et gagner sa liberté, changer de vie ou simplement de statut social, répondre à un fantasme de richesse ou de célébrité, chercher la reconnaissance, prouver que l'on sait aller au bout d'un projet, ou encore fuir un quotidien qui ne donne pas entière satisfaction.

Il faut dire que rêver a de nombreux avantages. Cela ne coûte pas grand-chose, si ce n'est le temps que l'on consacre à penser. Cela permet de changer d'histoire, à volonté, lorsqu'une idée plus belle encore se présente, reléguant l'ancienne au statut d'idée qui a fait son temps. Et puis tout est permis dans le rêve : les grandes innovations comme les plus belles réussites. Quand on rêve, on imagine, on réfléchit, on invente, on se projette. Comme par magie, les mots « contraintes », « sacrifices » et « risques » ne font pas partie du vocabulaire.

Mais s'enfermer trop longtemps dans le rêve, c'est risquer aussi d'y rester coincé. Passer son temps à réfléchir à un projet qui ne pourra pas être mis en œuvre, car la technologie sur laquelle il s'appuie n'est pas encore disponible – exemple des applications mobiles qui misaient sur la géolocalisation au tout début des années 2000 ; sous-estimer à quel point le fossé existe entre « avoir une idée » et « faire de cette idée un projet acheté par des clients et facturé » ; voir la demande évoluer et le projet devenir obsolète, pour avoir trop tardé ; constater l'arrivée de concurrents plus rapides, plus organisés, plus aventureux peut-être ; et, à trop rester statique et bloqué sur l'idée, perdre le carburant nécessaire à toute initiative : le rythme et l'envie.

Rester dans le rêve de la création d'entreprise, c'est finalement choisir le confort de réflexions qui n'engagent pas vraiment, tout en donnant l'illusion que tout reste possible, et refuser l'inconfort de l'action qui expose et confronte aux sanctions du réel. À bien y réfléchir, c'est peu à peu rendre son projet impossible…

Rudy Muti

CRÈCHES ET MALICES

Je me suis rendu compte assez rapidement que l'envie d'entreprendre et de créer le produit/service parfait peut conduire à trop conceptualiser l'idée ; alors que l'essentiel reste sa mise en application : définir une stratégie « pratique » et tenir compte des premiers retours d'expérience pour pouvoir s'adapter au plus vite.

Quand j'ai commencé à réfléchir au projet et à bâtir mon modèle économique, je voulais absolument tout maîtriser, prévoir le moindre coût et le plus précisément possible, évaluer mes revenus exhaustivement... Je considérais qu'il me fallait être le plus proche

•••

de la réalité pour que cela se passe bien, et que mon développement soit sécurisé. Je crois qu'à un moment, à trop vouloir en faire, j'aurais pu perdre le fil de mon projet, en oublier le sens et l'objectif. J'avais le sentiment de perdre ma volonté d'entreprendre, et surtout mon insouciance. Mon besoin de tout contrôler était à la fois rassurant et paralysant. Plus je contrôlais, plus je voulais maîtriser, et plus la perspective de se lancer pouvait être impressionnante. J'aurais presque pu trouver dans le temps passé au contrôle une bonne excuse pour repousser le moment de me lancer.

Fort heureusement, mon goût pour l'action, partagé par mes coéquipiers associés, m'a permis de ne pas trop m'appesantir et de me lancer vraiment. Je suis donc allé voir des investisseurs et des banquiers. Je me suis confronté à leurs points de vue et leurs objections. J'ai mûri mon projet grâce à ces retours. Et les choses ne se sont pas du tout passées comme je les avais initialement envisagées ! J'ai réadapté ma structure de revenus et de coûts, et validé, au contact du terrain, ma vision et la pertinence de mon offre.

Le rêve a d'abord été mon moteur, et la mise en œuvre, un moteur plus fort encore. L'entrepreneur doit être avant tout un homme d'action, qui a une vision à défendre et fait preuve d'agilité pour atteindre son idéal. Je doute que les seuls rêveurs fassent de bons entrepreneurs !

À retenir :

- **Plus on rêve, plus la probabilité que le rêve devienne réalité s'éloigne.**
- **C'est en agissant que l'on donne à son projet les meilleures chances de réussite : réfléchir pour définir et construire, essayer et tester pour apprendre et corriger, puis recommencer.**
- **S'il n'y a pas 100 % de gagnants à la création d'entreprise, 100 % des gagnants ont tenté leur chance.**

RISQUE N° 6 | Se lancer sans le soutien de ses proches

« La créativité est une fleur qui s'épanouit dans les encouragements mais que le découragement, souvent, empêche d'éclore. »

ALEX FAICKNEY OSBORN

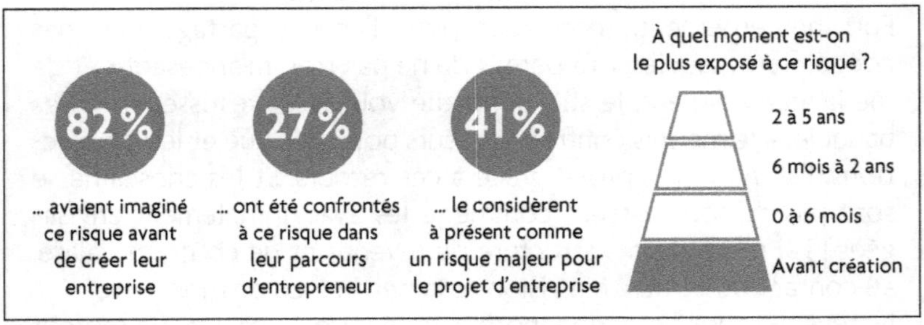

« Si tu te lances, je te quitte ! » Souhaitons que nul entrepreneur n'ait eu à entendre ces quelques mots, propres à terrasser les plus vaillants des ambitieux. Quoique certains trouveront peut-être là une vraie source d'encouragement, sait-on jamais…

Créer une entreprise, c'est faire rentrer une troisième personne dans la vie de couple, et, pour les grandes familles, avoir un invité à durée indéterminée à la maison ; un intrus envahissant, qui s'immisce dans chacun des interstices du quotidien et accapare le temps libre et les discussions.

La création d'entreprise est une décision à implications multiples, mais à bénéfice variable. En effet, si l'entrepreneur peut espérer un juste équilibre entre les sacrifices consentis et le sentiment de se réaliser, c'est bien souvent une toute autre histoire que l'entourage s'apprête à vivre.

Car partager la vie d'un entrepreneur, c'est sortir d'une vie maitrisée pour un voyage en 4x4 à la destination incertaine ; Un changement de train de vie qui touche les aspects du quotidien comme les projets futurs : les sorties en famille ou entre amis deviennent moins fréquentes, les vacances moins longues et moins exotiques, la voiture moins luxueuse, etc. C'est perdre aussi un peu celui qui entreprend, moins disponible, plus préoccupé, et qui fait du secret une nouvelle habitude pour préserver son entourage des écueils et interrogations du quotidien ; c'est vivre enfin ses excès de joie et ses périodes d'abattement, entendre jusqu'à l'épuisement le récit de ses aventures, ses projets et ambitions. L'entrepreneur fait du mono-sujet un nouvel art de vivre, et de son entourage un public tout trouvé !

Quelle réaction, quelle peur la prise de risque génère-t-elle chez les proches ? Comment appréhendent-ils l'éventualité d'un échec ? Que sont-ils prêts à accepter en termes de réduction de niveau de vie, et qu'est-ce qui est inenvisageable ? Le projet est-il compatible avec les aspirations des proches, les études des enfants ou un projet d'investissement immobilier par exemple ?

Des questions pas si anodines que cela. Ne pas s'interroger peut conduire à prendre son entourage en otage, ou passer à côté du meilleur rempart contre les difficultés : le soutien qui rassure, crée l'équilibre et la confiance. Répondre aux inquiétudes par des promesses faciles et intenables « Un an de sacrifices et la belle vie ensuite », garantit une somme de reproches à brève échéance. Compter sur le succès rapide de l'entreprise pour récompenser la confiance obtenue – en se versant des dividendes par exemple – c'est faire peser sur l'entreprise des obligations qui ne sont pas forcément en phase avec ses enjeux stratégiques véritables (peut-être aurait-il été préférable de garder les dividendes dans l'entreprise pour financer son développement…).

C'est en oubliant que « soutenir » a deux sens – être encouragé et être aidé – que l'entrepreneur se prive de sa meilleure assurance risque : un entourage uni derrière lui.

À retenir :

• Entreprendre sans le soutien de son entourage oblige à se battre sur deux fronts sans interruption : professionnel dans la journée, personnel les soirs et week-ends.
• Les promesses de réussite imminente sont à éviter. Le poids du reproche sera largement supérieur à la sérénité précaire obtenue.
• Tout silence sur la vie de l'entreprise sera suspect. Il faut donc savoir parler avec mesure des difficultés, sans en faire une source d'inquiétude, et célébrer les succès pour être encouragé à poursuivre.

RISQUE N° 7 | Faire du sacrifice héroïque de l'entrepreneur une vertu

« Montrez-moi un héros, et je vous écrirai une tragédie. »

Francis Scott Fitzgerald

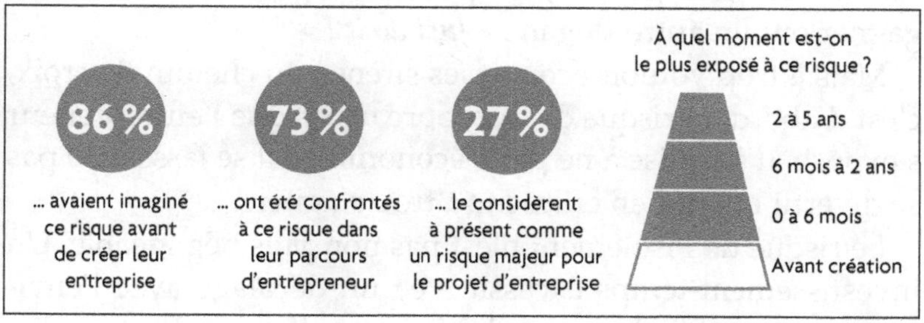

« L'entrepreneur est un galérien. » Cliché tenace, qui transforme bien vite le rêve en sacerdoce. « Un entrepreneur travaille 15 heures par jour et ses week-ends ressemblent à un jour de semaine ; il ne prend jamais de vacances, et vit, ou plutôt survit, sans se payer ; il ne voit jamais sa famille, et finit par se séparer ou divorcer… »

Ainsi présentée, convenez que l'histoire a un bon air de thriller ! Et pourtant, combien sont ceux qui se laissent facilement happer par une fatalité dont ils finissent par se faire une règle, comme si les sacrifices et l'abnégation exaltaient leur engagement dans l'entreprise ? Plus l'entrepreneur souffre, plus la victoire sera belle ! Plus il souffre, plus il se sent valorisé, admiré, reconnu. Il y a une forme de complaisance dans la difficulté ; le syndrome de la réussite à la française…

Parce qu'au pays des « coqs », une vraie victoire doit être flamboyante, se faire dans la douleur, et déjouer tous les pronostics. Le sportif français est un héros qui a rendez-vous avec l'Histoire. La vraie victoire, c'est battre les *All Blacks* en demi-finale de la Coupe du monde de rugby, en 1999 : un exploit, une équipe héroïque… Aucun superlatif ne manque lorsqu'il s'agit de chanter la fierté tricolore, de même que les citations censées leur donner raison : « Impossible n'est pas français » – qui était d'ailleurs le slogan sur le bus de l'équipe de France de football, pour la Coupe du monde 2014 –, « C'est parce que c'était impossible qu'ils l'ont fait »... Même si le réflexe de perdre en finale est aussi devenu un sport national. Il faut dire qu'en général, en sport, ceux qui ont l'habitude de gagner ont un autre slogan : « *Just do it !* »

Mais à trop vouloir écouter les sirènes du chemin de croix, c'est d'abord au risque de sa propre usure que l'entrepreneur s'expose. Il s'épuise à ne pas s'économiser. Il se lasse à ne pas se divertir et perd en efficacité à trop s'agiter.

Le risque de l'isolement n'est pas non plus négligeable. Un investissement-temps excessif crée un décalage avec l'environnement familial et amical. Manquer d'attention et de disponibilité pour ses proches éloigne peu à peu des moments de partage et d'échange : week-ends, vacances, loisirs, événements familiaux. Des instants pourtant nécessaires, qui équilibrent et ressourcent.

Investir démesurément, c'est aussi courir le risque de nourrir l'incompréhension des salariés : quand l'entrepreneur pense leur donner l'exemple, eux se disent qu'ils n'aimeraient pas être à sa place, et se demandent si ses excès ne traduisent pas de profondes inquiétudes quant à la situation de l'entreprise... On n'est pas très loin de l'effet contre-productif...

Si une question doit donc être posée, elle n'est pas : « A-t-on beaucoup transpiré ? », mais : « A-t-on raisonnablement transpiré utile ? » Une question apparemment simple, qui fait assurément toute la différence.

Jean-Baptiste Rousset

MABELLEPHOTO.COM

Je pense souvent au navigateur Gérard d'Aboville qui a traversé l'Atlantique en solitaire à la rame. Si on analyse sa situation à un instant *t* quelconque de sa traversée, on peut être tenté de penser que c'est juste un type qui rame... On peut aussi voir les choses

autrement, et se dire que cet homme est en train de traverser l'Atlantique à la force des bras ! Une même chose à regarder, mais deux façons différentes de regarder.
J'aime regarder un parcours à la lumière de cette métaphore. Deux regards possibles : un entrepreneur qui rame, comme n'importe quel autre ; ou un entrepreneur qui construit son entreprise, à force de volonté et de persévérance, un peu héroïque sans doute dans ses sacrifices. « Je ne compte pas mes heures, j'ai réduit mon salaire, je suis plus préoccupé qu'avant. »
Cette image est pour moi un moteur, pour ne pas me laisser gagner par la lassitude quand je regarde autour de moi mon entourage progresser financièrement et partir en vacances.
Alors oui, peut-être faut-il se sentir un peu héros, pour tenir ou avoir envie d'aller toujours plus loin.
Et parfois je me pose cette question : pourrais-je un jour aller trop loin sans m'en apercevoir ? J'essaie donc de garder en tête à quel point il est nécessaire d'être un rameur avisé et conscient, qui sait regarder régulièrement son GPS pour savoir à quel rythme il avance, et vérifier aussi qu'il avance suffisamment. Ramer en pensant, donc... Et être un héros, mais pas trop, pour rester lucide et ne pas se mettre en danger.

À retenir :

- **La vraie victoire n'est pas l'exploit en demi-finale, mais le point de plus en finale.**
- **L'excès est toujours un déséquilibre.**
- **80 % des effets sont le produit de 20 % des causes (loi de Pareto). Vouloir tendre vers les 100 %, c'est soit inutile, soit épuisant, voire les deux à la fois.**

RISQUE N° 8 | Croire qu'un bon collectif peut se passer d'une bonne gouvernance

« Gouverner ne consiste pas à aider les grenouilles à administrer leur mare ! »

Michel Audiard

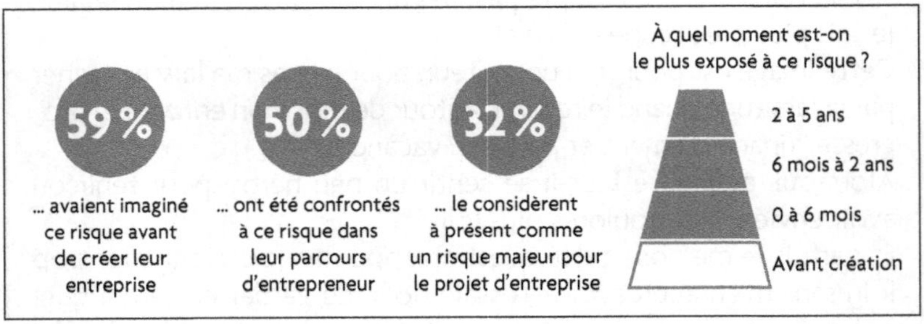

Gouvernance. Le mot paraît savant. Il permet surtout d'évoquer en 3 syllabes l'art de bien gouverner, et tout ce qu'on lui associe : une personne ou un groupe de personnes – un comité – qui sait décider lorsqu'est venu le temps de trancher, qui fixe les objectifs et donne une direction, distribue les responsabilités et donne confiance aux tiers. Si la bonne gouvernance est un outil de management, elle est donc aussi un véritable outil de communication externe.

N'importe quel entrepreneur devrait donc considérer comme prioritaire l'idée d'une bonne gouvernance. Et pourtant, que ce soit volontairement ou inconsciemment, certains la laissent parfois dériver. Et les occasions ou raisons de le faire sont nombreuses : avoir une vision idéalisée de l'entreprise ; rechercher l'ambiance sympathique et faire des collaborateurs une bande de meilleurs copains ; supprimer toute notion de hiérarchie ; refuser les cadres et processus qui encouragent et canalisent la créativité ; confondre management participatif et pouvoir de décision ; penser que le consensus et la majorité s'imposent au dirigeant, même contre sa conviction profonde.

Gouverner, c'est aussi faire preuve d'autorité. Or, tous les entrepreneurs n'ont pas forcément les dispositions naturelles pour le faire. D'autres, pour qui l'idée, l'invention et la réalisation de soi priment, n'en font tout simplement pas leur moteur principal. Gouverner, c'est enfin une charge de travail, du temps passé, de l'écoute et des choix. Abandonner la gouvernance peut aussi se faire par laxisme, par facilité ou par faiblesse.

Mais risquer la non gouvernance, c'est faire entrer un virus dans l'entreprise : les premiers symptômes ne sont pas immédiats, et les effets difficiles à soigner. Elle fait courir à l'entrepreneur le risque de sa perte de légitimité, et réduit sa capacité à mobiliser les équipes dans une direction claire, à l'intérêt partagé. Elle encourage également les individualités en donnant la possibilité aux egos de s'exprimer. Une équipe de football composée de stars doit être régulièrement cadrée, pour éviter que les ambitions personnelles ne nuisent à l'action et l'efficacité collectives.

Diluer la gouvernance, c'est aussi oublier que la responsabilité n'est pas une affaire d'égalité. S'il est facile pour tout collaborateur d'émettre un avis, il y a bien une et une seule personne qui devra assumer, en dernier lieu, la responsabilité du choix : le dirigeant de l'entreprise.

Se passer d'une bonne gouvernance, c'est donc devoir un jour ou l'autre, et sans doute un peu tard, se poser la question des bonnes raisons de l'avoir fait.

Damien Bourel

CAPHORN INVEST

Le sujet de la gouvernance de l'entreprise en démarrage est très souvent mis de côté : « On verra plus tard, quand on sera plus nombreux... » Or, une bonne gouvernance est indispensable pour assurer une gestion pérenne, efficace et performante, de l'entreprise créée, et pour éviter la dispersion et avoir une juste répartition des responsabilités entre associés. Mais elle est bien souvent difficile à mettre en œuvre.

• • •

Elle doit être constituée dès le début, et agir comme une colonne vertébrale sur laquelle les entrepreneurs s'appuient au quotidien pour faire face à leurs défis de croissance. Les outils dont l'entrepreneur dispose sont souvent méconnus, comme par exemple la mise en place, dès le lancement de l'activité, d'un comité de pilotage se réunissant 4 à 5 fois par an. Il doit être composé de tiers choisis avec soin, en fonction des challenges que l'entreprise doit relever – chaque membre apportant son expertise et son expérience pour conseiller, éclairer et aider à la décision. Il peut aussi ouvrir son carnet d'adresse le cas échéant. C'est un moyen de briser la solitude de l'entrepreneur, de s'extraire des opérations et reprendre un peu de hauteur par rapport au projet d'entreprise.

Un autre outil, pourtant incontournable, est lui aussi souvent mis en place trop tard : le pacte d'associés. Il agit comme un véritable « contrat de mariage » et doit regrouper l'ensemble des règles du jeu entre les associés fondateurs, depuis les règles de prise de décision, en passant par le rôle et les fonctions de chacun, jusqu'au mode opératoire en cas de séparation – et notamment les règles de calcul de la valeur des parts. La rédaction de ce document demande de la réflexion et doit refléter la solidité de l'association, socle indispensable au futur succès.

À retenir :

- **Gouverner, c'est organiser et faciliter les prises de décision… et à la fin décider.**
- **Il peut y avoir plusieurs coupables, mais il y aura toujours un seul responsable des décisions prises : le dirigeant d'entreprise.**
- **Une gouvernance qui dérive, c'est une entreprise dont on perd le contrôle et qui risque de partir dans une mauvaise direction, parfois dangereuse, au pire fatale.**

RISQUE N° 9 | Penser que la réussite est un dû

« Il est parfois des moissons qui n'arrivent pas à fleurir ;
il en est aussi qui, après avoir fleuri, n'ont pas de grain. »

CONFUCIUS

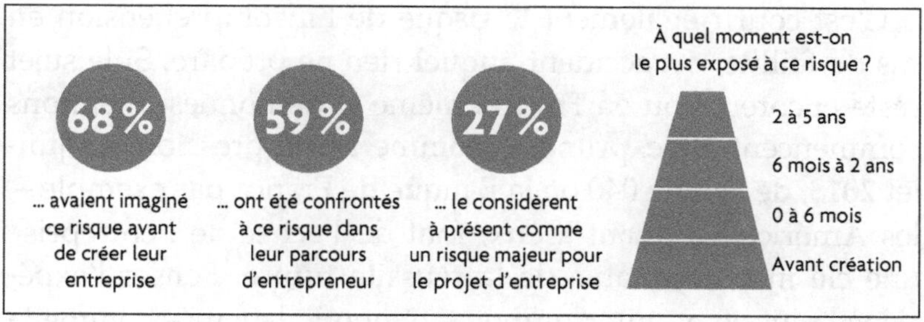

C'est une drôle d'idée ! Une idée de cours d'école, de salle de classe et de tableau noir. Une de ces sentences qu'on porte dans sa vie professionnelle comme un cartable trop lourd. « Tu réussiras si tu travailles ! » Il suffit donc de cinq mots pour biaiser la réalité, ancrer cette croyance et oublier que, si une réussite se passe rarement d'efforts, en aucun cas les efforts ne garantissent le succès. À faire de l'excellence rationnelle sa priorité, l'école a formaté les entrepreneurs pour la dure besogne.

Penser que la réussite est un dû, à la hauteur des efforts consentis, c'est donc courir le risque de se tromper. Quelle différence entre un acteur américain qui gagne 15 millions d'euros par film, un footballeur 10 millions d'euros par an, un trader 2 millions d'euros, un cadre 50 000 euros, et un entrepreneur 25 000 euros ? Le temps passé au travail ? La difficulté de la tâche ? Les responsabilités ? Les risques pris ? Rien de tout cela, bien sûr, mais plutôt la valeur de ce qu'ils rapportent à leur écosystème. Il y a donc des efforts qui paient, d'autres moins.

Penser que l'effort assure la réussite, c'est oublier que la chance et la malchance peuvent gripper la mécanique du succès et considérer l'entreprise comme un organe autosuffisant, déconnecté et donc protégé de toute force extérieure clients, concurrents, partenaires, etc. La liquidation judiciaire de son plus gros client, les malfaçons d'un prestataire, les actions d'un concurrent pour nuire, peuvent ainsi anéantir tout ou partie des efforts produits.

C'est courir également le risque de l'incompréhension en cas de faillite, cet accident auquel rien ne prépare. Si le sujet reste encore tabou en France, même si de bonnes intentions commencent à s'exprimer – comme la suppression, en juillet 2013, de la note 040 de la Banque de France par exemple –, les Américains, quant à eux, font de l'echec de l'entreprise une clé incontournable de la réussite future. Penser l'expérience réussie ou interrompue – et non le labeur – comme la garantie du succès, avouez que cela change le regard sur l'initiative entrepreneuriale. L'expérience est un chemin, le labeur un sacrifice. L'une est un plaisir, l'autre un investissement, voire de l'abnégation.

C'est risquer encore la démobilisation de collaborateurs qui ne partagent pas cette culture excessive de l'effort, car leur intérêt n'est pas le même que celui du dirigeant ; risquer de se complaire dans l'effort pour l'effort et en perdre la notion d'effort efficace, celui qui crée de la valeur, qui est utile ou qui rapporte. C'est enfin perdre le goût même de l'effort, à force de ne pas récolter les fruits de ce que l'on a semé.

À retenir :

- La vraie question à se poser : que faites-vous gagner à ceux qui vous paient ?
- Ce n'est pas l'intensité de l'effort qui compte, mais la valeur du retour sur effort.
- Tout ce que vous faites ne garantit pas la réussite, mais l'expérience sera la meilleure chance de votre réussite future.

RISQUE N° 10 | Vouloir être un patron-copain

« On impose, à distance, plus de respect. »

Tacite

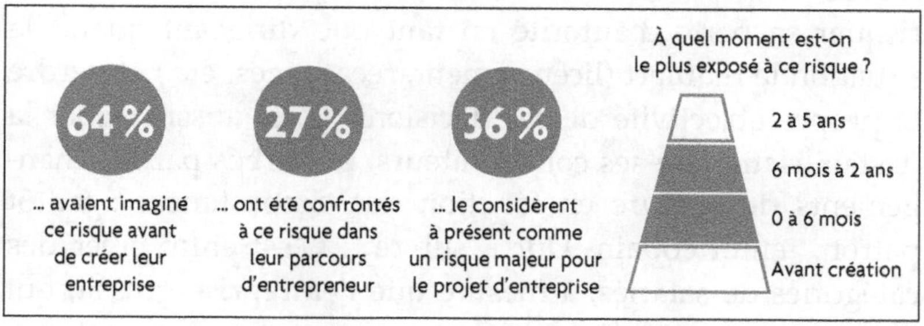

L'art de la métaphore affective est un réflexe d'entrepreneur : « L'entreprise est mon bébé », « L'équipe, une grande famille »… Comme s'il y avait besoin de mêler le personnel au professionnel pour lui donner plus de valeur, et justifier les risques pris et le temps passé.

L'entreprise de « bons copains », c'est un peu la même histoire. On cherche dans la bonne relation teintée d'amitié un moyen de vivre différemment sa vie professionnelle. On peut l'envisager comme un rempart contre la charge de travail et la pression, une façon de donner du sens à son engagement ou d'écrire une histoire d'entreprise plus humaine, moins « processée », qui réintègre la notion de plaisir et de chaleur dans les relations quotidiennes. On peut aussi s'inspirer d'entreprises qui ont fait d'un cadre confortable, et de hiérarchies déstructurées, un modèle qui fonctionne.

Les occasions de copinage excessif sont infinies : sortir tous les week-ends avec ses salariés et remplir les discussions des détails de sa vie, à mesure que les verres se vident ; s'autoriser des relations intimes avec un collaborateur ou une collaboratrice, dont le charme n'a d'égal que la conscience professionnelle ; enchaîner les parties tardives sur le babyfoot flambant neuf qui trône à l'entrée de l'entreprise, et oublier qu'un autre jeu, plus familial, se joue à la maison…

Si les éventuels dérapages paraissent *a priori* sans gravité, ils ne sont néanmoins pas sans risque pour l'entrepreneur. Mettre de la proximité et de l'affect dans les relations, c'est risquer sa perte d'autorité en tant que dirigeant quand la situation le requiert (licenciement, recadrages, etc.) et perdre la propre objectivité de ses décisions. C'est aussi risquer la déstabilisation de ses collaborateurs, perturbés par les changements de posture en fonction des circonstances : tantôt patron, tantôt copain. Dur à suivre… C'est enfin créer des catégories de salariés, à mesure que l'entreprise grossit, qui distinguent les copains du début et les nouveaux entrants.

En instaurant une relation patron-copain, on oublie cependant une série d'évidences : qu'il y aura toujours, quoi qu'on en dise et quoi qu'on fasse, un lien de subordination entre dirigeant et collaborateurs ; que la mission première du patron n'est pas de se faire aimer, mais de fédérer et mobiliser autour d'un projet d'entreprise, d'atteindre des objectifs, d'être reconnu et respecté pour sa capacité à gérer les difficultés ; que les salariés ne sont pas forcément demandeurs de cette proximité (aviez-vous réellement envie de déjeuner tous les jours avec votre ancien patron ?) ; que le dirigeant a ses secrets et qu'il ne peut s'autoriser, avec ses salariés, la transparence à laquelle peut conduire une trop grande proximité.

En jouant au patron-copain, l'entrepreneur s'expose à un rétropédalage éclair, qui le fera alors passer à un autre statut : celui, moins enviable, de Père Fouettard !

Renaud Guillerm

VIDEDRESSING.COM

Au tout début, j'étais un patron proche au quotidien, presque envahissant : je déjeunais avec mes collaborateurs tous les midis.
Et puis, je me suis vite rendu compte que cette proximité n'était finalement pas souhaitable. Certains de mes collaborateurs, les plus

•••

jeunes tout particulièrement, avaient du mal à faire la distinction entre celui que j'étais à l'heure du déjeuner, et celui que je devais redevenir à notre retour au bureau. L'absence de distance introduisait du flou dans la hiérarchie de l'entreprise.

Par ailleurs, je me suis demandé si « déjeuner avec son boss » était un vrai moment de plaisir pour les collaborateurs. J'empiétais finalement sur leur temps de pause et leur ôtais la possibilité d'avoir entre eux des relations proches et naturelles. En définitive, personne ne s'y retrouvait.

Cette anecdote a été un révélateur pour moi. La relation dirigeant-collaborateur ne devait pas essayer d'être amicale, mais cordiale et respectueuse : le meilleur moyen de pouvoir continuer à décider en toute indépendance.

À retenir :

- **Une relation cordiale et chaleureuse n'oblige pas à une relation de copinage.**
- **Envisager la relation patron-copain, c'est oublier que les salariés ne veulent pas forcément de la relation salarié-copain.**
- **Être le patron-copain du début, c'est devoir un jour ou l'autre rétropédaler.**

RISQUE N° 11 | Croire que ses urgences et celles des autres sont les mêmes

« Une petite impatience ruine un grand projet. »

CONFUCIUS

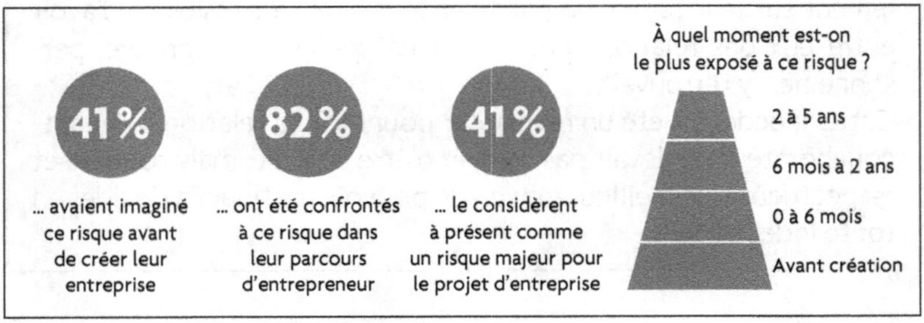

Tic-tac, tic-tac... Quand on crée une entreprise, on change son rapport à l'urgence et au temps. Les minutes d'hier deviennent les secondes d'aujourd'hui. Tout est prétexte à aller vite : signer son premier client pour valider le concept que l'on a lancé ; échouer vite pour « pivoter » vite si nécessaire ; prendre des parts de marché pour prouver qu'on avait raison ; se diversifier pour garder un temps d'avance sur ses concurrents ; recruter pour sortir de l'opérationnel ; communiquer pour montrer que l'on existe ; recouvrer pour sécuriser sa trésorerie.

Il faut dire que la jeune entreprise, par son organisation souple, ses cycles de décision courts, ses horaires de travail qui font le grand écart, et son irrépressible envie de grandir, a de quoi affoler l'horloge des projets. Et tout y passe : obtenir un rendez-vous, un retour sur une proposition, des réponses à un mail, un accord sur un contrat, un chèque d'acompte. L'exigence de l'instant se conjugue à tous les temps.

Mais si l'urgence gouverne l'entrepreneur, elle n'est bien souvent pas celle de ses interlocuteurs. « On se rappelle vite », c'est souvent 2 jours pour lui, 2 mois pour son prospect grand compte, 6 mois pour l'Administration. « Votre facture est au règlement », cela signifie pour lui que les fonds seront demain sur le compte, et pour son client, que l'ordre de règlement n'a pas encore été transmis au service comptable...

Penser que l'urgence se partage, c'est oublier que le « désir d'acheter » de vos interlocuteurs n'égale pas forcément votre « désir de vendre » ; que leur niveau de curiosité pour l'innovation n'est pas une donnée certaine (un *manager* français vous rencontre parce qu'il a du temps, un *manager* américain parce qu'il a peur de rater une opportunité *business*) ; que si votre foi dans vos produits et services est indestructible, vos interlocuteurs restent à convaincre ; que votre dossier n'est qu'un parmi d'autres, forcément tous aussi brillants et prioritaires.

En se laissant envahir par l'impatience, le plus grand risque de l'entrepreneur est de tendre la fragile relation qu'il a su nouer avec ses interlocuteurs, et de faire de tous les sujets quotidiens un état de frustration permanente. Entreprendre, c'est donc savoir avancer vite, mais en jonglant avec les horloges.

À retenir :

- « Vite » ne veut pas et ne peut pas dire la même chose pour tout le monde.
- Les *business plans* sont toujours trop optimistes, car ils ont l'urgence de l'entrepreneur comme principale hypothèse.
- Le temps joue contre la jeune entreprise. La clé : savoir identifier les secteurs d'activité et *business* réactifs, et se méfier des structures à forte inertie !

RISQUE N° 12 | Sous-estimer l'espionnage et les tontons flingueurs

« *Une menace, une promesse, une insolence, une courtoisie : cette balance est celle des affaires.* »

Henry de Montherlant

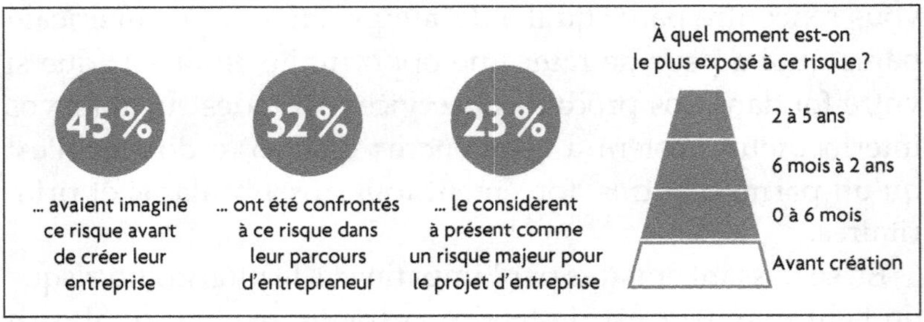

Optimisme, enthousiasme, envie et engagement… Un entrepreneur, ça tourne à l'énergie positive. Porté par sa volonté de construire et la récompense des premiers succès, il oublie parfois que ce qu'il crée n'a pas la même valeur pour tous, et que certains peuvent même le voir d'un mauvais œil. Voir le mal autour de soi n'est, il est vrai, pas la qualité première attendue chez un entrepreneur. Or, pour créer comme pour nuire, l'homme a toujours su déployer des trésors d'imagination ; et, lorsqu'il s'agit de défendre son pré carré économique, les armes utilisées ne sont pas toujours toutes « conventionnelles ».

Il y a deux raisons d'oublier qu'entreprendre rime aussi avec se défendre : se considérer hors cible, en pensant que l'entreprise est trop petite et trop jeune pour inquiéter qui que ce soit ; et croire que les guerres économiques et stratégiques sont plutôt du ressort des multinationales.

C'est d'abord oublier que l'enjeu est relatif : on est toujours le concurrent de quelqu'un ! C'est dévaloriser ensuite ce que l'on crée et l'avance que l'on peut avoir. C'est ne pas percevoir, enfin, que certains projets, par leur promesse de valorisation future, suscitent bien des convoitises. Il y a des *snipers* embusqués dans bien des jardins des entreprises de croissance.

Par ailleurs, un entrepreneur est hyper sensible à l'information positive et à la reconnaissance. La consécration ? Un appel ou un mail reçu, sans démarche préalable de sa part. Ne pas s'assurer du sérieux de la demande ? Le début du pillage…

Peu d'informations circulent sur les cas de nuisance : dénoncer les mauvaises pratiques et avouer avoir été abusé ne sont pas des étiquettes très vendeuses pour l'entrepreneur en quête de légitimité. Les coups bas sont donc des secrets qui dorment d'un sommeil profond dans la mémoire des entreprises.

Pourtant, les occasions de glisser sur des planches savonneuses ne manquent pas dans le quotidien d'un entrepreneur. Communiquer sur sa marque sans la protéger, et courir le risque de la voir déposée par un autre ; faire preuve d'une transparence excessive et inutile lors d'un recrutement, sans imaginer que les informations communiquées puissent être récupérées par un concurrent ; agir en toute transparence lors d'une proposition de rachat de l'entreprise, et transmettre des informations clés – notamment financières et commerciales – sur l'entreprise ; ou encore répondre à un appel d'offres et voir sa proposition relayée au principal compétiteur.

Le terrain de jeu de l'entrepreneur est un damier. Vous êtes le roi : à vous de jouer !

Christian Kamayou

FINANCETESETUDES.COM

et MYAFRICANSTARTUP.COM

J'ai été naïvement exposé à un risque qui aurait pu me conduire à dévoiler des informations stratégiques à un concurrent. Comme pour tout entrepreneur, gagner un nouveau client est un enjeu crucial. Les miens étant principalement des groupes bancaires – donc des organisations avec des circuits et processus de décision complexes – les délais de signature sont très longs. Ainsi, lorsque j'ai reçu un mail du représentant d'une banque, qui disait trouver mon activité très intéressante pour son établissement de crédit, j'ai jugé prioritaire de répondre rapidement à cette demande.

Aveuglé par le désir de compter rapidement ce groupe bancaire de référence parmi mes principaux clients, j'ai alors transmis beaucoup d'informations, sans me douter de la supercherie. L'adresse mail de mon correspondant n'avait rien de suspect : prenom.nom@groupehsbc.com. À ceci près qu'elle ne correspondait pas à la structure des adresses mails du groupe HSBC... Une fausse adresse avait donc été créée par l'un de mes concurrents, pour connaître le prix auquel je proposais mon offre aux banques !

Un élément m'a alerté à temps : qu'il me demande les tarifs sans que nous ne nous soyons jamais rencontrés au préalable. Après de rapides investigations, j'ai compris ce qui était en train de se tramer, et me suis alors fait un plaisir de lui transmettre des informations... toutes fausses, bien entendu.

À retenir :

- **Si l'on essaie de vous nuire, c'est que vous représentez une menace. C'est bon signe !**
- **Il est aujourd'hui facile de nuire. Cela ne coûte pas cher et c'est instantané. Une adresse URL peut suffire...**
- **Lutter contre la volonté de nuire est un combat inutile. Une seule chose compte : rester en éveil pour être informé suffisamment tôt et pouvoir réagir.**

Heure 2

Passer de la prudence et de l'appréhension à l'audace

RISQUE N° 13 | Faire de son idée un secret bien gardé

« Un secret, bien gardé par ses détenteurs, couvé hermétiquement, se conserve sans dommage, et sans fruit. »

COLETTE

55 % … avaient imaginé ce risque avant de créer leur entreprise

23 % … ont été confrontés à ce risque dans leur parcours d'entrepreneur

41 % … le considèrent à présent comme un risque majeur pour le projet d'entreprise

« J'ai une super idée, mais je ne peux pas en parler ! » Des milliards d'idées ont connu le même sort… et personne n'en a plus jamais entendu parler.

Il est vrai que partager l'idée géniale qui devrait changer sa vie n'est pas chose facile : on craint de voir l'idée reprise ou copiée, et de s'exposer au jugement des autres, aux objections qui contredisent ou démotivent. Bref, parler de son idée, c'est, pense-t-on, se donner toutes les chances de passer à côté de son projet, avec ses promesses de richesse et de succès.

Mais penser cela, c'est se tromper. Et lourdement d'ailleurs.

Parce que l'on est souvent nombreux à avoir la même idée au même moment : l'évolution d'une réglementation, l'apparition d'une nouvelle technologie ou encore l'émergence d'un nouveau concept, sont autant de signaux qui amorcent, consciemment ou inconsciemment, de nouveaux raisonnements et des déductions logiques. Or, au risque de décevoir, la perception de ces signaux est rarement une fulgurance isolée. Beaucoup vont les percevoir ; un assez grand nombre va les intégrer et en déduire l'idée d'une nouvelle offre ; quelques-uns vont y travailler ; très peu vont lancer véritablement le projet et en faire une réalité ; un ou deux seulement en feront une réussite.

Parce que le risque de se faire voler une idée est quasi nul : une idée émise n'est qu'une information parmi beaucoup d'autres pour qui la reçoit. L'écouter est une chose, l'entendre une autre, et décider de s'investir sur le projet et le mettre en œuvre une toute autre histoire. Il faut avoir à la fois le temps, l'envie, l'énergie, un contexte personnel favorable, des réseaux et relations pour nourrir les réflexions, la volonté et la capacité d'entreprendre… Ça en fait des « si », pour une seule idée !

Parce qu'avoir travaillé sur une idée, enfin, c'est avoir devancé les autres et fait des choix pour sa mise en œuvre. L'idée d'entreprise est un peu comme une partition de musique : des notes identiques pour mille interprétations possibles, et un résultat toujours différent.

En ne parlant pas de son idée, l'entrepreneur lui refuse la chance d'être enrichie, reconsidérée, adaptée, améliorée par l'avis des autres. Il s'interdit aussi de s'entraîner à la vendre, en mettant des mots sur son concept. Il risque enfin de découvrir, trop tard, qu'un autre a eu la même idée avant lui.

Convenez qu'il y a eu des silences plus profitables !

À retenir :

- L'idée n'est qu'un point de départ. C'est le chemin de la mise en œuvre qui sera déterminant.
- Parler de son idée, c'est lui donner une chance d'être améliorée, et non la mettre en danger.
- En parler à tort et à travers ne sert à rien. Les interlocuteurs doivent être choisis en fonction de la pertinence de leur avis.

RISQUE N° 14 | Être le pape du « zéro risque », et vouloir tout border avant de se lancer !

« *Quoi que tu rêves d'entreprendre, commence-le.*
L'audace a du génie, du pouvoir, de la magie. »

Johann Wolfgang von Goethe

73 % ... avaient imaginé ce risque avant de créer leur entreprise

45 % ... ont été confrontés à ce risque dans leur parcours d'entrepreneur

45 % ... le considèrent à présent comme un risque majeur pour le projet d'entreprise

À quel moment est-on le plus exposé à ce risque ?

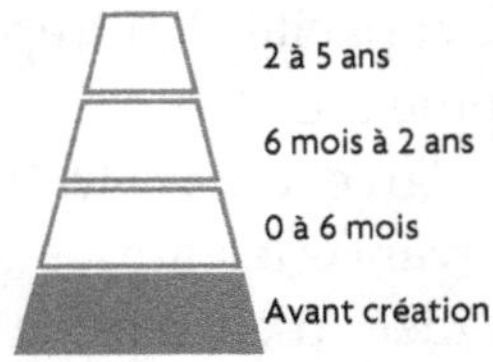

Il y a les va-t-en-guerre et les prudents, les fonceurs et les patients ; ceux pour qui l'initiative est un processus qui s'autoalimente au fil du temps ; les autres, qui ne peuvent se jeter à l'eau sans tout imaginer, tout prévoir et tout contrôler.

Créer une entreprise est évidemment un projet qui se prépare. Mais vouloir en faire un chemin certain parait bien illusoire. Ce serait comme vouloir partir pour un tour du monde en mer, sans considérer la météo changeante, les risques de casse du matériel, les bonnes rencontres lors des escales, les périodes d'euphorie et de découragement : bref, tout ce qui constitue le sel de l'aventure.

Vouloir tout border, c'est oublier que la vie s'ingénue à modifier les plans, et refuser le véritable métier de l'entrepreneur : être à la manœuvre pour bâtir et résoudre inlassablement, pour devoir faire face à cet imprévu qui se comporte comme un joueur facétieux, et apporter des solutions aux difficultés toujours nouvelles qui se présentent.

En voulant tout circonscrire, l'entrepreneur occulte le pouvoir des surprises qui poussent à rebondir sur de nouvelles idées. Il contraint et enferme ainsi sa créativité.

En passant plus de temps qu'il n'en faudrait à réfléchir, anticiper et conceptualiser, il perd du temps par rapport à ceux qui ne se questionnent pas autant. Trois catégories d'acteurs économiques cohabitent et opèrent sur un même marché : ceux qui respectent scrupuleusement les règles ou restent dans le cadre en reproduisant les habitudes ; ceux qui franchissent allègrement la ligne jaune et se font rattraper par la « patrouille », ou sanctionner par un marché qui n'exprime aucun besoin pour le produit ou service commercialisé ; les autres, enfin, qui naviguent dans la zone grise de la transgression intelligente, qui défrichent, comprennent, apprennent, et se mettent en situation d'être réactifs, agiles et performants.

En octroyant un temps excessif à l'analyse, l'entrepreneur risque ainsi de rater le wagon de la bonne opportunité, autrement dit de ne pas être « *time to market* ».

Il est vrai que vouloir tout border peut être une bonne excuse : celle qui permet de couvrir les incertitudes, la peur de se lancer dans un inconnu à la fois excitant et impressionnant. Toutefois, faire de la revue exhaustive des événements futurs une condition nécessaire pour tenter le grand saut, c'est être assuré d'une chose : redescendre du plongeoir par l'échelle, tant les conditions du plongeon sont infinies.

Julien Delon

SEJOURNING.COM

Lorsque j'ai eu l'idée, en 2009, de créer Sejourning.com – un site permettant aux particuliers de louer leur résidence principale à la nuit – j'avais devant moi un chemin rempli de risques : m'engager avec le mauvais prestataire technique (externaliser le développement était déjà en soi un choix risqué) ; ne pas m'entendre avec mon associé (un ami de 10 ans) ; subir l'évolution d'une réglementation qui pouvait modifier le *business model* ou remettre en question les conditions d'exercice de l'activité – cette activité innovante n'était pas réglementée au moment du lancement.

Nous avons décidé de lancer un site à l'offre incomplète, au risque de décevoir les premiers utilisateurs (30 logements en ligne le jour

•••

• • •

du lancement ; plus de 10 000 aujourd'hui en France), sans garantie de pouvoir lever les fonds dont nous avions réellement besoin (notre première levée en *love money* ne couvrait que 50 % du développement informatique). Nous nous sommes lancés sans garde-fou, sans moyens d'éviter la location qui se passe mal, au risque de subir d'entrée le « *bad buzz* » qui aurait durablement entaché notre image. Mais en y repensant, c'est justement toute cette part de risque et d'imprévu qui était excitante : nous avancions en terre inconnue, prêts à surmonter tous les obstacles.

Un entrepreneur est quelqu'un qui aime avoir une vision à long terme, anticiper un maximum de risques, mais qui aime en même temps être surpris et s'adapter à ce qu'il n'a pas prévu, trouver des solutions à tout et vivre, parfois dans une même journée, des bas puis des hauts, et surtout prendre plaisir dans la gestion de cet inconnu.

À retenir :

- **Ne pas être trop prudent, ni trop bridé par les cadres imposés, pour avancer et réussir.**
- **Ne pas être trop casse-cou et provocateur pour se maintenir.**
- **Être félin et fin manœuvrier pour savoir risquer et s'adapter. C'est la garantie de l'avance sur la concurrence.**

RISQUE N° 15 | Perdre son temps dans le concept et différer la vérité du marché

« Le gain de la recherche, c'est la recherche elle-même. »

SAINT GRÉGOIRE DE NYSSE

64 % ... avaient imaginé ce risque avant de créer leur entreprise

50 % ... ont été confrontés à ce risque dans leur parcours d'entrepreneur

55 % ... le considèrent à présent comme un risque majeur pour le projet d'entreprise

À quel moment est-on le plus exposé à ce risque ?

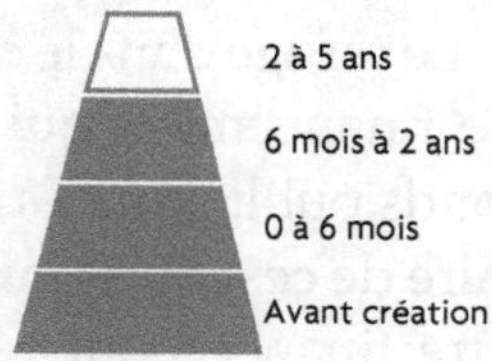

Faire de la répartition du capital l'occasion de calculs savants et de discussions qui s'éternisent ; chercher pendant des semaines une marque, en oubliant que c'est le succès qui fait la marque et non l'inverse (considérez Nike, Apple, Abercrombie ou encore Quicksilver, et replacez-les dans le contexte des débuts) ; passer nuits et week-ends sur un *business plan* et un plan de trésorerie à 5 ans, avant d'avoir facturé le moindre euro de chiffre d'affaires ; viser le produit ou le service parfait, sans défaut aucun, avant d'envisager pouvoir le commercialiser. Les occasions de se complaire dans le concept sont nombreuses.

Il est vrai que demeurer dans le concept est confortable, mais cela noie dans l'illusion. Celle de se penser entrepreneur avant d'avoir réussi à vendre ce que l'on développe ; celle d'avoir raison, tant que l'on ne présente pas au marché les produits et services imaginés et développés – ce qui permettrait d'avoir un vrai retour sur leur intérêt ; celle, enfin, d'avoir du temps – parce qu'enfermé dans son bureau-laboratoire, on s'isole du rythme extérieur, au risque de négliger l'urgence qui serait pourtant nécessaire.

Notre modèle éducatif n'aide pas non plus, qui privilégie le savoir théorique et l'excellence de la réflexion sur le bon sens pratique et l'action. Un professeur français détient le savoir et le transmet pour que ses élèves s'en souviennent ; un professeur américain anime le partage des informations et des expériences pour que ses élèves mettent en pratique ce qu'ils échangent et apprennent. Deux écoles, deux façons de se servir de la connaissance…

Le refuge dans le concept est enfin encouragé par un modèle de financement qui offre aux entrepreneurs-chercheurs des fonds publics importants (subventions), sans les contraindre à faire de ces fonds investis une source de rémunération rapide. Être financé pour réfléchir, sans se frotter à la vente et à la concurrence, c'est vrai qu'il y a de quoi se laisser tenter…

Mais s'il offre tranquillité d'esprit et satisfaction intellectuelle, le « mode laboratoire » est une vraie source de fragilité pour la jeune entreprise. Un concept qui s'éternise, c'est du temps perdu et donc un risque accru : celui de développer un projet sans *business model* – et donc sans réalité économique ; celui, aussi, de devenir durablement subvention-dépendant, à privilégier les travaux de recherche sur les débouchés commerciaux ; celui de ne plus s'autoriser à « pivoter », pour s'être beaucoup trop spécialisé et avoir lourdement investi pour cela ; celui, enfin, de s'user dans des travaux de recherche qui ne donnent aucun résultat.

Le meilleur concept ? En sortir vite !

Maÿlis Dupont

COMMONPLAY

Je suis venue à l'entrepreneuriat par la recherche. Je sortais de 7 années passées dans plusieurs laboratoires, en sciences humaines et sociales, avec en poche une idée testée dans le cadre de mes travaux : celle d'un nouveau dispositif technique susceptible d'outiller les pratiques de consommation/exploration de vidéos en ligne.

• • •

•••

J'ai très rapidement fait l'expérience que l'étiquette de « chercheur » me servait – notamment pour intégrer certains incubateurs, ou prétendre à certains types de financement. Quand le chemin est facile, on le prend, alors qu'il n'est pas toujours évident qu'il serve notre *business*.

Après 2 ans passés à la tête de ma société, je me souviens avoir présenté avec succès un programme de R & D, que je comptais boucler en 6 mois (notre première estimation du travail prospectif à réaliser pour répondre à des « besoins marché ») et que l'on nous a au final encouragés à pousser sur 24 mois (durée « standard » d'un programme de R & D pour le type d'aides publiques auxquelles nous prétendions). Bien sûr, nous nous sommes conformés à ce délai, sans prendre conscience cependant du penchant naturel qu'il confortait dans l'entreprise dans la boite : celui de la recherche, de la prospective, de la vision globale qui accouche de dispositifs complets mais complexes, plutôt que de « briques » simples délivrées plus rapidement et augmentées par la suite, en fonction des réponses du marché.

Je ne dis pas que la méthode « *lean* » soit toujours la panacée, mais qu'il convient de se demander jour après jour si les batailles qu'on livre sont bien les plus stratégiques : dans les résultats de recherche obtenus n'étaient pas des solutions de marché.

À retenir :

• Le meilleur des concepts est celui qui est vendu avant d'être terminé, et, encore mieux, avant d'être commencé.
• La clé d'une entreprise n'est pas d'avoir raison ou tort, mais de savoir s'adapter aux circonstances, quelles qu'elles soient.
• Une entreprise commence à être une vraie entreprise le jour où elle a vendu.

Heure 3

Passer de l'excès d'optimisme et de confiance à la lucidité

RISQUE N° 16 | Oublier que l'entreprise est un pari risqué

« Si vous voulez aller sur la mer, sans aucun risque de chavirer, alors n'achetez pas un bateau : achetez une île ! »

MARCEL PAGNOL

86 % ... avaient imaginé ce risque avant de créer leur entreprise

64 % ... ont été confrontés à ce risque dans leur parcours d'entrepreneur

50 % ... le considèrent à présent comme un risque majeur pour le projet d'entreprise

À quel moment est-on le plus exposé à ce risque ?

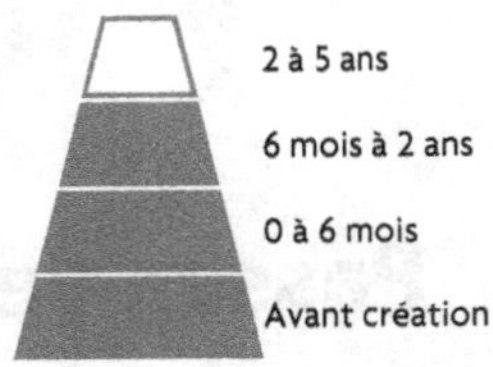

Il y a toujours un peu d'inconscience chez l'entrepreneur qui se lance. Et c'est heureux, car elle est nécessaire pour avoir le courage de s'engager sur un chemin dont on ne sait pas vraiment ce qu'il réserve. Mais si l'inconscience fait partie des ingrédients de l'initiative, perdre la conscience que l'entreprise est un pari risqué n'est pas exempt de risques.

Il est évidemment facile d'oublier que le danger puisse faire partie de l'histoire. Gonflé à l'enthousiasme, à la fierté d'avoir fait d'un rêve sa réalité, et au plaisir de rejoindre le club de ceux qui ont tenté, l'entrepreneur colore de bleu le ciel de son entreprise. Il est désormais maître de son destin, et tient à le prouver. Et pourquoi pas se protéger des idées négatives et des forces contraires qui s'opposent à la bonne marche de l'entreprise, en les ignorant tout simplement ? Il ne faudrait quand même pas qu'elles déteignent sur l'envie et les projets futurs : la malchance est une hypothèse à laquelle on ne veut laisser aucune chance…

Oublier que l'entreprise est un pari risqué, cela peut prendre bien des aspects : ne pas vouloir souscrire d'assurance chômage ; consommer son épargne pour compenser le salaire que l'on ne peut pas se verser ; accepter les cautions personnelles demandées par les banques – condition nécessaire pour que l'entreprise puisse emprunter ; oublier de ménager son entourage et risquer de perdre un soutien nécessaire face aux épreuves de l'entreprise ; ne pas anticiper les moyens dont on aura besoin pour vivre si le projet échouait ou se développait insuffisamment, et se retrouver doublement pénalisé, sur le plan personnel comme professionnel.

À la clé d'une telle négligence, le risque principal est d'hypothéquer son futur en cas d'échec. Si, sur le papier, l'entrepreneur éclairé est le « prévoyant » qui constitue son assurance rebond, autant dire qu'ils sont bien peu à le faire…

Oublier que le pari de l'entrepreneuriat est risqué, c'est enfin s'exposer aux dérives de son propre comportement irrationnel, lorsque les difficultés de l'entreprise sont telles qu'elles rendent invivable le quotidien de l'entrepreneur. Et, dans ce cas, toutes les erreurs peuvent être commises : émotions et peur ne sont jamais bonnes conseillères.

À retenir :

- Une règle de base : entreprendre et devenir multimillionnaire, c'est être une exception ; échouer est loin d'être impossible ; réussir à bien vivre peut arriver ; travailler dur et souffrir un peu, voire beaucoup, est fortement probable ; vivre une expérience de vie faite d'aventures et d'émotions fortes, est en revanche certain.
- Bien entreprendre, c'est aussi se mettre en position de pouvoir continuer à entreprendre en cas de chute.
- Garder en tête que ni le succès ni l'échec ne sont durables.

RISQUE N° 17 | Voyager en terre inconnue

« Le bonheur est parfois caché dans l'inconnu. »

VICTOR HUGO

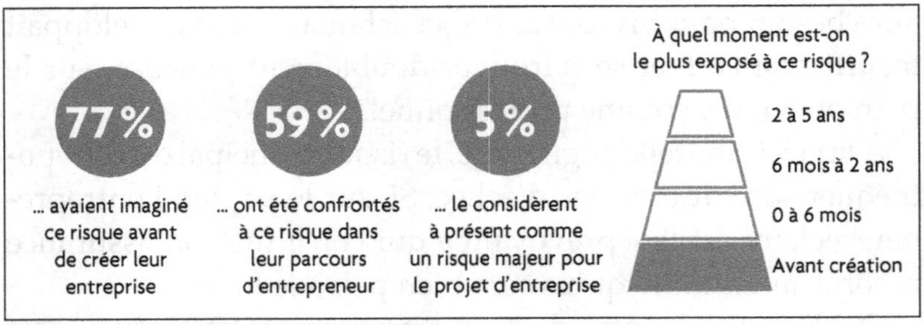

Il y a parfois du sang d'explorateur qui coule dans les veines de l'entrepreneur. Faire le pari d'une ruée vers l'Ouest de la « terre Entreprise », et rêver, choisir, découvrir, défricher, puis bâtit une vie nouvelle en territoire inconnu.

Se lancer dans un secteur que l'on ne connaît pas semble séduire de plus en plus de candidats à la création d'entreprise. Plus encore, sans doute, depuis ces vingt dernières années, qui ont vu la révolution numérique révéler ses nouveaux chercheurs d'or.

En changeant radicalement de secteur d'activité, il y a forcément dans la démarche un peu de cette idée fantasmée que l'herbe est toujours plus verte ailleurs – mais pas seulement : quitter un secteur dont on a fait le tour ; tenter de faire d'un loisir, ou d'une sensibilité artistique ou créative par exemple, une nouvelle activité professionnelle ; imaginer un nouveau concept de produit ou de service parce que l'on ne trouve pas, dans les solutions existantes, la réponse à son besoin… Nombreuses sont les raisons qui peuvent pousser à aborder un secteur inconnu avec le regard neuf du novice.

Et la démarche a ses chances de succès. Lorsque l'on ne connaît pas, il n'y a ni réflexes ni habitudes acquises pour freiner les bonnes initiatives ; on ignore les contraintes qui empêchent les professionnels du secteur d'innover et d'agir ; et on s'autorise à « sortir du cadre » en tentant de reproduire les pratiques qui fonctionnent ailleurs. Tenter l'inconnu, c'est penser différemment. C'est pour cela que ça peut marcher !

L'entrepreneur doit bien sûr garder à l'esprit qu'investir un nouveau secteur est un apprentissage qui prend du temps. Il lui faut comprendre le métier et la chaîne de valeur, apprendre un nouveau langage et découvrir les codes qui régissent les relations, pour pouvoir développer un regard critique et pertinent tout en restant discret – pour ne pas tenter les détracteurs ; il doit aussi identifier les acteurs du marché, comprendre leurs affinités et identifier les jeux d'alliance, pour ne pas risquer les erreurs politiques et se voir exclu ou marginalisé ; il devra enfin identifier ses sponsors et ceux qui, au contraire, peuvent pâtir de ce nouveau venu, et se faire accepter pour devenir un destinataire des informations privilégiées ; informations qui permettent à ceux qui les détiennent de réagir plus vite et prendre de l'avance.

Être « neuf », cela peut exposer au risque de sous-estimer les « barrières à l'entrée » ou de les découvrir trop tard, après avoir déjà investi financièrement. Ou encore se tromper de *business model* par méconnaissance et manque d'expérience : des commissions mal négociées avec la grande distribution, par exemple ; des investissements nécessaires sous-évalués pour pouvoir implanter ses produits (stocks pour approvisionnement et réassorts) ; un risque de déréférencement des produits si les ventes n'atteignent pas les objectifs fixés… Autant de facteurs qui peuvent avoir des conséquences lourdes sur le développement et la pérennité de l'activité.

François Bernard
NEAMEDIA

Se lancer sur un marché dont on ne connaît pas les codes représente un risque important pour le créateur d'entreprise. Car pouvoir s'appuyer sur un réseau de contacts, disposer de la confiance des bons partenaires et connaître les rythmes et les cycles d'un marché sont des atouts importants.

J'ai néanmoins choisi de prendre ce risque, en me lançant dans une activité dans laquelle la fonction commerciale était prépondérante (j'étais directeur financier auparavant), sur le marché du jouet et des produits dérivés – que je connaissais très peu (j'avais principalement évolué dans les services financiers et le logiciel).

Confronté à de multiples inconnues, j'ai alors considéré que je devais m'accorder le temps nécessaire pour mener la phase d'étude du projet : je ne me suis ainsi investi à 100 % dans l'entreprise que 2 ans après sa création effective. Cette période m'a permis de rencontrer les acteurs du secteur, d'identifier mes fournisseurs clés, de tester des prospects et de comprendre ses modèles économiques. Je bénéficiais de la confiance et du soutien de mon entourage, indispensables dans cette période d'exploration et d'incertitude. Aussi, lorsque j'ai décidé de me lancer, j'étais quasiment devenu un « expert » du secteur.

Avec le recul, je pense que l'acceptation et la gestion de ce risque de l'inconnu ont en définitive été un facteur de réussite pour mon entreprise. Il m'a permis, après cet apprentissage, de m'appuyer sur des compétences issues de mes expériences passées (compréhension de mécanismes financiers, pratique contractuelle...) que des concurrents établis ne maîtrisaient pas forcément. Il a surtout permis de positionner la société de manière originale, et dépasser ainsi les frontières habituelles du marché initialement visé.

À retenir :

- **La « fraîcheur » est un réservoir à innovation mais rend le développement plus long, car il faut découvrir et apprendre, avant de pouvoir agir efficacement.**
- **Elle expose et rend vulnérable, rendant utile, sinon nécessaire, la recherche de soutiens (protecteurs) et sponsors dans le secteur visé.**
- **C'est une démarche souvent plus personnelle – passionnelle – que rationnelle. On crée par envie et plaisir, plus que par calcul et raison.**

RISQUE N° 18 | Croire que, famille ou amis, c'est la garantie d'une association sans danger

« La plupart des pièces que nous considérons comme les chefs-d'œuvre tragiques ne sont que des débats et des querelles de famille. »

JEAN GIRAUDOUX

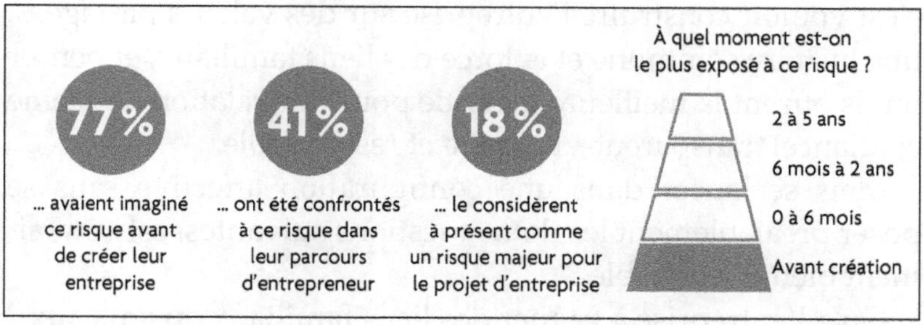

Au moindre coup de Trafalgar,
C'est l'amitié qui prenait l'quart,
C'est elle qui leur montrait le nord,
Leur montrait le nord.
Et quand ils étaient en détresse,
Qu'leurs bras lançaient des S.O.S.,
On aurait dit des sémaphores,
Les copains d'abord.

Georges Brassens

Elle est quand même bien séduisante, cette idée d'entreprise à laquelle une fratrie, un couple ou une bande de grands copains pourraient donner vie. Passer son temps à travailler sans oublier le plaisir et les rires ; reproduire les schémas de réussite des grandes familles d'entrepreneurs (Peugeot, Mulliez, Bouygues, etc.) ; se donner la chance de partager les succès futurs avec ceux qui comptent le plus ; faire d'une création d'entreprise le nouveau ciment d'un couple, ou une opportunité de passer encore plus de temps ensemble. Il y a mille et une bonnes raisons de rêver l'entreprise comme le mariage de l'affectif et des grandes ambitions.

Au-delà du plaisir et des envies d'aventure partagée, on imagine aussi que tout sera à la fois plus facile et plus sécurisé. Entreprendre en couple autorise plus de souplesse pour le versement des salaires, et donc permet d'alléger la pression salariale sur les comptes de l'entreprise. S'associer avec ses proches, c'est vouloir construire l'entreprise sur des valeurs partagées, une histoire commune et la force des liens familiaux, et penser qu'ils offrent la meilleure garantie pour une relation de pleine confiance, transparente, honnête et responsable.

Mais se lancer dans une configuration affective sans se poser préalablement les deux questions suivantes, est-ce vraiment bien raisonnable ?

Qu'a l'entreprise à gagner des liens familiaux ou amicaux ?

Qu'ont l'amitié, la fratrie ou la relation de couple à gagner de cette aventure ?

Car le parcours de l'entreprise, riche de ses montagnes russes, n'est pas avare en émotions, voire en frictions, pour les proches. Dans sa configuration amicale ou familiale, il expose notamment à quatre risques principaux.

Des problèmes de communication, liés à la proximité des liens qui autorise des discussions plus directes, ou qui favorise au contraire les non-dits et l'accumulation des rancœurs.

Le risque qu'une distance s'installe entre les proches, car l'entreprise ne peut se passer d'un patron unique qui décide en dernier lieu. L'un des associés devra donc asseoir son pouvoir et prendre de la hauteur par rapport aux autres. Il devra également contrôler, parfois juger, sur des critères non plus seulement affectifs mais objectifs : engagement dans l'entreprise, performance, efficacité, etc. Il n'est pas évident que ce changement dans les rapports soit au goût de tout le monde… Enfin, l'entreprise peut également révéler les personnalités, et comportements sous un nouveau jour, et voir se confronter des amis ou proches sur des sujets inédits : les enjeux d'argent, de pouvoir et d'ambition.

Un risque de gouvernance lorsque, pour ménager le lien affectif ou protéger l'un de ses proches, on en vient à agir en dépit du bon sens, parfois même contre l'intérêt de l'entreprise.

Enfin, un risque d'extension du risque d'entreprise à la sphère familiale et amicale (financier, patrimoine, relations). Entremêler le professionnel et le personnel, c'est s'exposer au déséquilibre sur les piliers fondamentaux de la vie : famille et amis, travail, salaire.

Olivier et Véronique Carrobourg

DERVILLE

Avec mon épouse, nous avons fait le choix d'entreprendre ensemble : nous pensions qu'être en couple allait nous faciliter les échanges et les décisions. À tort. Nous étions mari et femme, certes, mais surtout deux associés, avec des convictions, des avis divergents et des moments de doute. Comme dans n'importe quelle entreprise, finalement ! Avec une différence notable : la communication dans l'entreprise était celle d'un couple, avec sa franchise et ses difficultés.

Nous en sommes arrivés à un point critique sur le plan personnel, et l'entreprise ne nous facilitait pas la tâche. 30 ans de vie commune, 3 enfants et l'envie de donner une chance au couple, nous ont convaincus de recourir aux services d'un conseiller conjugal. Bien nous en a pris. Ce fut tellement bénéfique que nous allons maintenant passer à une seconde étape : prendre un coach professionnel, pour améliorer encore davantage la fluidité de nos échanges, sur le plan professionnel cette fois.

Cette situation m'a fait réfléchir sur le financement et l'accompagnement des entreprises (par des fonds d'investissements, des *business angels*, ou encore des incubateurs). 80 % de la décision d'investir ou de soutenir une entreprise porteraient sur l'entrepreneur et l'équipe dirigeante ? Mais leur pose-t-on simplement les bonnes questions pour les connaître vraiment, et comprendre ce qu'ils vivent ?

À retenir :

Choisir de se lancer avec famille ou amis, c'est :
• devoir considérer que le lien puisse se transformer, et en accepter l'idée ;
• ne pas se passer d'une discussion courageuse sur les raisons profondes qui motivent la décision de se lancer avec ses proches ;
• se fixer une priorité : définir des règles de fonctionnement et de résolution des difficultés acceptées par tous.

RISQUE N° 19 | Entreprendre seul

« Le rugby, c'est l'histoire d'un ballon avec des copains autour, et quand il n'y a plus de ballon, il reste les copains. C'est quand même l'essentiel. »

JEAN-PIERRE RIVES

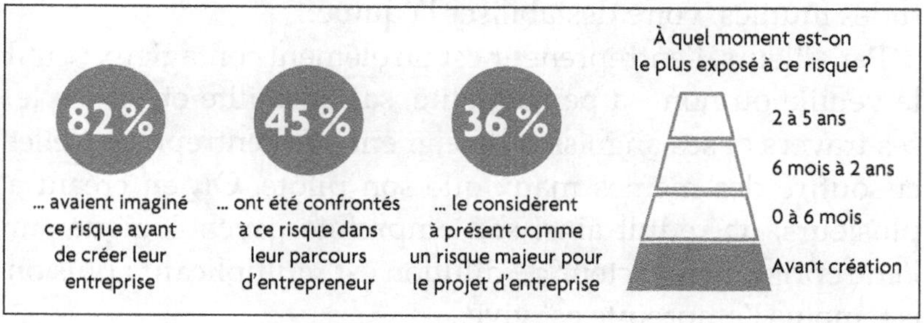

La question divise. Partisans de l'aventure solitaire ou apôtres des épopées collectives, les arguments ne manquent pas aux uns et aux autres pour défendre leur conviction. Si le débat a parfois tout d'un échange sans fin, tant le choix repose sur des ressorts très personnels, un mot semble pourtant faire parler tous les entrepreneurs d'une même voix lorsqu'il s'agit d'évoquer ce qui relie leurs engagements : la liberté !

Et, pour ceux qui la revendiquent avec le plus de force, la décision de créer seul s'impose presque comme une évidence. Seul, pour ressentir plus fort encore la liberté de choisir et de décider. Seul, pour éviter le risque d'une mauvaise association, et ses conséquences parfois tragiques pour la pérennité de l'entreprise. Seul, enfin, pour donner à son investissement dans le projet un rythme et une intensité qui ne se comparent pas, et éviter ainsi les tensions inutiles.

Mais si la solitude s'assume, elle a aussi ses contreparties.

Être seul aux commandes limite ou empêche la dilution du risque. Il faut savoir – et pouvoir – supporter seul les tracas du quotidien, tout comme les grandes turbulences lorsqu'elles surviennent, car les partager en toute transparence avec ses collaborateurs n'est pas non plus sans conséquences. Ainsi, donner à ses salariés un pouvoir de jugement excessif ou les inciter à s'immiscer dans les affaires sensibles de l'entreprise se considère avec prudence : c'est le risque de s'exposer à la critique systématique, voire à la perte de son autorité... Qui plus est, les informer sur tout ce que vit l'entreprise, et notamment ses difficultés, peut faire naître des doutes et des inquiétudes inutiles, voire déstabiliser l'équipe.

Par ailleurs, l'entrepreneur est un élément contagieux : qu'il le veuille ou non, sa personnalité, sa sensibilité et son style, ses travers et ses angoisses déteignent sur l'entreprise. Celle-ci souffre des mêmes maux que son pilote. Or, en créant à plusieurs, on réduit ainsi son empreinte psychologique sur l'entreprise. Et le facteur de dilution est multiplicatif : plus on est, moins l'empreinte est vive.

Penser pouvoir être à 100 % tout le temps, c'est se méprendre sur sa capacité de résistance face aux enjeux de gestion d'une entreprise. Être seul expose davantage, et les occasions de « prendre le large » s'avèrent moins nombreuses ; les congés sont plus difficiles à organiser et, de ce fait, moins fréquents – sauf à avoir su structurer son activité pour s'autoriser ces périodes de recul absolument nécessaires. À plusieurs, on compense également coups de pompe et coups du sort.

Enfin, entreprendre seul empêche de répartir la charge de travail non productive – les tâches administratives, par exemple – et accroît son poids dans le planning du dirigeant. Ne pas en confier la responsabilité à un collaborateur ou à un tiers, c'est un coût pour l'entreprise : l'entrepreneur se disperse alors sur des activités à faible valeur ajoutée.

Seul ou à plusieurs, tout n'est qu'une histoire de philosophie. Une seule question à se poser finalement : quelle histoire entrepreneuriale souhaitez-vous vivre ?

Laurence Onfroy

TEMPTINGPLACES

« Entreprendre seul » : force ou faiblesse, je n'ai pas la réponse. Mes expériences entrepreneuriales m'ont amenée à m'associer et à me séparer plusieurs fois. Mon exigence est forte vis-à-vis de moi-même, et elle l'est tout autant vis-à-vis de mes associés. Dans mon aventure TemptingPlaces, je n'ai eu de cesse de chercher des associés pour m'aider à porter le développement de la société. Je n'ai jamais trouvé une personne qui eût autant d'ambition et de passion pour TemptingPlaces que moi !

Ainsi mon expérience récente ne m'a-t-elle pas surprise, même si le contexte aurait pu créer un niveau de risque plus qu'important pour la société : en pleine levée de fonds, mon nouvel associé (arrivé 9 mois plus tôt) décide de quitter l'aventure alors qu'il avait rejoint TemptingPlaces pour m'aider dans la croissance ! Le risque portait, non sur la continuité de l'entreprise, mais bien sur la perte de mois de travail consacrés à la levée de fonds (qui m'avait d'ailleurs éloignée de l'activité), les rendez-vous en cours qu'il fallait désormais assurer seule, et la réaction des investisseurs déjà confirmés à gérer. Situation inconfortable, mais avec finalement un retour positif de mon entourage et des investisseurs quant au départ de cet associé... Avec du recul, je sais que c'était une étape nécessaire.

« Entreprendre seul », c'est donc aller chercher chez ses collaborateurs l'énergie, les compétences que l'on aurait pu trouver chez ses associés. Il me paraît indispensable d'apprendre à s'entourer, à recruter et fidéliser des talents divers qui « s'associent » au succès des étapes franchies ensemble. C'est concevoir une société avec une philosophie, des valeurs et une mission, pour que chaque collaborateur s'y investisse avec passion et implication. Ainsi, je n'entreprends plus seule à proprement parler, car mon « équipe noyau » est formidable. En revanche, les insomnies de fin de mois, je les vis seule car ces interrogations ne se partagent pas.

« Entreprendre seul », c'est aussi savoir partager avec d'autres entrepreneurs au sein de clubs et d'associations : formidable effet miroir, échanges, idées, conseils, solidarité... J'y puise une énergie incroyable car nous sommes tous d'un optimisme à toute épreuve ! Enfin, pour passer des caps, il faut aussi savoir tirer avantage des réseaux d'accompagnement d'entrepreneurs.

À retenir :

- Il n'y a pas de configuration idéale pour une entreprise. C'est un choix éminemment personnel.
- Seul, l'entrepreneur vit les événements avec une intensité décuplée.
- Être seul maître à bord, c'est être seul pour décider, mais aussi pour subir.

RISQUE N° 20 | Démarcher un géant quand on est minuscule

« Dieu a dit : "Je partage en deux,
les riches auront de la nourriture, les pauvres de l'appétit." »

COLUCHE

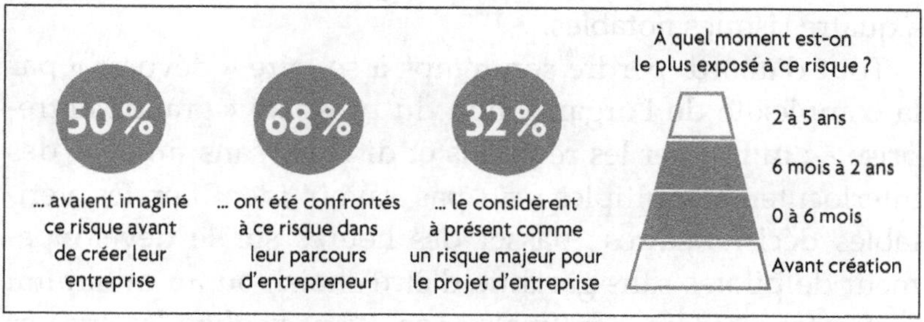

Le grand compte a des airs de mariée idéale dans l'esprit d'un entrepreneur débutant. Une marque prestigieuse, une taille de multinationale et une capitalisation boursière qui se compte en dizaines de milliards d'euros… et c'est tout le bon sens acquis et les grands principes appris qui volent en éclat. Parce que la « grosse boîte », ce sont des paillettes et des mirages, comme un rêve les yeux ouverts : un cheval de Troie pour toucher l'élite économique du CAC 40 ; un passe-port pour l'international ; la courroie de transmission pour un *business* futur récurrent ; la preuve indiscutable de la pertinence de son offre ; une source de fierté et de visibilité aussi.

Mais à trop regarder les dorures, on finit par ne plus voir l'essentiel : entre autres, qu'un grand groupe ne fonctionne pas comme une petite entreprise.

Ce ne sont pas les mêmes enjeux avec lesquels composer. Si, pour l'entrepreneur, le contrat a des allures de Graal, il n'est qu'un parmi des milliers d'autres chez son nouveau grand client. Par ailleurs, le temps n'a pas la même valeur pour les deux parties. L'entrepreneur est animé par l'urgence de l'action et la prise de décision instantanée ; dans les grands groupes structurés, ce sont la pondération, la raison et le respect scrupuleux des règles de décision qui priment. Enfin, la taille et la notoriété d'un client ne garantissent pas l'existence d'un vrai marché en valeur et en fréquence de commandes : une entreprise du CAC 40, ça sait aussi faire de petites affaires.

En faisant de la signature avec un grand compte le sésame nécessaire à son développement, la petite entreprise s'expose à quatre risques notables.

Tout d'abord, perdre son temps à se faire « dévorer » par la complexité de l'organisation du prospect « grande entreprise » : multiplier les réunions et discuter sans fin avec des interlocuteurs multiples ; ne pas savoir identifier les véritables décisionnaires ; passer des heures sur le développement de pilotes sans garantie d'être choisi, ou au minimum rémunéré ; perdre « en finale », en ayant négligé les critères nécessaires pour être référencé comme fournisseur : niveau de chiffre d'affaires, montant des fonds propres, rentabilité positive sur les trois derniers exercices, « références client » de qualité équivalente, etc.

Deuxièmement, en dire trop, beaucoup trop, pour convaincre et gagner en crédibilité, et risquer ce faisant le pillage intellectuel. En d'autres mots, préciser et formaliser le « besoin client », aider à la rédaction d'un cahier des charges détaillé sans facturer la prestation, et donner au prospect les moyens de lancer un appel d'offres ou décider, finalement, d'agir en interne… Il y a parfois de la fibre de bénévole chez l'entrepreneur ambitieux !

Troisièmement, subir le déséquilibre du rapport de force : passer un temps infini sur la rédaction d'un contrat complexe et se voir imposer des conditions très défavorables : tarifs et mécanismes d'ajustement sur les volumes, délais de règlement, pénalités.

Enfin, signer un contrat en le considérant comme un investissement, accepter de revenir sur son *business model*, et perdre durablement de l'argent.

Si la signature d'un contrat avec un grand compte reste évidemment une formidable opportunité, une chose doit primer par-dessus tout : garder la pleine conscience de la valeur de son offre de services, et bien la vendre à ceux qui s'y intéressent. Pour une simple et bonne raison, d'ailleurs : parce que vous le valez bien !

Xavier Milin

BASICS FINANCE et STARTUP LEADERSHIP PROGRAM FRANCE

Une startup rencontrée en 2012 se retrouve, au mois de mars, en négociation avec un grand établissement bancaire français. Ce dernier se dit très intéressé par une des offres de l'entreprise – ou plutôt, l'un des directeurs généraux de la banque est séduit par l'offre de l'entreprise... Rien n'est réellement validé officiellement et aucun contrat n'est proposé pour ce test.
Ce directeur souhaite tester l'offre en agence très rapidement. Pour les contrats et les commandes, « tout devrait se faire très rapidement ». La startup recrute 5 personnes, essentiellement des développeurs afin de finaliser le développement informatique et être fin prêts pour la première agence, et les 30 à 50 établissements qui devraient suivre rapidement. Ces problématiques de volumes posent de gros problèmes, et il est là encore nécessaire d'investir rapidement dans des serveurs lourds, dotés de grosses capacités de stockage.
Le projet avec cette banque prend rapidement 100 % du temps de l'entreprise ; les dépenses ne cessent de croître ; au bout de 6 mois, il n'y a toujours aucun contrat signé. Le CEO de la startup passe par la direction de l'innovation, les achats, la direction générale. Les discours sont parfois contradictoires mais toujours réconfortants : le projet est un projet phare de la banque.
Au bout d'un an, l'entreprise me contacte en urgence : la trésorerie est à zéro. L'équipe est passée de 12 collaborateurs à 3, en incluant le CEO ; les 2 autres sont stagiaires... Malgré des tests concluants en agence, la banque n'a toujours pas entériné le contrat. Elle ne le fera finalement qu'en novembre 2013, soit près de 18 mois après le début des discussions avec l'entreprise...

À retenir :

- Un grand client n'est pas toujours un bon client pour l'entreprise.
- Un bon projet, c'est un projet sur lequel la direction générale de votre client est vraiment impliquée.
- Même si cela ressemble au contrat du siècle, ne surtout pas oublier de continuer à prospecter...

RISQUE N° 21 | Choisir un *business* complexe à gérer

« L'homme devrait mettre autant d'ardeur à simplifier sa vie qu'il en met à la compliquer. »

Henri Bergson

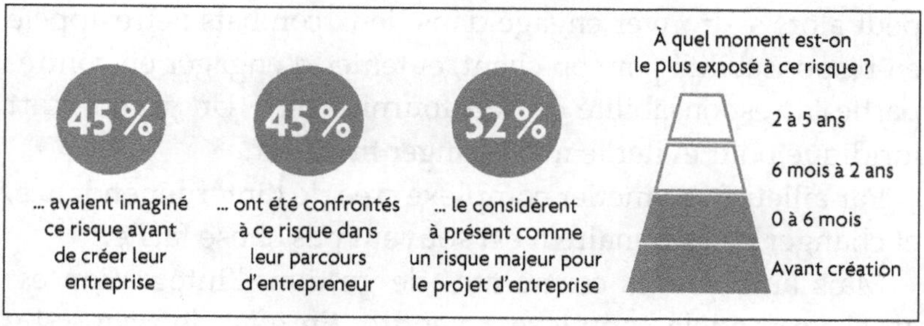

Choisir un modèle complexe, c'est devenir un chef d'orchestre, un « intégrateur », qui construit son offre à partir d'une communauté de prestataires (design, fabrication, logistique, informatique, distribution) et organise des plannings, des flux, gère des hommes et des contraintes.

Un modèle complexe porte bien son nom, et doublement : complexe à gérer – ce qui fait sa valeur, mais il complique aussi la vie de l'intégrateur qui le met en œuvre. Il est complexe à vendre également.

Gérer la complexité, c'est un modèle attractif sur le papier car peu nombreux sont ceux qui sauront et pourront la mettre en œuvre. Une vraie culture globale des différents métiers est nécessaire ; la capacité à s'entourer, voire à s'associer avec des compétences clés, expertes sur chacun des métiers, est cruciale ; la constitution d'un réseau de « prestataires métiers » solides, performants, responsables et fiables, est déterminante.

Si la complexité séduit par les « barrières à l'entrée » fortes qu'elle érige, l'aborder avec prudence n'est pas la plus saugrenue des idées. Car faire de son cœur de métier l'intégration de prestations externes, c'est accepter l'idée d'être responsable mais pas coupable, et couvrir un risque sur des erreurs que l'on n'a pas commises ; c'est faire le tampon entre des « enjeux clients » et des « responsabilités fournisseurs » qui ne correspondent pas toujours : les dommages – perte de vente, risque d'image – supportés par le client qui subit la défaillance d'un prestataire de l'intégrateur, sont souvent bien supérieurs, en valeur, au coût de la seule prestation défaillante. L'intégrateur peut alors se trouver engagé dans deux combats : être appelé en responsabilité par son client, et tenter d'engager en contrepartie la responsabilité de son fournisseur… Un grand écart juridique pour éviter le maxi danger financier.

Par ailleurs, un métier complexe crée de l'interdépendance, et changer de partenaire n'est souvent pas chose facile.

Mais au-delà des contraintes de gestion, l'intégration est aussi un modèle complexe à vendre. En effet, le risque d'y passer un temps significatif, d'user les équipes en charge de la vente, et de se créer un risque *business* en investissant sans garantie de signature – ce triple risque est loin d'être anodin. Un projet complexe soulève de nombreuses questions chez l'acheteur, il veut donc border tous les sujets avant de s'engager.

Car externaliser, pour le client, c'est risquer la dépendance opérationnelle, et donc la perte de maîtrise des métiers transférés. De plus, sortir du contrat ne pourra se faire dans n'importe quelles conditions, à tout moment et sans contraintes financières ; il y aura des pénalités éventuelles.

Par ailleurs, le collaborateur qui pilote la consultation pour l'acheteur est exposé et responsable. Il doit parfaitement comprendre le projet pour l'expliquer à sa direction et aider à la prise de décision. Pas sûr que les enjeux du projet l'incitent à se précipiter… Conséquence : les cycles de vente sont souvent longs et difficilement maîtrisables.

Quand on vend un projet d'externalisation, on s'adresse à un grand nombre de pôles fonctionnels chez l'acheteur. Le plus grand des défis est donc de emporter l'adhésion collective, et savoir composer avec les enjeux de pouvoirs entre directions, de lever les freins secrets et les peurs irrationnelles face au changement, et de gérer les agendas multiples.

Un projet d'externalisation, c'est, en règle générale, une meilleure qualité de service pour un coût identique, voire inférieur à ce qui était fait auparavant – lorsque l'acheteur le réalisait lui-même. Mais les économies portent souvent sur les coûts cachés et indirects : une réduction ou réallocation des effectifs, par exemple. Dès lors, convaincre l'acheteur que des économies importantes sont réalisées n'est pas si facile.

Vouloir faciliter la vie des autres, c'est donc aussi, parfois, faire de la sienne un fleuve peu tranquille.

Christophe d'Auzac

CINCOSENSO

L'entreprise Cincosenso que nous avions montée avec Stéphane, mon associé, était un opérateur d'instruments de paiement en marque blanche. Pour faire simple, nous montions les cartes cadeaux et coffrets cadeaux de réseaux de magasins ou de groupes hôteliers. Nous avions décidé de nous lancer dans cette aventure en considérant que personne ne proposait de vraie solution d'intégration sur ce marché : une solution qui couvrirait à la fois la fabrication des produits, la logistique et la gestion des codes prépayés (pour activer et consommer les codes en caisse).

Notre message était de dire aux marques : « Gérer toutes ces opérations n'est pas votre cœur de métier, et c'est à la fois coûteux et complexe ; nous sommes experts en ces 3 métiers, nous allons donc pouvoir vous alléger et réduire vos risques. » Sauf qu'en ayant dit cela, la complexité c'est finalement nous qui la gérions... Nous devions piloter des prestataires dont les métiers n'avaient rien à voir, qui ne comprenaient pas forcément les contraintes et implications de chacun des autres métiers, et qui géraient nos projets comme un projet parmi d'autres. Nous étions une tour de pilotage et de contrôle, mais dépendante de la qualité de travail et du bon vouloir de chaque prestataire.

Par ailleurs, projet complexe voulait dire aussi complexe à vendre. Les cycles de vente étaient long (9 à 18 mois entre le premier

• • •

contact et le démarrage des opérations), le nombre d'interlocuteurs à convaincre important : directions générale, informatique, marketing, commerciale, juridique, financière. Il fallait également discuter avec la grande distribution pour créer les interfaces informatiques permettant d'activer en caisse les cartes et coffrets cadeaux de nos clients.

Nous faisions tout, et sans vraiment réussir à bien le vendre. Difficile de faire passer des frais de mise en place (*setup cost*), alors que nous passions pourtant beaucoup de temps à expliquer l'offre, comprendre le contexte et élaborer un cahier des charges. Difficile, aussi, de faire prendre conscience à nos clients de l'intérêt d'externaliser ces opérations, tant ils méconnaissaient certains métiers et la difficulté à les coordonner physiquement et informatiquement. Nous proposions une économie et un risque moindre ; et nous devions batailler sans cesse pour le démontrer et faire face aux objections.

À retenir :

- **Choisir la complexité, c'est devoir discuter avec un grand nombre d'interlocuteurs, et y passer un temps certain.**
- **Plus une offre facilite la vie de l'acheteur, plus elle a de chances de se vendre vite et bien.**
- **Il y a peu de concurrents sur les modèles de gestion complexe : il doit bien y avoir une raison...**

RISQUE N° 22 | Asseoir son développement sur le lancement des nouveaux produits de ses clients

« N'entretiens pas l'espoir de ce qui ne peut être espéré. »

PYTHAGORE

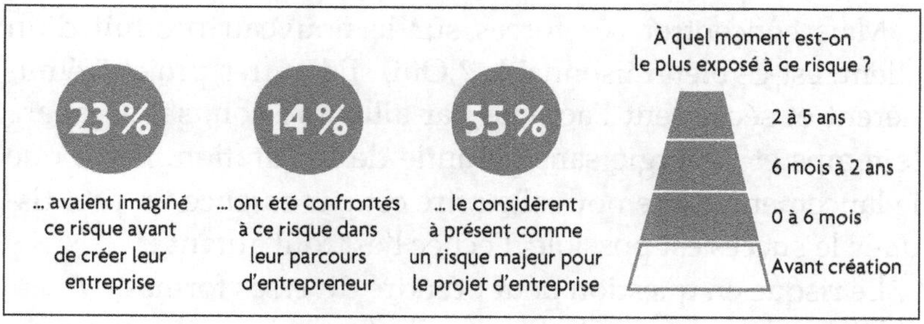

« Vous allez voir, notre nouveau produit va révolutionner le secteur ! » Cette phrase qui sonne comme un slogan publicitaire, a tout d'une preuve de super-confiance pour les uns, et de méthode Coué pour les autres. C'est LA grande phrase des sociétés qui se lancent et qui n'ont donc encore ni produit, ni références, ni résultats tangibles. C'est aussi celle de sociétés, plus mûres et installées, qui souhaitent tester une nouvelle activité en limitant l'investissement.

Et toutes les deux cherchent la même chose : un prestataire qui acceptera de passer du temps avec eux, et pour eux ; beaucoup de temps à réfléchir, concevoir, tester, caler, recommencer… et tout ça pour la modique somme de… vraiment pas cher…

Ainsi formulée, la requête a tout d'un scénario impossible. Pourtant, l'entrepreneur débutant est le candidat idéal : 90 % de chances pour qu'il réponde présent ! Et plus fort encore, il a de grandes chances d'être retenu : les concurrents ont déjà décliné la proposition.

Il faut dire que, pour un entrepreneur en développement, toute opportunité est bonne à saisir. Elle permet de gagner en compétences, en travaillant sur de nouveaux sujets ; de tester et d'améliorer son offre auprès de clients consentants, qui paient peu cher mais savent être indulgents ; de se constituer de nouvelles références, de facturer et donc d'exister ; ou encore de ne pas rater la future pépite de demain, l'innovation d'un client qui transformera le partenariat signé en conte de fée entrepreneurial.

Mais concentrer ses forces sur le nouveau produit d'un client, est-ce bien raisonnable ? Oui, si d'autres projets rémunèrent et sécurisent l'activité par ailleurs ; non, s'il accapare le temps et l'énergie sans garantie de facturation. Parce que le lancement d'une nouvelle offre est par essence un pari risqué : le succès est possible, l'échec l'est tout autant !

Le risque en question peut prendre diverses formes.

D'abord, consacrer beaucoup de temps au démarrage du projet pour aider le client à définir et affiner son offre, pour transformer le prototype en projet industrialisable, définir les règles d'une bonne relation de partenaires, ou encore négocier, formaliser et signer un contrat… et finalement voir le projet abandonné au bout d'un an, faute de ventes suffisantes, ou être remercié par un client devenu suffisamment riche pour assurer le service en interne ou le confier à un autre prestataire… Bref, il existe un vrai risque d'avoir investi sur un projet sans être rémunéré, et de ne pas pouvoir en récolter les bénéfices futurs.

C'est aussi le risque de ne plus avoir le temps de répondre à d'autres projets plus profitables et plus sûrs, car plus mûrs, et passer à côté d'une rémunération pourtant garantie et pérenne.

Enfin, le risque d'avoir négocié une rémunération qui repose sur les ventes de son client – principe du « modèle à la performance » – et ne jamais rien gagner, car le produit ne rencontre finalement par le succès escompté.

Un entrepreneur doit déjà composer avec l'incertitude de son propre développement : est-il donc vraiment raisonnable qu'il rajoute une seconde incertitude à la sienne ? L'incertitude du développement de son client…

Christophe d'Auzac
CINCOSENSO

Notre société intervenait sur un marché neuf : les cartes et coffrets cadeaux. C'était donc très souvent pour nos prospects le lancement d'un nouveau projet, sans historique. Il fallait tout monter de A à Z techniquement, et aussi sensibiliser les équipes de nos clients aux bonnes pratiques pour mettre les produits en avant et favoriser leur vente. Nous y avions d'ailleurs un intérêt direct, puisque notre premier *business model* était presque à 100 % à la performance : nous ne gagnions donc que si nos clients vendaient...

Nous avons eu à travailler sur le lancement d'une nouvelle offre de coffret cadeau, lancée par un groupe de dimension internationale, spécialiste des titres prépayés : un concept marketing tout nouveau, un format de coffret cadeau inédit qui cassait tous les codes habituels, et une distribution dans les enseignes de grande distribution. Ce client n'avait aucune expérience de la vente en GMS... C'était pour nous une opportunité vraiment intéressante, qui permettait en plus de réduire la dépendance que nous avions vis-à-vis d'un autre client (ce dernier représentait plus de la moitié de notre chiffre d'affaires).

Bilan : nous avons travaillé plus d'un an sur le projet, et passé un temps considérable avec les équipes juridiques de notre client, pour formaliser et signer un contrat de 200 pages. Le projet n'a finalement pas rencontré le succès commercial escompté : il fut abandonné au bout d'un an. Tout ce temps aurait pu être consacré à d'autres projets, potentiellement plus rentables et durables. Nous avions spéculé sur un succès impossible à prévoir – celui de l'innovation de notre client. Nous avions finalement partagé son risque.

À retenir :

- **Éviter de lier sa rémunération au succès futur des produits de ses clients, et facturer la phase d'étude, de conseil et de mise en œuvre.**
- **Privilégier des *business* qui garantissent une rémunération immédiate et récurrente, et non un investissement pour une rémunération éventuelle future.**
- **Se méfier des « promesses clients ». Un projet présenté comme radieux demain, c'est une demande de réduction des prix pour aujourd'hui.**

RISQUE N° 23 | Être joueur sans avoir les moyens de supporter les conséquences du jeu

« Moi, je ne joue pas pour gagner ou pour perdre.
Je joue pour savoir si je vais gagner ou si je vais perdre. »

ALFRED CAPUS

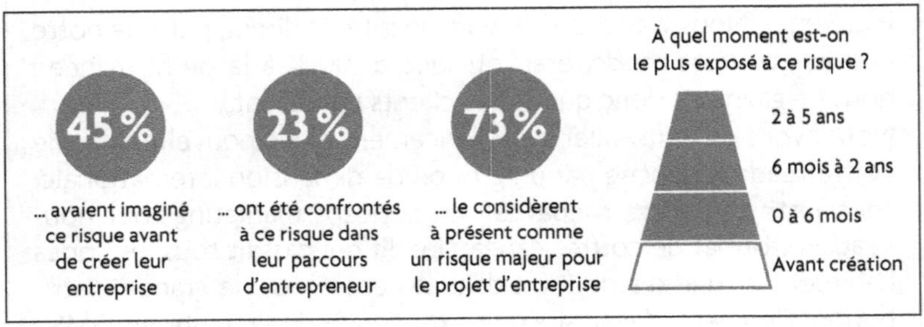

Certains sont incorrigibles... Comme si les montagnes russes de la création d'entreprise ne suffisaient pas ! Il leur faut ce petit plus, le frisson du « coup » qui se tente, et qui fait briller le regard de malice. Entrepreneurs, apparemment ; joueurs, assurément ! Ils mettent du « Ça se tente » dans chacune de leurs décisions, parce que le jeu est leur plaisir, et l'entreprise un terrain d'expression idéal. Entreprendre, c'est rêver de réussir ; jouer, c'est rêver de gagner. On peut difficilement faire plus proche en matière de rêves...

Certes, le jeu peut en valoir la chandelle. Tenter le coup, c'est le plaisir d'avoir joué, pour l'entrepreneur, et la possibilité d'un bonus pour l'entreprise. Pas forcément le jackpot, d'ailleurs : le principe du gain, même minuscule, suffit.

Il y a les joueurs qui flirtent simplement avec la ligne jaune, et les autres, qui la franchissent allègrement. La taille du grand écart est donc une donnée variable. Celui-ci peut prendre toutes les formes.

Ne pas appliquer les bons taux de TVA, par exemple, en jouant sur la complexité et le flou des champs d'application et des calendriers de mise en place, dans certains secteurs d'activité : la restauration, l'alimentaire, la culture, l'immobilier et l'énergie sont particulièrement sensibles à l'incertitude…

Intégrer dans son *business model* l'obtention d'un crédit impôt recherche, le considérer comme acquis et reconductible sans remplir pourtant les conditions requises, et courir le risque de sa remise en cause, de son remboursement et du contrôle fiscal qui l'accompagne quasiment systématiquement.

Ou encore, déclencher un contentieux avec un partenaire défaillant en vue d'obtenir réparation d'un préjudice, en sous-estimant l'engorgement des tribunaux, la complexité et la longueur de la procédure, et finalement le risque de perdre contre toute logique et toute attente.

Asseoir, enfin, le développement de son activité sur un modèle de BFR négatif, en utilisant les fonds collectés pour investir ; c'est le modèle du coffret cadeau et, plus généralement, de ces produits et services que l'on paie avant de les recevoir ou d'en bénéficier. Cela revient donc à parier sur une croissance continue, en considérant que les ventes futures garantiront des rentrées supérieures aux paiements ou remboursements à réaliser.

Le risque est évidemment que les choses ne se passent pas comme prévu. Bref, d'avoir misé sur le gain, sans avoir pensé que la perte puisse aussi être le résultat de l'équation. Le principal danger est financier, celui d'être dans l'impossibilité de faire face aux conséquences de la perte : payer le différentiel de TVA et les pénalités associées ; rembourser un crédit impôt recherche ; payer les conséquences d'un procès perdu, les frais d'avocat de la partie adverse et les éventuelles demandes de réparation de préjudice ; ou encore, avoir dépensé la trésorerie collectée sur un BFR négatif, et ne plus pouvoir payer les créanciers.

Par conséquent, rêver du coup gagnant – et du gain associé – peut parfois aussi faire passer de mauvaises nuits.

Alexandre Bataille

MONALBUMPHOTO.COM

Au démarrage de l'activité, l'une des questions prioritaires que nous avons eues à traiter, avec mon associé Pierre-Antoine, concernait le taux de TVA applicable aux livres photos. L'enjeu était évidemment de taille sur un marché qui offrait de très belles perspectives de développement à l'international et qui voyait certains de nos concurrents européens, belges et allemands notamment, bénéficier d'un taux de TVA réduit. Une différence de TVA qui leur permettait d'engranger plus de trésorerie pour financer leurs projets de développement à l'étranger.

Restait à savoir si nos produits pouvaient être considérés en France comme des livres, et être assujettis à un taux de TVA réduit, applicable aux œuvres ayant pour objet la diffusion de la pensée et de la culture. La première réponse de notre cabinet d'avocat fut tout d'abord négative. Puis, un an plus tard, le bulletin officiel 3 C-4-05 n° 82 du 12 mai 2005 précisa que les recueils de photographies, les ouvrages artistiques constitués de reproductions, les répertoires d'œuvres, y compris lorsqu'ils n'étaient assortis d'aucun commentaire, pouvaient être considérés comme des livres.

Nous avons alors pris la décision, avec l'appui de nos actionnaires, d'interpréter ce texte en notre faveur, en profitant d'un vide juridique pour appliquer un taux de TVA réduit, sans modifier nos prix. L'espoir d'échapper à un redressement était faible. Nous l'avons fait en connaissance de cause.

En 2009, MonAlbumPhoto fut redressé de plusieurs centaines de milliers d'euros après de nombreux échanges avec les services des impôts, jusqu'au cabinet du ministre du budget de l'époque, Éric Woerth. Nous avions heureusement eu la bonne idée d'anticiper cette décision en réalisant une levée de fonds : elle nous a permis d'éviter la mise en péril de l'activité. Notre audace aura eu le mérite de permettre à MonAlbumPhoto de s'autofinancer pendant pratiquement 3 ans.

À retenir :

- Étudier le « coup » en fonction de ce qu'il peut rapporter, mais aussi de ce qu'il peut faire perdre.
- Avoir les fonds de côté pour faire face au risque de perte.
- Jouer pour de bonnes raisons et éviter les combats revanchards ou justiciers.

RISQUE N° 24 | Être le chef d'une armée de stagiaires

« On n'est point un homme d'esprit pour avoir beaucoup d'idées, comme on n'est pas un bon général pour avoir beaucoup de soldats. »

SÉBASTIEN-ROCH NICOLAS DE CHAMFORT

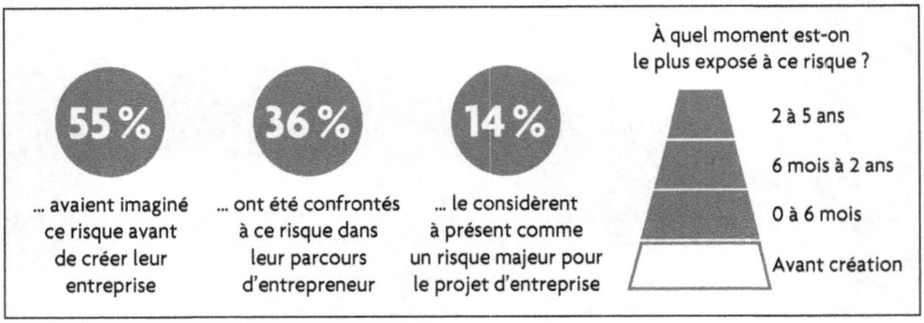

Il y a des mots magiques qui jalonnent le parcours d'un entrepreneur. Des mots comme des réflexes, qui lui facilitent la vie, qui lui font voir plus grand et différemment, qui symbolisent à eux seuls la transformation de l'entreprise, d'une simple idée à un projet qui se structure.

« Stagiaires » est l'un de ces mots. Il évoque une énergie qui se met en mouvement et l'opportunité, pour l'entrepreneur, de donner à son projet une nouvelle envergure. Car le recrutement de stagiaires n'est pas sans avantages : des renforts à faible coût et juridiquement non contraignants ; un effectif et des savoir-faire adaptables aux besoins de l'entreprise ; la possibilité pour les dirigeants de roder leur processus de recrutement ; une fraîcheur d'esprit, un regard neuf, des idées et des comportements qui sont aussi le reflet des nouvelles tendances ; une vraie culture *new-tech*, ils ont grandi avec ; un vivier de collaborateurs futurs que l'on peut tester sur la durée ; des profils motivés et matures qui font le choix de l'entreprise en développement pour l'autonomie et les responsabilités qu'elle saura leur confier ; la réduction du risque de dépendance à un seul collaborateur, la tâche étant répartie sur une équipe plus large.

Ainsi considéré, il serait bien tentant de repousser les murs de l'entreprise pour entasser sur des bureaux trop petits une armée jeune, motivée, bouillonnante d'initiatives et d'idées.

Mais le manque d'expérience a aussi ses contreparties et peut conduire à de vraies fausses économies car recruter des stagiaires a des conséquences en termes de management : il est impératif de passer du temps à former et expliquer, mais aussi gérer le décalage entre l'autonomie à laquelle ils aspirent et celle dont ils peuvent réellement faire preuve. C'est, par ailleurs, un investissement sans garantie de retour, les stagiaires multipliant les expériences et passant d'entreprises en entreprises. Il faut donc savoir gérer la bonne reprise des missions confiées pour pouvoir les transmettre à nouveau, et passer son temps à recruter pour remplacer – autrement dit, publier des annonces, étudier des candidatures, rencontrer…

Les stagiaires sont également plus lents, puisque moins expérimentés, pour réaliser les tâches qui leur sont confiées. Le risque d'erreurs, potentiellement plus important, oblige l'entrepreneur à multiplier les contrôles, corriger, et parfois refaire lui-même ce qu'il avait pourtant délégué.

Enfin, recruter des stagiaires est aussi une obligation pour l'entreprise, celle de définir et confier des missions intéressantes : un mauvais stage, c'est aussi le risque d'une information négative qui se diffuse auprès des stagiaires potentiels, et restreint, à terme, les chances de trouver les meilleurs candidats.

Recruter des stagiaires sous le seul angle de l'économie réalisée relève donc d'une erreur d'analyse. Si la réduction du coût direct – salaire et charges sociales – est indéniable, l'augmentation des coûts indirects – inexpérience, formation et encadrement notamment – ne doit pas être négligée. La « facture stagiaire » peut parfois s'avérer onéreuse…

À retenir :

- Plus il y a d'esprits, plus il y a d'idées, plus il faut les canaliser.
- S'appuyer sur des stagiaires a un coût : le temps, le risque d'erreur et les contrôles nécessaires.
- Recruter des stagiaires oblige l'entreprise à donner du sens et de l'intérêt aux stages.

RISQUE N° 25 | Prendre de l'assurance et relâcher sa vigilance

« Si un chemin peut conduire au meilleur,
il passe par un regard attentif sur le pire. »

Thomas Hardy

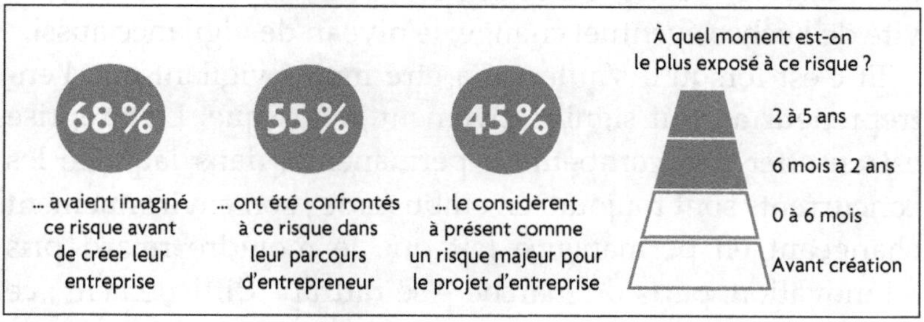

Ô combien d'insouciants ont créé une entreprise ! Et sans doute est-ce une bonne chose aussi. Car il en faut de cette pincée d'insouciance qui saupoudre le risque, pour transformer les grands rêves en projets qui s'envisagent.

Un risque, ça se prend et ça se gère ! S'il faut un peu d'inconscience pour franchir le cap de l'initiative, la vigilance est ensuite impérative pour garder la pleine maîtrise de ce qui a été entrepris. Être entrepreneur, c'est donc aussi devenir un chef de quart en état de vigilance permanente !

Mais, comme pour tout ce qui s'apprend, la répétition, les habitudes et les premiers succès donnent confiance et éloignent – du moins le croit-on – la possibilité du risque. Prenez le motard débutant ; c'est lorsqu'il commence à sentir sa maîtrise qu'il court le plus grand danger. C'est la même chose pour l'entrepreneur ! D'ailleurs, s'il succombe à cette tentation d'une confiance excessive, c'est qu'il a de bonnes raisons de le faire.

Relâcher fait du bien, après les mois de questionnement, d'efforts et de privation, que réserve le démarrage d'une entreprise ; la croissance et le profit augmentent les marges de manœuvre et atténuent les conséquences des éventuelles erreurs ; les appels entrants donnent le sentiment que l'activité est enfin lancée, et qu'elle peut même s'auto-entretenir sans effort particulier ; la notoriété et les premiers succès exposent aux compliments et aux courtisans, et changent la nature même du risque : on passe du risque personnel de ne pas survivre, à celui, collectif, de ne pas être reconnu. La gravité de l'échec éventuel change, le niveau de vigilance aussi.

Et c'est lorsqu'il s'autorise à être moins vigilant que l'entrepreneur accroît significativement son risque. L'entreprise est en effet une compétition permanente, dans laquelle les concurrents sont toujours en embuscade ; son environnement changeant en permanence fait que le moindre retard pris – innovation, parts de marché – se rattrape difficilement ; ce qui est tellement long à construire et à gagner – la confiance des clients et des partenaires, la crédibilité de l'expertise, la singularité du positionnement, l'image de marque – se détruit aussi très rapidement. L'entrepreneur moins vigilant risque enfin la mauvaise conscience, le changement de son propre regard sur lui-même – qui émousse la satisfaction, neutralise le plaisir et fragilise la confiance.

La vigilance est un muscle qui s'entretient. Être vigilant, c'est s'entraîner à la vigilance ; celle qui fait de la perception et la détection des signaux faibles, un réflexe. Stopper l'entraînement ouvre la porte à une nouvelle forme d'inconscience, plus lourde de conséquences, dont l'enjeu n'est plus le risque de ne pas créer, mais bien celui de perdre ce qui a été créé.

À retenir :

- Se sentir « installé », et donc sécurisé, est une illusion et un danger majeur.
- L'état de vigilance s'entretient jusqu'à devenir un réflexe de tous les instants.
- Être vigilant, c'est s'entraîner à anticiper, pour réduire le niveau de risque lorsque celui-ci survient.

Heure 4

Passer de l'inexpérience et de l'immaturité à la sagesse

RISQUE N° 26 | Choisir avec légèreté ses « conjoints » professionnels

« Le mariage est une greffe : ça prend bien ou mal. »

VICTOR HUGO

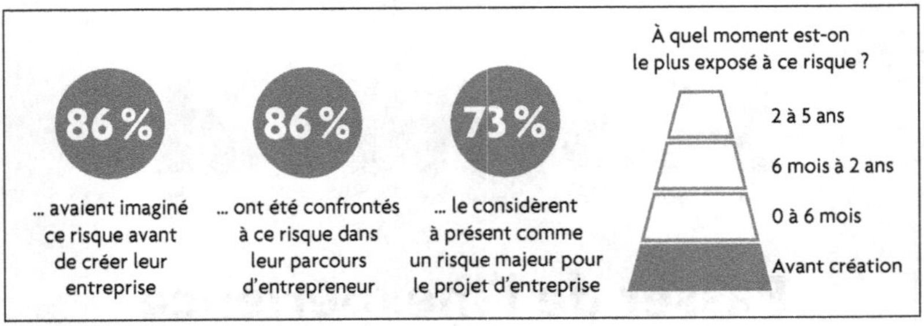

« Je vous déclare unis, pour le meilleur et pour le pire. » S'associer pour entreprendre est une déclaration de confiance qui aurait presque des allures sacrées, tant elle touche à l'un des principaux piliers de la vie : le travail – et, par voie de conséquence, les relations aux autres – et la rémunération pour vivre.

S'associer, c'est choisir d'unir son destin professionnel à celui d'un autre, ou de plusieurs autres. La décision est donc importante. Pourtant, elle est souvent prise à la légère, tant sont nombreuses les inconnues qui la sous-tendent.

C'est en haut de la montagne que l'on connaît son compagnon de cordée ! Et ce qui est valable pour soi-même l'est évidemment aussi pour les autres. Avant la création, le futur associé est un séducteur qui cherche à se rendre légitime et indispensable. Par ailleurs, tant que le projet reste un concept, les engagements ne sont que des intentions. C'est la réalité de l'entreprise qui va révéler, dans les succès et les épreuves, les personnalités, avec leur rapport à l'argent, au pouvoir et à la pression.

Le contexte personnel de chacun va également évoluer avec le temps. Les événements de la vie – enfants, mariage ou séparation, déménagement, investissements, maladie – mais aussi la façon dont chaque associé vit et envisage la suite de sa vie d'entrepreneur – envie de ralentir, de vendre pour sécuriser le capital constitué ou partir sur un nouveau projet par exemple – auront une incidence sur la relation aux autres associés et le rapport à l'entreprise.

On peut également, au moment du lancement, occulter les raisons objectives d'une bonne association et proposer une association sans réfléchir. Penser que l'idée prime sur la capacité à mettre en œuvre et sous-estimer le besoin de véritables experts pour transformer l'idée ; proposer de s'associer au premier venu qui marque de l'intérêt pour le projet ; chercher une compétence pour répondre au seul besoin de lancement de l'entreprise, et ne pas se demander à quoi sera utile cet associé dans le futur ; trouver vite un associé, n'importe qui, par peur de voir l'idée exploitée par un autre plus rapide ; chercher des fonds auprès d'un associé « riche », pour compenser ceux que l'on n'a pas ; ne pas écouter son intuition lorsque celle-ci pourtant dissuade… Les mauvaises raisons qui peuvent pousser à un mariage risqué sont innombrables, et la distribution de parts sociales d'autant plus facile lorsque l'entreprise ne vaut rien.

La mauvaise association est pourtant LE risque majeur d'une entreprise qui démarre, et la raison de tant d'échecs prématurés. C'est une pollution psychologique permanente, elle introduit la tension et le reproche dans le quotidien de l'entreprise. Elle déséquilibre le seul rempart aux difficultés : la force du collectif. Elle complique la gestion opérationnelle et le partage des responsabilités. Elle expose à la défiance des tiers parce qu'une mauvaise association se voit de l'extérieur. Elle peut enfin conduire aux comportements les plus irrationnels et inciter certains associés à bloquer la bonne marche de l'entreprise.

Prise à la légère, l'association peut donc bien vite passer de la romance heureuse au divorce douloureux.

Christian Kamayou
FINANCETESETUDES.COM
et MYAFRICANSTARTUP.COM

Il est courant de vouloir s'associer avec un prestataire technique lorsque l'on démarre son activité. Bien évidemment, toute prestation peut s'acheter, ou devrait être achetée à son juste prix une fois réalisée ; mais la tentation est grande de proposer à un prestataire de réaliser un site internet, par exemple, en contrepartie d'une participation au capital. Une manière d'obtenir, en apparence sans aucun coût, un résultat rapide et efficace, sans être freiné par des questions financières.

Cette mauvaise décision, je l'ai prise. Elle a eu deux conséquences. Je me suis rendu compte que mon nouvel associé technique n'avait pas de réelle valeur dans la société, une fois la prestation réalisée. Sa présence à mes côtés était donc sans utilité pour assurer le développement de l'entreprise. J'avais cédé un peu facilement des parts de capital pourtant précieuses, qui auraient pu être distribuées plus tard à d'autres associés sans doute plus stratégiques. Par ailleurs, lorsque j'ai voulu faire entrer des fonds d'investissement dans le capital, j'ai réalisé que j'avais cédé ces premières parts pour une valeur largement surévaluée. Je n'avais évidemment pas de référence pour une évaluation pertinente. Ce fut évidemment un sujet de discussion qu'il a ensuite fallu gérer. J'ai ainsi appris les risques d'une association un peu trop rapide et spontanée, sans réelle vision à long terme.

À retenir :

- **Prendre le temps de connaître les valeurs, les ambitions, les contextes personnels et la capacité à dialoguer de ses futurs associés avant de s'engager.**
- **Acheter les prestations dont on a besoin pour démarrer, plutôt que de les échanger contre des parts sociales.**
- **Vivre des succès et des échecs ensemble, avant de créer, est un bon moyen d'évaluer sa capacité à devenir de futurs bons associés.**

RISQUE N° 27 | Faire de la complémentarité technique le Graal de la bonne association

« Autant les optimistes que les pessimistes contribuent à la société, l'optimiste invente l'avion, le pessimiste les parachutes. »

George Bernard Shaw

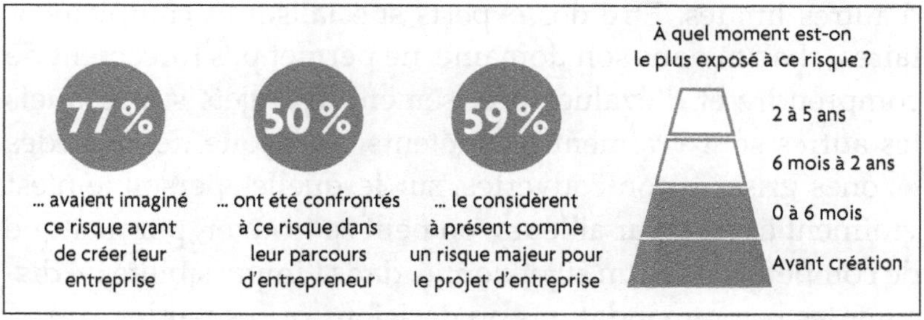

C'est l'un des principaux enjeux de l'entrepreneur : instaurer la confiance ! Celle qui donnera aux clients, investisseurs, partenaires ou futurs collaborateurs, l'envie de participer au projet d'entreprise, de travailler avec ou pour l'entreprise, ou encore de la financer. Et, parmi les principaux ressorts de cette confiance : la bonne complémentarité des associés, c'est-à-dire leur capacité à couvrir et résoudre l'ensemble des sujets complexes.

Constituer une équipe d'experts complémentaires est donc devenu une priorité incontournable. Tellement incontournable, d'ailleurs, que certaines équipes d'associés finissent par perdre de vue qu'une association est aussi une aventure dans lequel l'humain a toute sa place. En rationnalisant de façon excessive la démarche de création d'entreprise, c'est-à-dire partir de l'idée puis remplir les cases nécessaires pour sa bonne mise en œuvre, notamment les profils d'associés, on finit par résoudre une équation mathématique, et non plus écrire une histoire d'entrepreneurs. Il est rare d'entendre dire : « On a envie de travailler ensemble, on se connaît, trouvons le projet qui va avec ! »

Pourtant, les valeurs, l'origine sociale, le rapport à l'argent, l'idée de la réussite, les contextes personnels, la façon dont on envisage l'association et les obligations réciproques qu'on lui rattache, qu'ils soient différents ou qu'ils se correspondent, jouent un rôle clé dans la relation d'associés.

Et puis, la parfaite complémentarité technique a aussi d'autres limites. Être des experts spécialisés et complémentaires, chacun dans son domaine, ne permet pas forcément de comprendre et d'évaluer précisément les sujets sur lesquels les autres sont vraiment compétents, au risque de créer des « zones grises » non couvertes, sur lesquelles personne n'est vraiment expert. Par ailleurs, on peut se trouver, par manque de compétence sur un sujet donné, dans l'impossibilité de discuter les recommandations ou décisions prises par les autres, et devoir donc faire le pari de la confiance absolue. L'absence de polyvalence au profit de l'ultra-spécialisation complémentaire peut aussi encourager le travail isolé – chacun restant concentré sur son pré carré – et faire perdre la vision et la bonne cohérence des actions engagées. C'est aussi le risque de perdre un peu de son pouvoir de décision, faute d'avoir une vision globale sur l'ensemble des enjeux de l'entreprise ; ou encore de risquer de voir la valeur de l'expertise devenir un sujet de comparaison entre associés, au fil du développement de l'entreprise – on n'a pas besoin des mêmes experts à tout moment – et voir ces mêmes associés se diviser au sujet de la contribution de chacun. Les associés, dont l'expertise est fortement sollicitée aujourd'hui, ont parfois la mémoire courte lorsqu'il s'agit de reconnaître combien l'expertise des autres a été cruciale par le passé…

Patricia Dumesny
SIMONET CONSEIL

Lorsque nous avons décidé de nous associer à deux pour notre projet de société de coaching, nous n'avions sans doute pas – et c'est bien normal – les mêmes ambitions ou la même vision à long terme. Si nos compétences techniques et nos tempéraments se révélaient bien complémentaires sur le papier, certains aspects de nos personnalités se sont montrés, à l'usage, plus disparates...

Le développement commercial de notre activité, par exemple, est vite apparu comme une contrainte majeure et commune. Pour des services aux entreprises comme ceux que nous proposions, trouver de nouveaux clients, de nouvelles missions, en démarchant souvent « dans le dur », doit être une charge partagée entre associé(e)s. De plus, celui ou celle qui a « vendu » gagne souvent en légitimité face au client, durant l'exécution de la mission. Le bon équilibre entre les investissements personnels de chacun est rarement simple à atteindre, et cela risque de remettre en question les « belles » règles d'association du début. Enfin, ces dernières sont rarement adaptées aux évolutions de l'activité ou des clients, et il faut alors avoir prévu un plan B, une porte de sortie ou une faculté de souplesse nécessaire des modes de fonctionnement de l'association.

En ce qui nous concerne, nous avons décidé d'adapter nos propres règles de rémunération en fonction du niveau d'activité généré par chacune – système de type apporteur d'affaires – et j'ai été amenée à créer en parallèle ma propre structure, pour pouvoir vendre certaines prestations de coaching en propre, tout en conservant l'entité initiale pour les clients existants ou concernant nos offres communes.

À retenir :

• Ce n'est pas l'addition des expertises individuelles qui fait le succès, mais la capacité à les faire fonctionner ensemble.

• Pour bien faire jouer l'orchestre, il faut un chef d'orchestre capable de comprendre ce que chacun fait, puis d'organiser les interventions et d'éviter les fausses notes.

• Le savoir-faire permet de démarrer, le savoir-être de se développer et de durer.

RISQUE N° 28 | Se marier sans contrat de mariage

« Ah ! On parle des liens du mariage !
Mais les liens du divorce sont encore plus indissolubles ! »

Alfred Capus

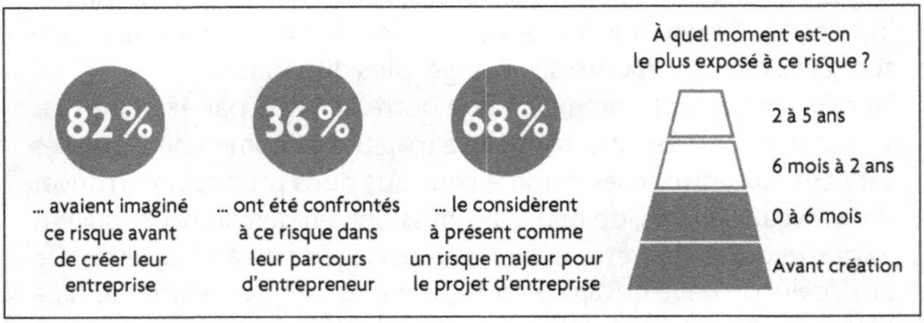

Le pacte d'associés est trop souvent oublié, négligé, reporté… C'est pourtant l'une des clés de stabilité, de bonne entente et de raison entre les associés fondateurs.

Il traite et régit un point essentiel de l'aventure entrepreneuriale, l'aspect humain, autrement dit les promesses et engagements réciproques. Il fige ce que bien souvent le temps efface, et traduit en mots les aspirations et volontés de chacun. Il protège aussi l'entreprise contre les incompréhensions, différends et mésententes entre fondateurs, en définissant des règles de fonctionnement et les conséquences de leur non-application. Comment gérer la sortie du capital d'un associé qui ne rejoint finalement pas l'équipe, comme initialement prévu ? Quelle valorisation pour la revente des parts, si un associé souhaite quitter l'entreprise au bout d'un an ? Comment gérer l'incapacité de l'un des associés, par manque de compétence ou pour problème de santé par exemple ?

Tout ceci, et bien d'autres choses encore, peut se préciser dans le pacte d'associés. C'est la mémoire et le témoin des raisons et objectifs de l'association. Il est signé par tous, compris par tous, et donc applicable à tous…

Et pourtant, s'il y a des sujets qui sont sensibles à la procrastination, le pacte d'associés est en bonne place sur le podium. Nombreux sont les entrepreneurs qui reportent les discussions à un « plus tard » qui deviendra bien vite un « jamais ». Car parler de pacte d'associés, c'est aborder les sujets par un « et si… ». Et la phrase qui suit a rarement la saveur des bonnes choses…

On reporte donc, parce qu'évoquer le pire au moment du démarrage n'est pas digne d'intérêt. Tout va bien aujourd'hui ; l'enthousiasme, la motivation et la confiance sont au zénith ; le projet prend forme et promet la belle aventure et le succès ; l'équipe d'associés est constituée et, à y regarder de près, elle a tout de la *dream team*. À quoi bon, donc, parler de ces sujets qui pourraient entacher toutes ces bonnes vibrations ?

On pense également qu'à toute difficulté future, il existera une solution future ; qu'il n'y a jamais eu encore de point de vrai blocage ; que les relations entre personnes intelligentes étant excellentes aujourd'hui, il n'y a aucune raison qu'elles le soient moins demain ; qu'il y a tellement plus de choses prioritaires à régler ; que les statuts doivent déjà à peu près tout couvrir ; que le pacte d'associés sera de toute façon à refaire, si des investisseurs rentrent dans le capital de l'entreprise.

Il y a donc mille raisons d'en reporter la discussion et la rédaction. Mille raisons de prendre un risque énorme, car, tant que l'entreprise ne s'est pas développée, et n'a pas fait face aux vrais enjeux de sa survie et de sa croissance, les associés ne se sont pas révélés… Avec les difficultés, les engagements moraux du départ sont parfois sujets à l'évaporation. Tension, frustration, sentiment d'injustice, rancœur, démobilisation, c'est tout cela que l'absence de cadre et de mémoire risque de produire. Et à la clé, la quasi-garantie d'une entreprise déstabilisée, voire paralysée.

À retenir :

- Les bonnes relations et les engagements sont sensibles au mouvement.
- Le pacte d'associés devrait être aussi obligatoire que les statuts !
- Évoquer, dès le lancement de l'entreprise, les sujets qui pourraient fâcher, c'est souscrire une assurance sérénité pour la suite.

RISQUE N° 29 | Sous-estimer le pouvoir de nuisance d’un associé défaillant

« Rien ne trahit autant le caractère des gens que les choses dont ils se moquent. »

JOHANN WOLFGANG VON GOETHE

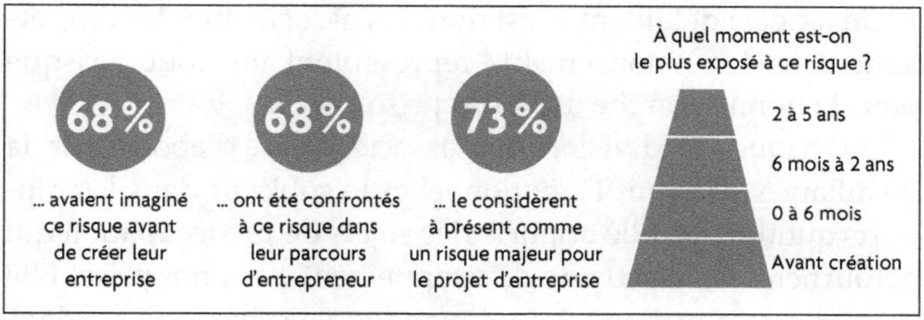

Tout avait été considéré et envisagé, ou du moins s’était-on préparé à y faire face. Tout, sauf au pire : que l’un des mousquetaires fasse dissidence et refuse le combat !

Dans l’entreprise comme dans la vie, il y a des défaillances qui se compensent par solidarité. Il n’est donc pas rare de voir des associés se remplacer, ou venir temporairement au secours d’un des leurs pour l’aider à traverser une période difficile (divorce, décès d’un proche, fatigue extrême, accident et immobilisation, dépression). Une solidarité qui rapproche, qui soude, qui grandit l’association, lorsque les conséquences sur l’organisation ne sont pas durables.

Mais d’autres défaillances, par le déséquilibre, l’incompréhension ou l’injustice qu’elles engendrent, représentent au contraire un véritable danger pour l’entreprise. C’est le cas de cet associé, salarié lors de la création de l’entreprise, et qui ne rejoint pas l’équipe au bout de quelques mois, contrairement aux engagements du départ. Toutes les bonnes raisons sont alors valables, hormis l’intérêt des associés déjà en place. C’est également l’associé dont les compétences se révèlent très en deçà des exigences du projet ; ou encore de celui qui ne parvient pas à intégrer la culture de la très jeune entreprise, à faire face à la pression, à fonctionner dans un environnement empreint d'incertitudes, à s'entendre avec le reste de l'équipe. Mais cela peut aussi prendre la forme d'un associé qui confond le portefeuille de l'entreprise et son portefeuille personnel, et se sert de sa signature pour entretenir son train de vie élevé.

Un associé défaillant, c'est donc un associé dont le comportement ou les renoncements représentent un double risque pour la bonne marche de l'entreprise.

Un risque de division des associés, tout d'abord, car la défaillance introduit l'émotionnel et le subjectif dans les rapports quotidiens. Elle apporte des sujets de préoccupation qui détournent des enjeux de développement de l'entreprise. Elle crée un trou fonctionnel – un manque de compétence – dans l'organisation qui avait été initialement envisagée, et peut générer une charge de travail supplémentaire pour les autres associés, ou un coût additionnel – pour trouver cette compétence auprès d'un prestataire externe. Elle crée surtout une association à deux niveaux : ceux qui se sacrifient et travaillent dur pour la valorisation et la pérennité de l'entreprise, et ceux qui en tirent tous les bénéfices, sans y contribuer ou en conservant leur confort maximal. Le sentiment de trahison ou d'injustice fait des ravages dans les rangs des très jeunes armées.

Mais le risque le plus grave est celui d'une dérive irrationnelle. Celle d'un associé que sa défaillance isole et accuse, qui use de son pouvoir pour bloquer les décisions nécessaires à la bonne marche de l'entreprise (augmentation de capital, modification des statuts, investissements), qui pollue le bon déroulement des assemblées générales et diffuse des messages nuisibles à l'entreprise sur le marché.

Si l'imagination peut être sans limite pour tenter de nuire, une seule parade permet aux autres associés de se protéger d'un associé défaillant : faire face en restant soudés, et trouver une solution amiable dans les plus brefs délais.

Stéphane Degonde

CINCOSENSO

Nous avions décidé de nous lancer à trois dans la création d'entreprise. Nous étions complémentaires par nos expertises, et nous avions chacun une expérience de plus de 15 ans. C'était donc un projet solide sur le papier, monté par des gens qui s'entendaient bien.
Première alerte, notre troisième associé nous informe le jour de la signature des statuts qu'il quitte l'entreprise dans laquelle il travaillait pour en rejoindre une autre, alors que cette première entreprise devait gérer l'un des trois métiers que nous allions proposer. Par pure convenance personnelle et sans nous prévenir, il créait notre premier risque d'entreprise.
Ce n'était que le début d'un mode de fonctionnement. Il ne nous a pas rejoints au bout d'un an, comme il s'était pourtant engagé à le faire. Il n'a jamais pris de congés pour venir nous aider et n'est jamais venu travailler avec nous les soirs et les week-ends, pour faire face aux « coups de bourre » pourtant nombreux. Il détenait moitié moins de parts que Christophe et moi, mais ne faisait pratiquement rien. Le sentiment d'injustice a commencé à devenir de plus en plus présent. Nous travaillions ; il nous racontait ses vacances et l'achat de sa maison secondaire. Nous avions divisé par trois nos salaires ; il avait conservé salaire élevé, primes, voiture de fonction et sécurité d'emploi. Cela devenait pour nous un sujet de discussion quotidien.
Nous lui avons demandé de nous revendre une partie de ses parts pour rétablir une forme d'équité : il a toujours refusé. Ce sujet a été comme un vers dans le fruit. Il faisait partie de la relation d'associés ; nous l'avions en permanence en tête. C'était devenu un sujet de vraie rancœur. À la question : « Penses-tu que les parts que tu détiens dans l'entreprise sont justifiées ? » sa réponse restait invariablement : « Oui », même quelques semaines avant la liquidation. Et lorsqu'il fallut préparer la liquidation judiciaire, passer au tribunal, et vivre l'après-faillite, nous n'étions encore que deux pour tout régler...

À retenir :

• Ne jamais se lancer sans avoir préalablement signé un pacte d'associés !
• Lorsque les difficultés surviennent, ne pas hésiter à recourir à un tiers-médiateur pour renouer le dialogue et se concentrer sur une résolution sereine du différend.
• Ne pas laisser s'installer durablement les rancœurs et les frustrations. Le meilleur moyen de les résoudre : parler franc et agir vite.

RISQUE N° 30 | Penser et parler de son entreprise comme de son « bébé »

« Le secret de la réussite avec un enfant, c'est de ne pas être ses parents. »

Louis Latzarus

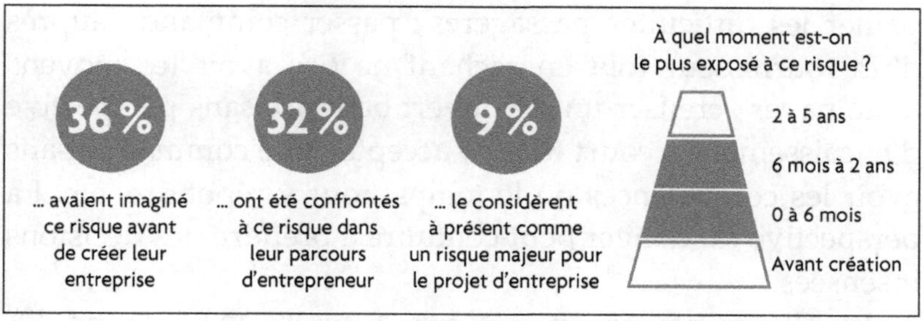

Comment exprimer avec force à quel point l'entreprise et l'aventure dans lesquelles on s'est engagé ont de l'importance ? En sombrant dans la métaphore maternelle : « L'entreprise est mon bébé ! » Combien le disent ? Presque tous, à bien y réfléchir…

Il faut dire que l'image est tentante, tant le parallèle est facile à faire : bonheur et fierté d'avoir accouché (de son idée), vie sociale entre parenthèses, nuits sans sommeil, interrogations multiples quant à la meilleure façon d'agir, décisions gauches par manque d'expérience, et responsabilités lourdes pour aider sa progéniture à grandir… Le taux de natalité d'un pays est un chiffre sous-évalué !

Si la métaphore prête à sourire, penser l'entreprise comme un prolongement de soi-même n'est pas sans incidence. En personnalisant de façon excessive son outil de travail, l'entrepreneur lui donne une responsabilité : incarner la réussite de son fondateur. Facile, quand le succès est au rendez-vous, mais plus délicat quand tout ne se passe pas comme prévu et que les difficultés surviennent.

Faire de son entreprise le véhicule de sa propre image, c'est oublier ce qu'est objectivement une entreprise : des projets, une équipe, une source de rémunération, une utilité sociale. C'est aussi mettre une pression immense sur le devenir de l'entreprise : échouer revient à commettre un infanticide. Il y a des enjeux plus légers pour piloter en toute sérénité... L'échec devient donc une hypothèse inenvisageable et qui pousse à tout tenter comme un dernier recours, même les solutions les plus irrationnelles : injecter des fonds personnels pour pallier les difficultés passagères ; passer commande auprès d'un fournisseur tout en sachant ne pas avoir les moyens de le payer ; creuser un découvert bancaire sans perspective d'encaissement à court terme ; accepter une commande sans avoir les compétences ou le temps pour y répondre, etc. La perspective du danger peut conduire à prendre des décisions insensées.

Par ailleurs, penser son entreprise comme son bébé rend difficile, voire impossible, la prise de recul ou le retrait lorsque les besoins de développement de l'entreprise nécessitent un autre profil de managers. L'entrepreneur devrait lâcher les rênes ? Mais un père ou une mère n'abandonne pas son enfant !

Enfin, envisager l'entreprise avant tout comme un moyen d'expression de soi, c'est aussi lui conférer une fonction qui l'éloigne de sa dimension mercantile – au sens noble et objectif du terme –, au risque même de considérer la rémunération comme secondaire. Ce faisant, l'entrepreneur limite ainsi les chances de développement et d'investissement. En d'autres mots, il court le risque de maintenir l'entreprise dans le monde de l'enfance...

À retenir :

- L'entreprise n'est pas l'entrepreneur. Elle est et doit rester un outil de travail.
- L'entreprise n'a pas de parents. Il y a ceux qui lui donnent naissance, et ceux qui la font grandir. Et les mieux placés pour le faire ne sont pas forcément les mêmes.
- Déléguer le plus vite possible facilite le détachement affectif.

RISQUE N° 31 | Oublier qu'essayer, c'est réussir ou rater, et refuser l'idée d'échouer

« Vous n'avez cessé d'essayer ?
Vous n'avez cessé d'échouer ? Aucune importance !
Réessayez, échouez encore, échouez mieux. »

Samuel Beckett

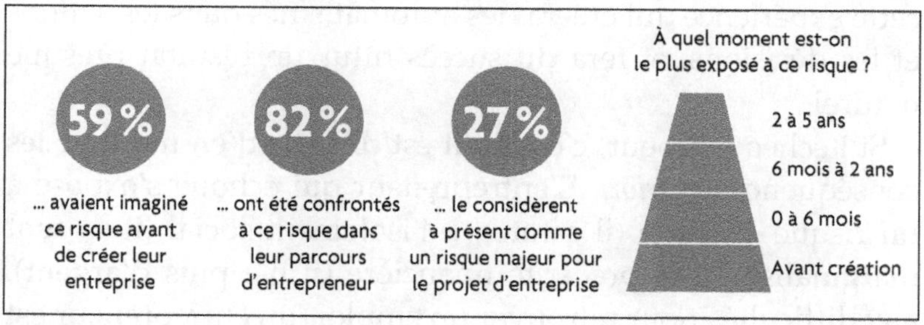

Tentez de trouver quelqu'un qui essaie pour échouer… Sans grand risque de se tromper, il y a peu de chance que vous y parveniez : essayer et échouer, c'est un couple que l'on n'aime pas vraiment voir ensemble.

Il y a du rêve, de la foi en soi-même et l'espoir d'une réussite lorsque l'on s'engage dans quelque chose. La réussite, c'est la récompense de l'initiative et de la prise de risque, elle ne peut donc être la grande absente de l'aventure. Pourtant, malgré l'envie, le courage et les efforts consentis, elle n'est pas toujours au rendez-vous.

En refusant l'idée qu'un échec puisse survenir, l'entrepreneur oublie que ni le succès ni l'échec ne sont des données durables. Et qu'il se rassure, il n'est pas seul à obéir à cette loi de l'alternance : partis politiques, clubs de football, artistes, tous vivent des moments de gloire puis sentent, un jour ou l'autre, le vent du succès tourner. Mais il y a une bonne nouvelle : si le succès endort, l'échec donne irrémédiablement envie d'y regoûter.

L'échec a par ailleurs une immense vertu, celle de l'apprentissage. C'est par les tentatives malheureuses que l'on procède aux ajustements qui feront des nouvelles initiatives un progrès, puis un succès. Combien de chutes puis de tentatives renouvelées pour qu'un enfant parvienne à faire ses premiers pas ? Combien d'essais ratés avant que Renaud Lavillenie ne franchisse 6,16 m et établisse ainsi le nouveau record du monde de saut à la perche ? Refuser l'échec, c'est donc refuser cette expérience qui créera des automatismes dans les actions et les décisions, et fera du succès futur un résultat presque naturel.

Si l'échec fait peur, c'est qu'il est difficile d'en mesurer les conséquences *a priori*. L'entrepreneur qui échoue s'expose à un risque d'image (il a raté), à l'isolement social (il se sent marginalisé), à la précarité financière (il n'a plus d'argent), aux difficultés pour retrouver un emploi (un entrepreneur est trop indépendant), au remboursement durable de dettes et de cautions (il ne peut plus investir), et à des tensions dans sa vie personnelle (son couple a été éprouvé). Vu sous cet angle, on a connu des lendemains plus chantants…

Mais ne pas envisager l'échec dans toute initiative, quelle qu'elle soit, c'est courir d'autres types de risques : faire du « quand on veut, on peut » une source de pression inutile et contre-productive, en pensant que le succès n'est qu'une histoire de bonne volonté, et l'échec, par voie de conséquence, un défaut de volonté ; refuser d'affronter les difficultés et passer à autre chose, au risque d'abandonner trop vite un projet pourtant prometteur ; trouver, lorsqu'il survient, des explications irrationnelles à l'échec (injustice, accident), s'enfermer trop longuement dans le déni de sa propre responsabilité et passer à côté d'enseignements pourtant bien utiles ; empêcher l'initiative sous prétexte que l'engagement ne vaut que si la réussite est certaine ; réduire la hauteur de ses ambitions en ne visant que des succès facilement atteignables.

Fuir l'échec, c'est ainsi lui donner la meilleure occasion de s'inviter dans l'histoire…

À retenir :

- « Essayer pour réussir » ou « Échouer pour réussir » veulent à peu près dire la même chose. Il ne peut donc pas y avoir meilleure nouvelle pour décider d'entreprendre...
- L'échec est le meilleur allié du progrès.
- Rien ne dure : ni l'échec ni le succès.

RISQUE N° 32 | Se considérer comme le super-héros de son entreprise

« Quand on fait trop le grand, on paraît bien petit. »

André Cardinal Destouches

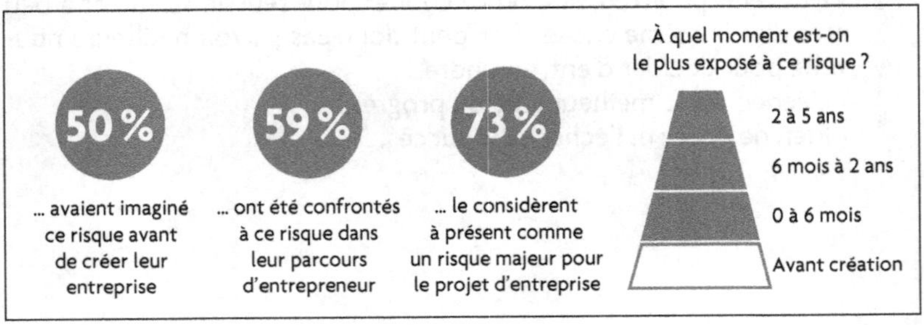

« Nous sommes des super-héros. » Ce message fort et volontaire fut adressé par un jeune entrepreneur du jeu vidéo à un auditoire de *business angels*, davantage grisés par l'effet du temps et le poids des années que par l'enthousiasme de ce nouveau sauveur en herbe.

Si le ton a eu le mérite de faire sourire, l'image est intéressante. Elle renseigne sur l'idée que se font certains entrepreneurs de la hauteur de leur mission. Se considérer comme un super-héros, c'est avoir des super-pouvoirs innés, une expérience et des réflexes acquis, une méconnaissance de l'effort et de la souffrance, une vie éternelle, aucune aversion du danger, une capacité à franchir l'infranchissable, une absence de faiblesse… Rien que cela !

La tentation d'endosser la cape du super-héros est pourtant plus fréquente qu'on l'imagine. Il faut dire que le quotidien de l'entreprise est un formidable réservoir de défis à relever et de missions complexes à résoudre. L'entrepreneur est en première ligne pour tenter de faire de l'impossible une difficulté qui se surmonte, puis pour penser que lui seul avait les moyens d'y parvenir. Il est d'ailleurs souvent plus facile de juger les besoins en fonction de sa seule expertise, et de sous-estimer la valeur des autres expertises que l'on ne maîtrise pas. On se considère indispensable aussi par méconnaissance…

Un entrepreneur qui se considère comme un super-héros n'est pas sans risque pour l'entreprise. En se pensant capable de tout, il s'illusionne sur sa capacité à endurer la fatigue et l'usure, à maîtriser tous les sujets, même au-delà de son périmètre de compétences, et à refuser l'écoute qui enrichit. Un entrepreneur super-héros peut refuser de s'appuyer sur des ressources plus expertes, plus informées, plus connectées et plus investies sur un sujet pointu – au risque de perdre en capacité et vitesse d'analyse, en lucidité et réactivité.

Il aura une emprise forte sur ses équipes, en cherchant à tout voir, tout contrôler, tout décider, au risque de neutraliser toute autonomie et responsabilisation. À se rendre excessivement indispensable, l'entrepreneur s'enferme dans le quotidien et s'interdit toute prise de recul, pourtant nécessaire. Si « le diable est dans le détail », être un super-héros peut faire passer à côté du diable sans le voir…

Se voir comme un super-héros est enfin un mensonge à soi-même. Avoir l'impression d'être investi d'une mission, c'est aussi risquer de s'éloigner du plaisir que la démarche entrepreneuriale doit permettre de vivre.

Marc Santenac
DAKOTABOX

Je n'ai jamais eu le profil du super-héros de l'entreprise, cet entrepreneur qui fait tout et contrôle tout. Et je dirais même que c'est plutôt l'inverse que nous avons su mettre en place avec mes associés.

J'ai eu la chance de m'associer dès ma première entreprise, créée à 22 ans, avec deux très bons amis de lycée. Les deux premières années ont été certes un peu compliquées, car nous empiétions en permanence sur les périmètres de responsabilité des autres. Puis nous avons décidé de nous faire confiance. Une confiance pleine

•••

et entière. Une confiance qui ne nécessitait plus aucun contrôle et qui permettait de gagner du temps. Une confiance confortable car chacun était responsable, sans doute aucun sur sa compétence ou la qualité de son travail. J'avais en charge le commercial. Je laissais le reste à mes associés.

Ce mode d'organisation a très bien fonctionné. Si bien qu'il n'a pas changé depuis 25 ans. Nous sommes toujours associés et toujours aussi confiants. Peut-être chacun de nous est-il un peu le super-héros de ses deux autres associés, finalement... Engagé, efficace et fiable, sur le domaine de responsabilité qu'ils lui ont confié.

À retenir :

- **Un entrepreneur super-héros de son entreprise est plus une source d'inquiétude pour les tiers, qu'une véritable chance pour le projet.**
- **On ne peut soulever des montagnes indéfiniment.**
- **L'intelligence et l'action collectives valent plus que les super-pouvoirs d'un seul.**

RISQUE N° 33 | Ne pas savoir recruter… et encore moins licencier

« *Un homme qui tombe à la mer n'a pas sa place à bord.* »

Olivier de Kersauson

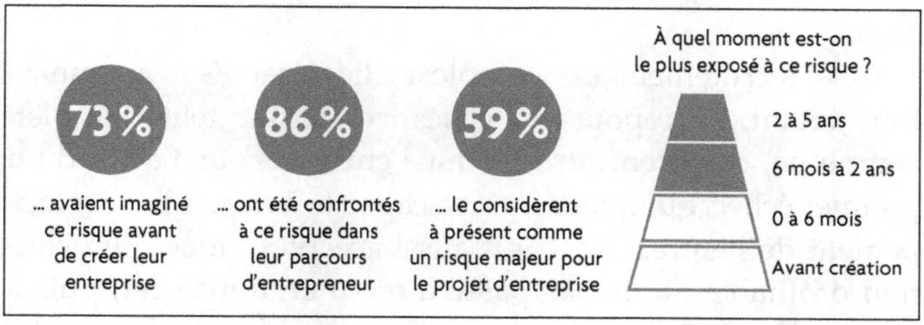

Jusque-là, tout allait à peu près bien. Il y a eu la bonne idée, la recherche de partenaires, les premières commandes… Tout semblait se mettre en place presque naturellement, dans un ordre logique et sans écueil. Puis il a fallu se frotter à une nouvelle science, inexacte pour le coup : le recrutement ! Un métier, ou plutôt devrait-on dire un art, tant l'exercice est complexe et les chances de se tromper quasi assurées. Pour résumer : une chance sur deux !

Il y a évidemment des raisons à cette difficulté majeure à laquelle tous les entrepreneurs sont confrontés.

Le recrutement est tout d'abord un vrai métier en soi, et l'on n'acquiert pas les réflexes et la finesse d'analyse du jour au lendemain. Il n'y a par ailleurs, en général, ni service RH ni process éprouvé pour encadrer le recrutement dans la jeune entreprise. L'entrepreneur est seul à se tromper. En outre, le recrutement se fait quasiment toujours dans l'urgence, pour répondre à un besoin qui ne peut plus attendre ou à une charge excessive que l'on ne peut plus supporter. On est également amené à recruter des expertises que l'on ne maîtrise pas, avec tous les risques que cela comporte.

Recruter un commercial spécialiste du *one shot* pour vendre des projets complexes aux cycles longs ; privilégier des profils peu expérimentés par peur de voir son autorité contestée par des experts plus seniors ; recruter massivement pour fuir l'opérationnel et se donner le confort de la hauteur. Les occasions de multiplier les mauvais recrutements ne manquent pas.

Si le recrutement est complexe, licencier l'est au moins tout autant. En repousser l'échéance est une tentation bien commune, car licencier est pour l'entrepreneur l'aveu d'un premier échec, qui questionne sa capacité à mener le développement de l'entreprise. C'est aussi accepter l'idée d'un coût non profitable : le temps passé à recruter, à intégrer, puis à former. De plus, licencier désorganise et oblige le dirigeant à se replonger dans les opérations qu'il avait enfin réussi à déléguer. C'est parfois devoir « désavouer » les collaborateurs du début, dont les compétences, utiles au démarrage, sont devenues insuffisantes pour poursuivre le développement. L'affect est un arbitre redoutable face à la froide rationalité.

Mais on prend des risques en tardant à licencier. Un collaborateur qui n'est pas à sa place est un nouveau sujet de préoccupation pour l'entrepreneur, qui en a déjà bien assez comme ça. C'est aussi un risque de dommage collatéral fort sur le reste de l'équipe : un collaborateur vindicatif et démotivé est un virus à propagation rapide. Enfin, en gardant les collaborateurs dont l'investissement et les compétences ne satisfont pas, l'entrepreneur s'expose, par sa faiblesse ou son laxisme, au risque de perte de ses meilleurs éléments – ces derniers ne pouvant se retrouver dans un manque d'ambition qui se tolère, s'accepte et ralentit la croissance.

Recruter vite sans se tromper, et licencier vite quand on s'est trompé : gérer une entreprise, c'est un être un coach sportif qui fait tourner les joueurs sur le terrain.

David Sobel
THE OTHER STORE

Quand on démarre une entreprise, et encore plus quand on connaît sa première croissance forte, le recrutement passe au second plan. Par conséquent, on recrute mal. Cela n'a pas forcément de rapport avec la valeur des gens ; c'est plutôt une question d'adéquation entre les profils et l'environnement tellement particulier d'une startup. On se trouve donc à recruter pour combler des vides fonctionnels et non pour vraiment grandir. On délègue pour finir même par ne plus rencontrer les collaborateurs que l'on recrute... Il y a trop d'opérationnel à gérer, trop de décisions à prendre et trop peu de temps pour tout faire... Le recrutement est un sujet important mais secondaire.

Et surtout, on se trompe fondamentalement : on privilégie le « savoir-faire » au détriment du « savoir-être ».

J'ai réalisé récemment l'importance de la culture d'entreprise. Pas la vision, la culture... Depuis, je la présente systématiquement : il n'y a pas un collaborateur recruté en CDI qui ne passe devant mes associés ou moi. Et je passe 80 % de l'entretien à parler de la culture et des valeurs de l'entreprise.

Le déclic a eu lieu pendant notre crise de croissance, entre septembre 2013 et mars 2014. Nous vivions des difficultés majeures et personne n'endossait ses responsabilités. Les équipes sont le cœur de l'entreprise ; sans elles, vous n'êtes rien. Aussi, la culture que vous créez, la reconnaissance que vous apportez sont une clé dans la réussite. Cela passe même par des choses toutes simples : aujourd'hui je commence ma journée en prenant le temps de dire bonjour à tout le monde en arrivant. Un changement de culture, disais-je...

À retenir :

- **Le recrutement est un exercice d'acteur. Le meilleur moyen pour réduire l'effet « théâtre » : faire un test de 2 à 5 jours en situation réelle.**
- **Garder en tête que n'importe quel entrepreneur fait des erreurs de recrutement... et continuera à le faire.**
- **Une ressource qui ne convient pas, c'est aussi une chance : répartir les tâches et responsabiliser les autres collaborateurs.**

RISQUE N° 34 | Ne pas accepter l'idée qu'avec la croissance, on change d'entreprise

« Vous n'êtes pas fini tant que vous n'avez pas fini de grandir et de changer. »

BENJAMIN FRANKLIN

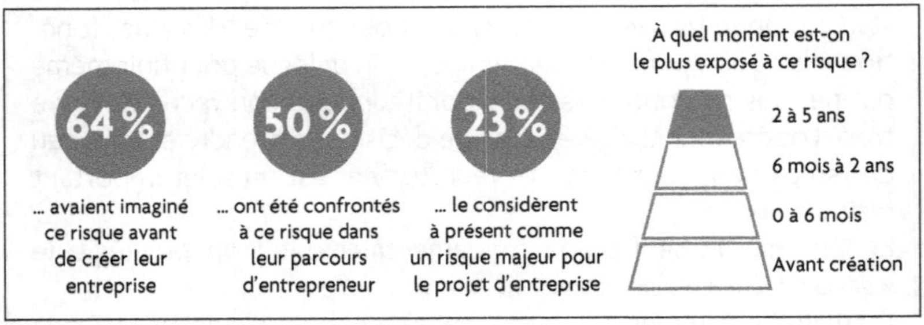

Pour certains entrepreneurs, l'entreprise se conçoit comme une petite structure à taille humaine, qui garantit l'indépendance, facilite la stabilité des ressources et la proximité des relations, et dont le développement se maîtrise et se contrôle.

Pour d'autres, elle est un mouvement à grandes enjambées, que des millions d'euros financent, et dont on mesure la réussite par la taille de l'effectif et le taux de croissance du chiffre d'affaires.

Il n'y a pas un modèle unique d'entreprise, et chaque parcours se respecte. Il doit simplement être la bonne réponse aux aspirations de celui ou ceux qui en sont à l'initiative.

Lorsque l'on regarde ceux qui font le pari de la forte croissance, tout semble presque simple et naturel, tant la vitesse du développement et l'accumulation des succès chez certains donnent le sentiment d'un flux logique et continu. Et pourtant, gérer la croissance, mais surtout comprendre l'incidence des grands changements d'échelle sur le fonctionnement et la culture de l'entreprise est loin d'être un exercice évident. Parce que croître, c'est regarder, vivre et devoir accepter que tout change.

Une entreprise qui croît, ce sont donc des enjeux et des relations à reconsidérer entièrement.

Premières touchées, les relations humaines, avec une moindre présence de l'entrepreneur dont l'autorité se délègue à mesure que l'encadrement s'organise, grâce à l'arrivée de managers expérimentés. On assiste aussi à la perte de cette proximité presque « familiale » qui liait l'équipe des débuts, au regroupement des équipes par pôles d'expertise, à l'accroissement du rythme des arrivées et des départs qui augmente le nombre d'« inconnus » dans l'entreprise, ou encore à l'apparition d'enjeux politiques qui ne faisaient, jusqu'alors, pas partie de l'ADN de la petite structure.

Les « relations clients », ensuite, avec des attentes plus exigeantes, un droit à l'erreur moins toléré, et des clients plus nombreux et plus importants en taille, en complexité et en chiffre d'affaires généré.

Les enjeux financiers aussi, avec des contrats plus risqués et plus engageants, en termes de montants et de délais de paiement. Croître, c'est aussi accroître ce que l'on a à perdre.

Les enjeux d'image, encore, qui rendent les ressources clés de l'entreprise plus visibles, et donc plus exposées aux sollicitations extérieures, au moment même où leur contribution est essentielle.

Les enjeux d'organisation, enfin, qui changent la façon de travailler, en imposant plus de process, plus de contrôle et de *reporting*, et, par conséquent, moins de souplesse et de liberté de décision.

En ne prenant pas conscience du caractère inéluctable et nécessaire de ces changements, l'entrepreneur court le risque de s'enfermer dans un rôle qui ne correspond plus au besoin et au rythme de son entreprise. C'est le risque de prendre des décisions inadaptées, en oubliant de passer d'une entreprise qui se crée à une entreprise qui se gère ; celui, aussi, de remettre en question sa propre légitimité de dirigeant.

David Sobel

THE OTHER STORE

Nous avons vécu une crise de croissance ! Ce fut un état intermédiaire pendant plusieurs mois, qui nous a fait passer d'une entreprise de 25 personnes à l'organisation orale, à une entreprise de 90 personnes, structurée, responsabilisée, professionnalisée. Une période difficile à vivre, tant les changements à opérer étaient nombreux et lourds de conséquence.

Nous devions tout repenser, revoir des fondations que nous pensions solides et qui n'étaient finalement que virtuelles, et tout cela, sans nous arrêter. Il n'était évidemment pas question de mettre l'activité en *stand-by*. Tout devait se faire dans le mouvement, celui d'une croissance très forte à gérer : croissance du chiffre d'affaires, croissance des équipes, croissance des complexités. Tout était lié... Beaucoup d'entreprises meurent de leur croissance à présent ; je comprends pourquoi.

Nos investisseurs ont été un soutien sans faille pendant cette période difficile. Ils savaient tout de nous, de nos interrogations et de nos challenges. Ils nous ont aidés à nous focaliser sur les vraies questions, avec une certitude que nous partagions ensemble : continuer à avancer, ne jamais abandonner.

Nous nous sentons beaucoup plus forts aujourd'hui, et ce, dans tous les domaines. Forts pour anticiper, pour porter une vraie vision. Nous avons eu le sentiment d'avoir vécu un truc énorme avec cette crise de croissance. S'il est difficile d'expliquer ce qui a changé concrètement, il persiste ce sentiment qu'il y a eu un avant et un après.

À retenir :

• 20/70/150. 3 chiffres, 3 seuils d'effectif, qui révèlent les grands changements de paradigme pour la jeune entreprise, et les degrés de complexité qui s'imposent à l'entrepreneur dans les premières années du démarrage.
• Jusqu'à 20 collaborateurs, l'entrepreneur s'entoure de jeunes, stagiaires et juniors, auxquels il délègue des responsabilités apprises sur le tas. Tout le monde se voit au quotidien, les relations sont simples et directes et les clients bienveillants.
• De 20 à 70, l'entreprise continue à fonctionner par objectifs, les relations restent fortes malgré les rotations plus fréquentes, l'entrepreneur reste au contact de son équipe, la croissance gomme les erreurs et l'absence de processus.
• De 70 à 150, des outils et un organe de pilotage (CODIR) doivent être mis en place. L'entrepreneur s'entoure de managers experts, parfois plus seniors et expérimentés que lui, qui assurent le relais avec les équipes opérationnelles. L'entrepreneur prend de l'altitude et perd les contacts privilégiés du quotidien avec ses collaborateurs.
• Au-delà, c'est alors une toute autre histoire d'entreprise...

RISQUE N° 35 | Considérer que la diplomatie, c'est pour les autres

« Les effets de la colère sont beaucoup plus graves que ses causes. »

Marc Aurèle

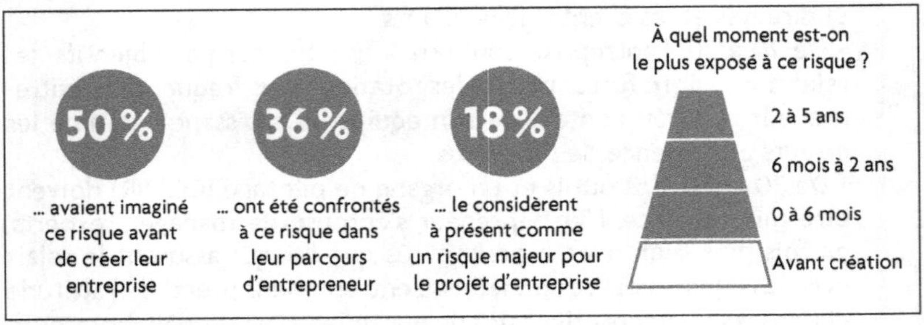

Non mais t'as déjà vu ça ? En pleine paix ! Il chante et puis crac, un bourre-pif ! Il est complètement fou ce mec. Mais moi, les dingues, je les soigne. Je vais lui faire une ordonnance, et une sévère… Je vais lui montrer qui c'est Raoul. Aux quatre coins de Paris qu'on va le retrouver, éparpillé par petits bouts, façon puzzle. Moi, quand on m'en fait trop, je correctionne plus : je dynamite, je disperse, je ventile !

Les Tontons flingueurs

Les échanges dans l'entreprise prennent parfois la tonalité de ces verbes hauts et colorés qui ont fait les grandes heures du cinéma d'Audiard. Certes, ce mode de communication, direct et sans ménagement, ne se retrouve pas partout, et ne pourrait pas convenir à tous les environnements d'entreprise. Mais que ce soit avec leurs associés, leurs collaborateurs ou leurs partenaires, certains entrepreneurs font du choc verbal et de la confrontation virile un mode de fonctionnement et la symbolique de leur liberté récemment acquise.

Il y a de multiples explications pour éclairer les dérapages que certains s'autorisent : exigence démesurée, tolérance mesurée, vision déformée de ce que doit être l'autorité d'un patron, absence de confiance en soi.

Et si l'origine et les causes de ces échanges parfois très durs peuvent parfois se comprendre, ils ne sont pas sans risque pour l'équilibre et la pérennité de bonnes relations professionnelles.

Faire preuve de sécheresse dans le ton, se montrer dur et cassant dans la négociation des prix, oublier qu'un bon partenariat est un intérêt qui se partage, exiger tout et tout le temps sans partager les contraintes de son fournisseur, croire que le client est un roi irrespectueux, c'est un risque majeur pour la qualité d'un partenariat-fournisseur : celui d'être moins bien servi si d'autres clients plus profitables se présentent, d'être lâché si le coût de réparation d'une malfaçon est supérieur au profit généré, de supporter des tarifs exagérément élevés lorsque surviennent des demandes exceptionnelles.

Reprocher à son associé son manque d'implication, dénigrer la qualité de son travail sans y mettre les formes, le contredire en permanence en public, voire s'autoriser des disputes violentes… Autant d'excès qui peuvent fragiliser ce qui constitue le ciment d'une bonne relation d'associés : la confiance, le respect, la solidarité dans les difficultés et la possibilité d'un vrai dialogue. Par ailleurs, une relation tendue entre associés peut faire naître, chez les salariés, la crainte d'un divorce annoncé, et donc la perception d'un risque d'entreprise. C'est également un message d'instabilité et de fébrilité qui est envoyé aux tiers de confiance – banques, investisseurs ou clients. C'est enfin un frein aux vraies discussions utiles entre associés, car les relations âpres déplacent l'importance des sujets, la forme prenant l'ascendant sur un fond devenu secondaire.

Enfin, refuser le droit à l'apprentissage de ses salariés en stigmatisant leurs erreurs, reprocher et sanctionner à outrance, ou encore refuser la liberté de parole, c'est faire passer de mauvais messages sur la valeur du travail et de l'effort. En créant un climat de crainte et de défiance, l'entrepreneur s'expose alors à l'absence d'initiative de ses salariés et à des difficultés de recrutement, sauf à offrir des conditions supérieures au marché – salaire et avantages – pour rendre plus acceptable l'environnement difficile ; ou encore à l'incapacité de bien mobiliser dans les périodes de charge soudaine.

S'autoriser le verbe haut, c'est donc courir le risque d'allumer des incendies, puis devoir passer son temps à tenter de les éteindre.

> Rachid Baalla
>
> MONSIEUR POULET
>
> J'ai travaillé pendant 7 ans avec mon associé Emmanuel. 7 années de relations directes, franches, frontales, parfois dures mais toujours sincères.
>
> Nous nous disions les choses comme elles étaient, sans forme particulière, tout simplement parce qu'on ne se serait pas vus les dire autrement. C'était notre mode de fonctionnement : des éclats de voix et des vérités sans détour, puis, 10 minutes après, tout était déjà oublié. Si l'un était de mauvaise foi, l'autre le savait, et inversement. Il y avait un équilibre dans notre binôme, et c'est pour cela que ça a fonctionné. J'avais d'ailleurs initié le projet avec une autre personne avant de rencontrer Emmanuel. À la première vraie discussion, cette première association n'a pas tenu. Mon côté rentre-dedans ne pouvait fonctionner avec quelqu'un qui souhaitait éviter le conflit à tout prix.
>
> La question n'est donc pas pour moi de savoir si des relations directes ou trop aseptisées sont bonnes ou mauvaises pour l'entreprise, mais plutôt de savoir quelles sont celles qui permettent aux associés de trouver leur juste équilibre. C'est cet équilibre que nous avions trouvé avec Emmanuel. Nous ne nous prenions pas au sérieux et nous disions les choses comme elles étaient. Et nous continuons à le faire... Même maintenant, alors que nous ne sommes plus associés, nos échanges sont toujours aussi vifs. Notre façon à nous de bien nous entendre, finalement.

À retenir :

- La relation d'associés est le bien le plus précieux de l'entreprise (son énergie, son ADN, sa source de motivation et de solidité). La préserver est un enjeu majeur !
- Bien réfléchir à ce que l'on peut perdre, lorsque l'on s'autorise une liberté de langage.
- Une bonne « relation prestataire », c'est une assurance « *business* futur ».

RISQUE N° 36 | Se laisser submerger par les émotions

« Je ne sais pas, il faudrait faire un sondage,
mais je ne crois pas être un salaud.
Un coup de poing, c'est pas salaud, c'est nerveux. »

BERNARD CHEVALLIER

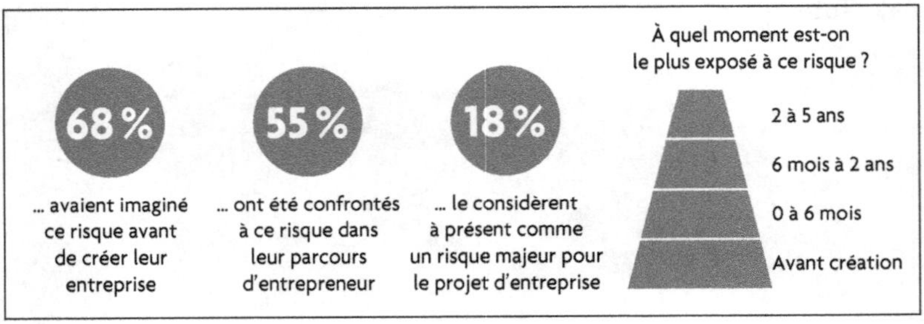

« Décrivez ce que vit un entrepreneur en quelques mots. » À cette question simple et réponse forcément complexe, la métaphore du défi sportif apporte un juste éclairage. Un entrepreneur, c'est un alpiniste doublé d'un spéléologue, qui alterne sommets et crevasses, passant sans cesse du jour à la nuit ; ou encore un rameur au milieu de l'Atlantique nord, surfant tantôt sur la crête, par temps clair, tantôt dans le creux de la vague, en pleine tempête.

Un entrepreneur jongle et compose avec des émotions extrêmes en permanence. Tout est soit plus grand, plus fort et plus beau, soit plus sombre, plus noir et plus catastrophique. Il oscille entre l'euphorie de la bonne nouvelle et l'abattement du désastre, et ce, parfois plusieurs fois dans la même semaine, voire dans la même journée. S'il se réveille Bill Gates un matin, il peut se croire perdu pour la cause entrepreneuriale à 14 heures. Il y a comme une forme de non-bienveillance permanente vis-à-vis de soi-même, à ne pas concevoir l'idée d'un juste milieu ou d'un équilibre.

Il faut dire qu'à occuper tout le territoire du temps, l'entreprise ne lui laisse pas beaucoup d'occasions pour amortir et libérer ses excès d'émotion. Un entrepreneur vit, dort, déjeune, dîne, se douche, se rase, marche, ou encore voyage avec son entreprise… Il est le mariage d'une éponge et d'un roc. Absorber et faire tampon pour protéger l'entourage et les salariés ; résister et s'opposer pour protéger l'entreprise. Voilà le quotidien d'un « Entrepreneur ». Reconnaissez que le E majuscule n'est pas de trop !

Il faut donc être un peu schizophrène pour savoir entreprendre : donner l'impression que l'on sait alors que l'on découvre, qu'on apprend en temps réel ; donner l'illusion d'être fort quand on est envahi par le doute et les crises de confiance ; laisser penser que tout est maîtrisé et bordé quand tout se construit au fur et à mesure, et pas toujours dans le bon ordre ; présenter son entreprise comme une future pépite, tout en étant empêtré dans des problèmes de trésorerie, dans une levée de fonds qui ne se fait pas comme prévu, ou encore dans les problèmes opérationnels : difficultés à recruter ou à licencier, problèmes d'échéances administratives, etc.

Bref, être entrepreneur, c'est nager dans une piscine de soucis, sortir la tête de l'eau et afficher le sourire d'un médaillé olympique !

Mais l'excès de représentation a ses limites. À trop les explorer, c'est le danger des émotions et de la sur-réaction qui guette. Et lorsque les émotions parlent, leur spontanéité n'est jamais la meilleure des stratèges. Dénoncer un contrat sur un coup de tête, sans considération pour la clause de rupture qui y figure, licencier un salarié brutalement, en ignorant le droit du travail ; investir massivement sur un projet, en négligeant sa pertinence et ses conséquences sur la trésorerie ; ou encore répondre « à chaud » au mail d'un client ou d'un partenaire, sans mesurer le risque que l'on fait peser sur la qualité de la relation : il y a de quoi faire des erreurs, à réagir trop vite ! Et de quoi passer, du temps à réparer les jouets cassés par les émotions.

Alexandre Bataille
MONALBUMPHOTO.COM

La production des livres photos, au lancement de notre activité, avait été confiée à un imprimeur parisien. L'imprimerie, située en plein cœur de Paris, est spécialisée dans le BtoB. MonAlbumPhoto était un client parmi d'autres, même si les dirigeants de l'imprimerie percevaient le potentiel de ce marché en plein essor. Au début la relation se passait bien. Puis, avec la croissance des volumes, le niveau de qualité a commencé à baisser, les délais se sont allongés et nous avons dû faire face aux premières difficultés dans la gestion de nos commandes. Et nos demandes d'améliorations restaient sans réponse tangible.

C'est précisément à ce moment-là qu'un autre fournisseur nous démarche. Nous sommes séduits par son dirigeant, qui semble bien comprendre nos enjeux et partager notre vision. Concrètement, ce dernier est prêt à prendre des risques, c'est-à-dire à anticiper la croissance des volumes et investir en conséquence, afin d'assurer le meilleur service et la meilleure qualité à nos clients.

Lassé des défaillances de notre premier fournisseur, ouvert à cette nouvelle opportunité, et par manque d'expérience, je prends alors une décision spontanée, sur un coup de tête : je romps le contrat instantanément avec notre premier fournisseur et démarre aussitôt avec le second. Évidemment, cette rupture brutale, déconnectée des termes du contrat en vigueur, n'est pas sans conséquences : notre premier fournisseur me demande réparation pour le préjudice. Si mes raisons étaient sans doute défendables sur le fond, j'ai pris conscience, avec le recul, de l'erreur commise. Je venais de fragiliser une entreprise et ses salariés, et prenais le risque d'entacher ma réputation. J'ai alors fait en sorte que cet incident se résolve dans de bonnes conditions, et tenté de préserver une relation respectueuse et cordiale. Cet ancien partenaire a eu beaucoup de succès depuis.

À retenir :

- Éviter les réponses à chaud. L'émotion est mauvaise conseillère.
- Garder en tête que la schizophrénie nécessaire de l'entrepreneur le rend naturellement sensible aux événements qui s'imposent à l'entreprise.
- Une seule question doit primer sur toutes avant de réagir : quel est l'intérêt de l'entreprise ?

RISQUE N° 37 | Ne pas se donner les moyens de bien choisir son expert-comptable

« Le pessimiste se plaint du vent, l'optimiste espère qu'il va changer, le réaliste ajuste ses voiles. »

WILLIAM ARTHUR WARD

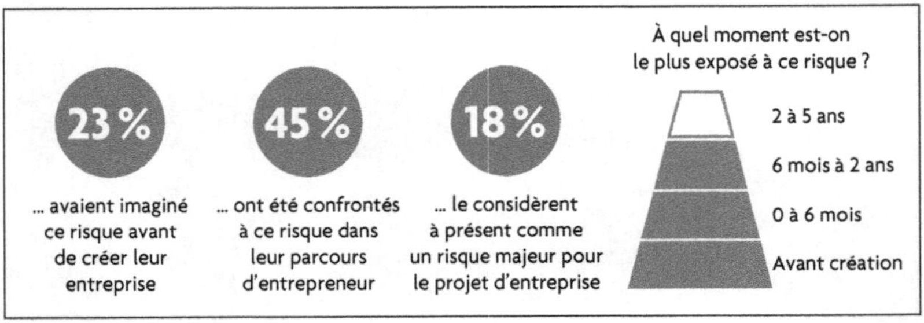

C'est une réponse systématique, apportée comme une évidence aux premières questions de l'entrepreneur. L'aide à la formalisation du *business plan* ? Le choix de la forme juridique ? Le choix du régime fiscal ? L'aide à la rédaction des statuts ? Les points relatifs au recrutement ? Le traitement des feuilles de paie ?... L'expert-comptable ! Il est là pour tout. Il a réponse à tout.

Du coup, chacun y va de sa recherche personnalisée pour trouver la perle rare : famille, relations diverses, réseaux professionnels, Pages Jaunes... Tous les moyens sont bons pour dénicher ce médecin généraliste qui, de diagnostics en bilans, donnera la température comptable et financière de l'entreprise. Mais malgré le grand sérieux de la profession, les ruptures prématurées ne sont pas si rares.

Il faut dire que les entrepreneurs ne mettent pas toujours toutes les chances de leur côté. Un expert-comptable, comme un architecte, un notaire ou un dentiste, ça se choisit ! Rencontrer plusieurs professionnels ; interroger les périmètres d'intervention ; s'informer quant aux domaines d'expertise, spécialités voire sensibilités ; définir ses propres besoins en matière de conseils et d'accompagnement, ce que l'on peut garder dans l'entreprise et comment on va s'organiser pour le faire, et ce que l'on souhaite sous-traiter ; échanger sur une lettre de mission claire, précise et détaillée ; et, surtout, se questionner sur le bon feeling, l'envie de travailler ensemble. Tout cela paraît évident, et pourtant, bien peu se mettent en situation de faire un choix éclairé.

Il y a plusieurs raisons à cela. Bien sur, on peut citer le manque d'expérience et les difficultés à estimer le niveau d'expertise d'un professionnel, dans un métier que l'on ne connaît pas. Mais, surtout, l'envie d'aller vite sur un sujet perçu comme une commodité avant tout, et qui détourne de la priorité du *business* ; le manque de temps et d'argent à consacrer à un service dont on ne perçoit pas *a priori* la plus-value véritable, qui biaisent dès le départ la relation.

Et le risque est là pour l'entrepreneur : chercher une prestation *low cost* et obtenir une prestation *low service* – parce que l'expert-comptable aura confié la réalisation des missions à des ressources peu chères et donc peu qualifiées – et devoir finalement reprendre, au sein même de l'entreprise, une partie de ce travail confié et mal réalisé. C'est à la fois un risque d'organisation et une perte de temps pour l'entrepreneur.

Mais il ne faut pas occulter non plus la légèreté de certains experts, plus attirés par l'accumulation des mandats et leur montée en compétence sur de nouveaux sujets, que par la qualité du service délivré contre une maigre rémunération.

Un expert-comptable approximatif ou défaillant fait courir un risque comptable, fiscal, social et juridique à l'entreprise et son dirigeant. Être mal conseillé, c'est donc faire peser sur l'entreprise un danger administratif et financier tel, qu'il pourrait anéantir tous les efforts entrepris pour développer l'activité commerciale et opérationnelle.

Et si l'on passait un peu de temps à chercher le bon expert ?

Jean-Marc Satta
ARAGON-eRH,
GROUPE DIGITAL DIMENSION-ECONOCOM

J'avais besoin d'un expert-comptable, et me suis donc tourné très naturellement vers celui qu'on me recommandait. Je n'ai vu qu'un seul professionnel. Je ne me suis pas posé la question de l'envie de travailler ensemble, de la facilité de communication ou du montant d'honoraires qu'il me demandait. Je cherchais un technicien et celui-ci me proposait de couvrir le social, la comptabilité et le juridique.
Il m'a conseillé de monter une SARL. Ce fut une erreur, tant les contraintes du RSI se sont avérées lourdes à gérer, et les possibilités de personnalisation des statuts peu souples. Le juridique n'était pas son métier.
J'ai décidé de changer au bout de deux ans. Le deuxième expert-comptable n'était jamais disponible pour répondre aux questions pourtant cruciales que je lui posais. Il fallait compter 8 jours entre une question et une réponse : j'ai donc décidé de changer une troisième fois.
J'en retiens trois choses : 1/Rencontrer plusieurs experts, pour bien choisir celui avec lequel on va bien s'entendre. 2/Ne pas hésiter à changer si cela ne se passe pas bien. 3/Bien vérifier si les services proposés correspondent à une véritable expertise (présence ou lien avec des avocats et spécialistes en droit social).

À retenir :

- **Toujours se demander quel est l'intérêt véritable de l'expert-comptable à accepter le mandat que vous lui proposez.**
- **Viser l'économie est une fausse économie. Il y aura forcément des coûts indirects pour l'entreprise : reprendre ce que l'expert-comptable ne voudra pas faire, compte tenu du faible budget alloué, etc.**
- **S'organiser pour faciliter la tâche de l'expert-comptable : des documents clairs, transmis au format demandé, et en une seule fois ; une information permanente sur les événements de l'entreprise.**

Heure 5

Passer du manque de jugement et d'appréciation à la clairvoyance

RISQUE N° 38 | Prendre les avis extérieurs pour la vérité

« Rien de ce qui résulte du progrès humain ne s'obtient avec l'assentiment de tous, et ceux qui aperçoivent la lumière avant les autres sont condamnés à la poursuivre en dépit des autres. »

CHRISTOPHE COLOMB

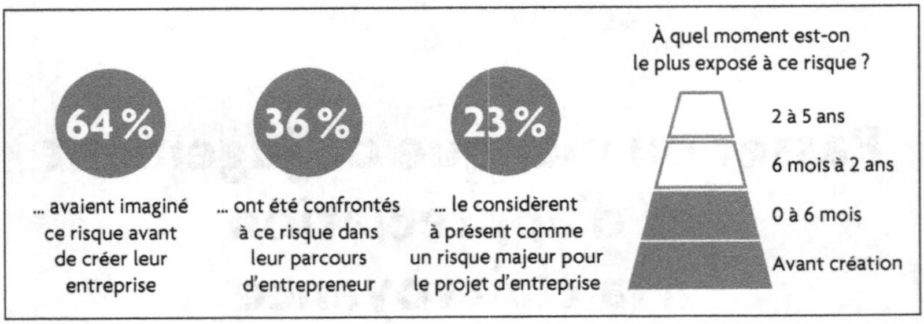

Des « Moi, si j'étais toi, je ferais comme ça » ou encore du « Je ne suis pas sûr que ce soit une bonne chose » s'imposent presque quotidiennement aux oreilles d'un entrepreneur… Et, pour simplifier les choses, les avis contraires sont légion.

Il faut reconnaître qu'émettre un avis est quand même bien agréable, tant il est facile et sans grande conséquence pour l'émetteur.

Un avis est subjectif par essence. Il est l'expression de celui qui l'émet, de son contexte personnel, de son rapport au succès et à l'échec, de ses peurs face à l'initiative, de sa jalousie éventuelle face au courage de celui qui entreprend, de ses craintes, aussi, de voir ce dernier changer, voire de le perdre, en cas de réussite fulgurante…

Un avis s'émet, la plupart du temps, avec une intention cachée, consciente ou inconsciente. Elle peut être une volonté de bienveillance et d'encouragement : « C'est un excellent projet » ou encore « L'équipe est vraiment bonne, vous allez faire de grandes choses ». Des messages qui, certes, font chaud au cœur et remontent le moral du combattant, mais qui peuvent aussi l'amener à s'interroger. Répondent-ils à une vraie réalité – le projet et l'équipe sont effectivement très bons – ou n'expriment-ils pas plutôt une intention seulement généreuse, celle de protéger le rêve de l'entrepreneur ? Parce que l'on ne casse pas les rêves…

L'intention peut aussi être de ne pas décevoir. Pas de « super », pas de « nul » non plus, mais un avis tiède qui, par l'absence de position tranchée, déstabilise finalement plus encore l'entrepreneur. Peut-être cet interlocuteur n'était-il tout simplement pas en capacité d'émettre un avis sur la question qui lui était posée ? S'interroger sur la légitimité de l'émetteur à avoir un avis, et sur l'étendue de ses connaissances pour en valider la pertinence, peut donc aussi avoir tout son sens.

L'intention peut enfin être de dissuader – parce qu'il y a mille raisons de ne pas vouloir voir un entrepreneur réussir. Et si l'initiative et la réussite d'un autre renvoyaient l'image de ses propres renoncements et échecs ? On n'est pas toujours sûr d'avoir autant de supporters qu'attendu dans les tribunes de son entreprise…

Écouter un avis extérieur est évidemment utile pour nourrir ses propres réflexions. Mais à trop l'entendre, sans filtre ni recul, l'entrepreneur peut être amené à sous-valoriser la valeur de son analyse. Il a pourtant, pour entreprendre, collecté des informations, compilé et analysé beaucoup de données, multiplié les contacts et les avis de tous bords. Son expertise est riche et singulière. Il doit s'en persuader.

Il risque par ailleurs de se laisser gagner par les habitudes, les usages qui détournent des idées de rupture. C'est justement quand il prend le contre-pied de l'existant que l'entrepreneur peut découvrir de nouveaux gisements de valeur. Être libre d'entreprendre, c'est aussi oser la différence pour y trouver quelque chose de mieux.

Enfin, il y a souvent des intérêts cachés dans les avis qui sont émis. Celui, par exemple, d'un fournisseur qui conseille une technologie parce que c'est bien la seule qu'il maîtrise : son intérêt est de vendre sa technologie, quand celui de l'entrepreneur est de choisir la meilleure d'entre elles.

Donc écouter, oui, mais entendre excessivement, non. Car si l'on entreprend pour écrire une histoire, ce n'est quand même pas pour confier la plume à un autre.

Alexis Roux de Bézieux

CAUSSES

Ma démarche de créateur d'entreprise a été marquante pour deux raisons essentielles. Elle fut longue : 2 ans. Mais j'ai surtout dû vivre avec le doute de mes proches sur ma capacité à aboutir. Certains évoquaient ouvertement le fait que je me « leurrais » à prendre tout ce temps pour négocier un emplacement clé, ou encore insistaient sur mon absence d'activité professionnelle stable, et sur le regard que portait sur moi mon environnement : j'étais un loser !

Toutes ces remises en question, à un moment charnière de mon projet, ont été douloureuses. Je devais justifier mon absence de revenu, alors même que mon activité quotidienne mobilisait toute mon énergie. J'opposais aux avis extérieurs le faible intérêt qu'ils représentaient pour moi. Comprenant bien que c'était l'inquiétude de mes proches qui motivait leur questionnement, je leur ai proposé d'appeler mon expert-comptable et mon avocat sur ces sujets, afin qu'ils puissent valider, auprès de professionnels, le sérieux et l'avancée du projet en cours. J'ai fini par leur dire que la position qu'ils devaient tenir à mon égard était finalement assez simple : comme à l'égard d'un drogué, soit ils considéraient qu'il y avait un risque pour ma vie et prenaient les dispositions pour me sauver, soit ils réagissaient uniquement en fonction d'un jugement social sur la manière dont je vivais – ce qui n'avait pour moi aucun intérêt.

Fort heureusement, je ne les ai pas écoutés. Et 4 ans plus tard, lorsque nous évoquons avec eux le relatif succès de l'entreprise, ils précisent aux gens qui leur en parlent que je m'étais bien préparé, et que j'avais fait les choses avec soin... J'ai ainsi appris par cette expérience à distinguer, dans son entourage, les peurs qui relèvent d'une projection personnelle et celles qui reposent sur de vrais éléments factuels.

À retenir :

- Toujours se demander les raisons véritables pour lesquelles on sollicite un avis : se rassurer ou progresser ?
- Le jugement que l'on a sur un sujet que l'on maîtrise est forcément plus éclairé et pertinent que ceux des non-initiés.
- Privilégier les avis de ceux qui en savent plus que vous.

RISQUE N° 39 | Se lancer trop tôt ou trop tard et ne pas être *time to market* !

« L'heure, c'est l'heure ;
avant l'heure, c'est pas l'heure ;
après l'heure, c'est plus l'heure. »

JULES THÉODORE LOUIS JOUY

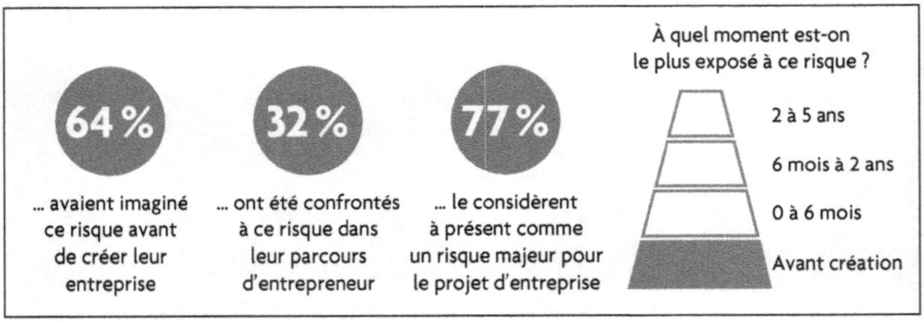

Être *time to market* (TTM), c'est être ni « trop tôt, ni trop tard » – en d'autres mots au bon moment, pour tirer tous les bénéfices d'un marché prometteur. Le principe du *time to market* redonne ainsi de la valeur à l'idée, souvent présentée comme secondaire par rapport à la capacité d'exécution. Un bon projet suppose donc bien une double condition : une (assez) bonne idée, dans son contenu et son timing, et une bonne capacité à la mettre en œuvre.

Ceci posé, on peut penser qu'il suffit d'être *time to market* pour bien se lancer. Sauf que, si le concept est simple à comprendre, placer l'aiguille du TTM sur l'échelle-temps de son marché relève bien souvent de la haute horlogerie.

L'exercice est difficile, car « être » *time to market*, c'est plutôt « avoir été » *time to market* : on ne le sait qu'après coup ! Qui plus est, est TTM celui qui a raison juste avant les autres – autrement dit tous ses concurrents potentiels. Il y a donc de la subjectivité, du flair, et de l'intuition derrière le concept du « bon moment ». Il y a la compréhension et l'analyse des signaux faibles et des tendances de son marché aussi.

Et si le TTM semble être la condition incontournable d'un démarrage assuré, les « trop tôt » et « trop tard » annoncent quant à eux des parcours semés d'embûches.

Démarrer trop tôt engage un risque majeur pour la trésorerie. Il faut investir lourdement pour évangéliser, expliquer l'intérêt du produit ou service, éduquer les clients à son usage, et les convaincre d'être des acheteurs pionniers. On consomme du cash, beaucoup de cash, à préparer le terrain, c'est-à-dire à créer la demande. Le risque est d'investir pour ses concurrents, et de les voir récolter, le moment venu et à coût réduit, les fruits de ce qu'on a semé. Ils sont alors plus riches, donc mieux armés, pour transformer ce qui a été amorcé en réussite.

C'est également un risque pour les équipes. Celui de l'usure et de la perte de confiance, face aux efforts qui ne donnent pas de succès concrets : investir sans vendre et sans perspectives de succès finit par démobiliser.

D'un autre côté, se lancer trop tard est la garantie de devoir faire face à un coût élevé pour tenter de rattraper ses concurrents, et reprendre des parts de marché déjà distribuées. Trop tard, c'est avoir une moins bonne connaissance du marché et des erreurs déjà commises par d'autres. L'avance a une vertu : elle démultiplie la vitesse du changement. Plus on avance, plus l'avancée se fait à un rythme rapide, forte des fondations posées. Être en retard expose au rythme du retardataire, sauf à y mettre des moyens conséquents.

François-Xavier Tanguy

ADVISE UP

J'avais pour objectif, avec mon associé Arnaud Dubois, de développer un réseau social de projets sur Internet en 2007 (dreamshake.com). À l'époque, nous pressentions l'essor imminent des communautés et des réseaux sociaux, et l'implication croissante des marques dans les communautés. Nous avions également pris conscience de

•••

l'importance et de la puissance d'un réseau pour faire avancer et concrétiser n'importe quelle idée ou projet.

Notre plateforme communautaire répondait donc à tout cela. Elle connectait en quelques clics des porteurs de projets avec un réseau de personnes susceptibles de leur apporter des compétences, du temps, des idées et des financements.

Notre priorité fut de constituer notre communauté de porteurs de projets et d'apporteurs de compétences, pour atteindre la taille critique suffisante pour aller voir les marques. Nous avions l'intention de leur proposer des opérations de « *crowdsourcing* » – appels à projets – en lien avec leur ADN et leur communication. Notre vision était de commencer à démarcher en priorité les marques (BtoB) pour ensuite proposer aux internautes (BtoC) la possibilité de financer en quelques clics les projets de notre plateforme.

De 2008 à 2010, nous avons rencontré de nombreuses marques, agences et directeurs marketing, en leur expliquant la puissance des communautés, leur intérêt à interagir avec cette nouvelle caisse de résonnance, de sortir de la communication 1.0 et des médias classiques, pour rentrer dans l'ère de la communication 2.0 et des communautés. Nous avons multiplié les très bons rendez-vous et confirmé la pertinence de notre vision. Ce prosélytisme était passionnant et épuisant à la fois : nous faisions un travail colossal pour expliquer, mais il ne rapportait rien. Nous étions seulement rentrés trop tôt sur un marché qui n'a réellement décollé qu'en 2013.

À retenir :

- **Être *time to market* est un pari mais pas un hasard. Avoir foi dans le moment idéal s'acquiert par l'observation et la connaissance : lire, rencontrer, observer ce qui se fait à l'étranger, etc.**
- **Pour savoir si l'on est *time to market*, il faut attendre : c'est le futur qui le dira.**
- **Trop tôt ou trop tard, c'est un risque pour la trésorerie. En avoir trop consommé en étant parti trop tôt ; devoir beaucoup investir pour rattraper son retard, quand on est parti trop tard.**

RISQUE N° 40 | Construire un *business plan* en partant du résultat attendu

« J'aime les calculs faux car ils donnent des résultats plus justes. »

Jean Arp

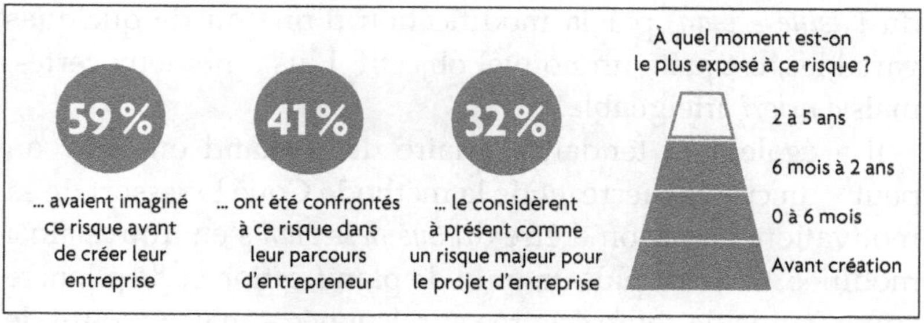

Hypothèses : nombre de clients en année 2 = 10, nombre de commandes par client = 3, CA par commande = 15 000 euros.

Résultats : chiffre d'affaires = 450 000 euros, résultat net = – 25 836 euros… Il y a des jours où le tableur Excel semble en vouloir au projet d'entreprise. Mais un entrepreneur ne baisse pas les bras. Tout problème a sa solution !

Nouvelles hypothèses : nombre de clients en année 2 = 11.

Nouveaux résultats : chiffre d'affaires = 495 000 euros, résultat net = + 3 342 euros… Il y a quand même des résultats qui font meilleure figure… Retenons cela !

Si l'exemple simple prête à sourire, il est pourtant révélateur de bien des déviances que les tableurs autorisent. Une facilité de calcul qui fait perdre toute lucidité, et embellit la réalité.

Il faut dire que la méthode est simple : savoir manipuler Excel et avoir lié toutes les cellules entre elles pour piloter d'une variable et d'un clic le compte de résultat, le bilan, le plan de financement, le plan de trésorerie sur 5 ans… Le *business plan* a trouvé ses magiciens. Un nouveau chiffre dans une cellule Excel, et le destin de l'entreprise s'en trouve définitivement modifié.

Et si ce pilotage par le résultat se tente, ce n'est évidemment pas sans raisons.

Un entrepreneur qui se lance est animé par l'enthousiasme et profondément optimiste sur ses chances de succès. Qui plus est, il fonctionne à l'objectif. Une vision plus favorable du *business plan*, par la modification d'une ou de quelques variables, est juste un nouvel objectif. Plus ambitieux certes, mais *a priori* atteignable.

Il a également tendance à faire du « quand on veut, on peut » un cri de guerre, et de la méthode Coué le ressort de sa motivation. La raison d'être du *business plan* s'en trouve ainsi modifiée. Ce n'est plus un outil de planification et de pilotage – une feuille de route éclairée et raisonnée – mais un outil de vente et d'aide au développement, utile pour se motiver, mais aussi pour séduire.

Un *business plan*, enfin, cela reste des hypothèses et non des faits réels, des chiffres que l'on manipule à l'envi, une gymnastique intellectuelle qui fait rêver de réussite. Un *business plan* peut raconter toutes les histoires, sous forme d'additions et de multiplications. L'échec comme les plus grands succès, il y a juste à changer les variables. Alors en plus, si personne n'y croit plus, pourquoi se priver d'en faire le plus beau des contes ?

Mais être un as de la formule Excel et des rêves en équation, c'est aussi s'exposer au risque. Celui d'être dans la déception permanente à force de ne jamais atteindre des objectifs inatteignables ; celui de voir fondre la trésorerie, en ayant surestimé le niveau et la récurrence de revenus qui finalement ne permettent pas de s'autofinancer ; celui de passer son temps, non à agir mais à réagir, pour n'avoir pas su anticiper avec justesse les besoins en ressources de l'entreprise, et devoir ainsi chercher des fonds en permanence ; celui de se voir considéré comme mauvais gestionnaire et piètre visionnaire, par celles et ceux qui auront accordé leur confiance, et accepté d'investir sur un *business plan* fantaisiste ; celui, enfin, de voir l'entreprise courir à sa perte, car impuissante à convaincre de la réalité de son potentiel.

« Cellule » Excel, rien que le mot devrait pourtant inciter à se montrer prudent et raisonnable…

Philippe Duhamel
CLUSTAAR

J'ai décidé de créer une startup dans le logiciel BtoB avec deux autres associés, en 2009. Dans le cadre de nos activités commerciales respectives, nous avions identifié un besoin qui ne nous semblait pas encore couvert.

Nous avons fait trois erreurs fondamentales dès le début de l'aventure.

Première erreur : nous avions imaginé le produit sous un format que nous désirions en interne, un logiciel Saas. En considérant notre choix *a posteriori*, nous avions en réalité choisi cette voie uniquement parce que nous étions influencés par l'image de la startup qui fait du logiciel et du Web, et à laquelle nous souhaitions « coller ».

Deuxième erreur : nous avions tout de suite pensé à un logiciel intégrant, dès le démarrage, de très nombreuses fonctionnalités, sans pour autant valider leur pertinence auprès de nos utilisateurs cibles. Ceci a absorbé une grande partie de nos ressources, pour des outils qui n'ont jamais été utilisés.

Troisième erreur : nous avions construit notre *business plan* sur des « croyances », ou, plus exactement, sur l'idée que nous nous faisions du succès de l'entreprise. Elle était déconnectée de la réalité car nous n'avions pas écouté les premiers signes du marché pour valider nos hypothèses : des utilisateurs qui ne se «loggaient» plus à notre solution au bout de 3 mois ; des clients qui ne lui trouvaient pas une valeur d'usage suffisamment innovante pour faire la différence.

Notre *business plan* et nos résultats reflétaient un monde idéal, et c'est sur cette base que nous avons tenté d'aller chercher des fonds... en vain. Nous ne pouvions, en effet, faire la preuve de nos ambitions théoriques. Lorsque nous avons réalisé que le produit était inadapté en l'état, et que nous avons amorcé un « pivot »

• • •

vers une offre de service, il était malheureusement trop tard : nous étions épuisés et à court de cash. La crise s'est installée et nous a amené au dépôt de bilan quelques 36 mois après la création de l'entreprise.

À retenir :

- Personne ne croit plus au *business plan* d'une entreprise qui se lance, mais il donne néanmoins une indication : savoir si les entrepreneurs savent le manier.
- Un *business plan* engage ceux qui l'ont vendu.
- Le plus fiable des *business plans* : celui qui est fait *a posteriori*.

RISQUE N° 41 | Oublier de faire de ses clients sa priorité

« Il n'y a qu'un patron : le client.
Et il peut licencier tout le personnel, depuis le directeur jusqu'à l'employé, tout simplement en allant dépenser son argent ailleurs. »

Sam Walton

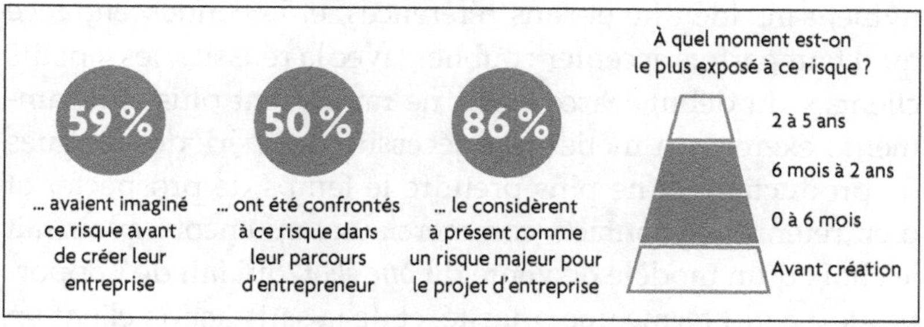

Le *client*. En matière d'entreprise, il y a peu de termes qui couvrent autant de choses.

Il est le rêve du créateur encore au stade de l'idée, qui aspire à en conquérir un premier.

Il est le premier investisseur de l'entreprise, sa source d'autofinancement qui peut l'exonérer d'aller en chercher ailleurs.

Il est son revenu, la clé de son existence et de son développement, il est son revenu récurrent, par sa fidélité et ses achats renouvelés.

Il est son meilleur ambassadeur, lorsqu'il parle de la marque, consomme ses produits ou utilise les services qu'elle délivre.

Il est son prescripteur, qui fédère et mobilise sa communauté autour d'elle.

Et, par ses idées de développement, il agit comme un bureau de R & D délocalisé, et peut aider l'entreprise à se transformer et innover.

Pour ceux qui auraient encore une hésitation, le client est le point central de l'entreprise !

Et pourtant, malgré ces définitions en forme de gyrophare, certains se laissent aller à l'oubli – pour diverses raisons : ne pas avoir dans l'équipe un associé fondateur animé par la vente et doté d'un « bon sens commerçant » ; craindre de voir les produits jugés avant leur lancement et, de ce fait, choisir de se tenir à l'écart de prospects dont l'avis serait pourtant bien utile ; mal vivre un nouveau statut d'entrepreneur, anonyme, sans identité et sans références, et la condescendance qu'il faut parfois accepter ; oublier, avec la réussite, les « petits clients » du début, parce qu'ils ne rapportent plus suffisamment ; exercer un métier qui nécessite des périodes longues de production, et ne plus prendre le temps de prospecter et d'entretenir des contacts commerciaux ; ou encore avoir fait le choix d'un modèle de vente dit *one shot*, qui fait de l'opportunité à court terme une priorité, et de la satisfaction client un bonus secondaire.

En mettant ainsi le client au ban de ses priorités, voire en acceptant d'en perdre, c'est toute sa raison d'être que l'entreprise remet en question, avec des conséquences parfois bien difficiles à mesurer.

Un risque *business* et financier, tout d'abord, car si le coût de la perte d'un client est élevé, le coût de son remplacement par un nouveau client l'est bien davantage, et la récupération du niveau de marge perdu loin d'être assurée. Un risque d'image, ensuite, qui hypothèque la capacité de séduire de nouveaux clients, gagner des marchés et poursuivre la croissance. Un « risque marché » également, car en négligeant le « contact client » et la mine d'informations à laquelle il donne accès, l'entreprise réduit sa capacité à comprendre l'évolution des besoins, et donc à réagir et innover. Un risque de culture d'entreprise, enfin, tant le comportement des salariés est souvent calqué sur celui des dirigeants.

En donnant l'indication, même inconsciente, que les clients ne sont pas sa priorité, l'entrepreneur envoie un message. Et celui-ci a toutes les chances de devenir un mode de fonctionnement difficilement réversible.

À retenir :

- Il y a deux priorités : la première, vendre ! La seconde, bien vendre (pour que le client revienne) !
- Ne pas avoir un bon vendeur dans l'équipe crée une obligation : en trouver un.
- Penser que l'entreprise est en situation difficile car elle n'arrive pas à trouver des fonds veut simplement dire qu'on n'a pas assez parlé à ses clients.

RISQUE N° 42 | Attendre de ses salariés un investissement équivalent à celui des associés

« Nous aimons tous gagner,
mais combien aiment s'entraîner ? »

MARK SPITZ

59 % ... avaient imaginé ce risque avant de créer leur entreprise

64 % ... ont été confrontés à ce risque dans leur parcours d'entrepreneur

14 % ... le considèrent à présent comme un risque majeur pour le projet d'entreprise

À quel moment est-on le plus exposé à ce risque ?

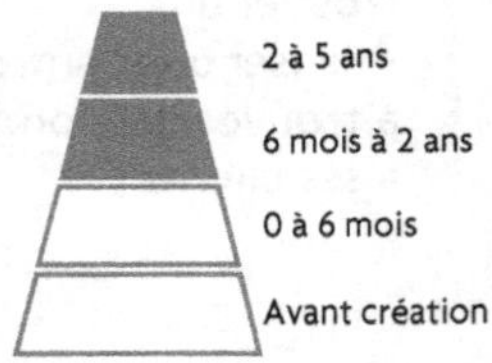

S'il y a un rêve de progrès scientifique que l'entrepreneur formule dans le secret de ses soirées et week-ends studieux, c'est le clonage ! Ce serait quand même l'idéal, un double, voire un triple, qui travaille autant, pense pareil, anticipe les demandes, et réalise ce qui doit être fait exactement comme on l'imagine. Et puisque ni la science ni l'éthique ne l'autorisent, c'est chez ses salariés que l'entrepreneur se met en tête de les trouver.

Sur-attendre de ses collaborateurs est un réflexe que partagent bien des entrepreneurs. Dopés à l'urgence et à l'exigence, ils font de leur mode de fonctionnement, de leurs objectifs et sacrifices, l'exemple d'une bonne implication dans l'entreprise. Un exemple à suivre, assurément.

Mais si l'attente est forte, c'est que le besoin l'est également. On recrute toujours trop tard, quand la charge à supporter devient presque ingérable ; on attend d'être soulagé sur des tâches dont on a ni le temps ni l'envie de s'occuper ; on recherche des expertises pour être en mesure de « booster » la croissance et franchir de nouveaux paliers ; et on accepte de payer des renforts, alors même que l'on ne s'est pas payé pendant des mois. C'est dire à quel point le cadeau fait aux collaborateurs qui rejoignent l'entreprise est de taille !

Mais penser que ceux-ci vont répondre à l'intensité de l'attente, et tous adhérer au rythme et aux contraintes imposés, est une bien naïve illusion. C'est oublier que, par définition, les salariés « non-actionnaires » n'ont pas d'intérêt direct à la valorisation future du capital. Pas facile, donc, de demander des efforts et des sacrifices lourds aujourd'hui, sans offrir la promesse d'une contrepartie – un « jackpot » en cas de succès de l'entreprise. Par ailleurs, les motivations et attentes des salariés sont évidemment toutes personnelles, et parfois très éloignées des préoccupations premières de l'entrepreneur : un emploi sécurisé, des horaires avantageux, la proximité du lieu d'habitation, un salaire pas forcément élevé mais suffisant… Toutes les aspirations sont dans la nature. En outre, le salarié a aussi un entourage personnel qui peut faire pression ou exprimer des attentes, et qui n'est pas forcément disposé à accepter les sacrifices que l'entrepreneur impose à ses proches.

Enfin, s'agissant de la capacité de travail, la résistance à l'effort, la vitesse d'exécution, l'exigence, la faculté de concentration, la gestion des priorités, chacun diffère sur ces aspects. Comparer est donc un exercice sans fondement véritable.

Aussi, en cherchant à faire de son comportement une norme, l'entrepreneur risque l'insatisfaction permanente. Faire travailler des équipes, c'est gérer des micro-deuils quotidiens, car les résultats sont rarement 100 % conformes à ce que l'on attend.

Par ailleurs, le rythme excessif, l'absence de vacances, les faibles revenus de l'entrepreneur ne sont pas toujours des critères d'exemplarité pour les collaborateurs. Ils peuvent même créer une distance. En s'affichant comme un « *workaholic* », l'entrepreneur peut susciter l'incompréhension, voire la défiance. L'addiction au travail interroge aussi sur les risques que l'entreprise parvienne jamais à trouver son marché et à se développer.

Enfin, dans les entreprises en configuration « startup », on peut aussi suspecter les sacrifices affichés de l'entrepreneur comme un calcul dont lui seul sortira gagnant. Les succès largement médiatisés des startups du digital laissent penser, à tort, que chaque entrepreneur est un milliardaire en puissance. La pilule de l'effort, et de l'investissement collectif sans compter, ne passe donc pas toujours chez ceux qui ont l'impression de construire un grand et beau palais, dans lequel ils ne séjourneront jamais.

Être un bon entrepreneur, c'est donc moins savoir rechercher des clones que d'apprendre à composer avec la différence. C'est aussi mettre son écoute, sa sensibilité et son ouverture au service de l'entreprise.

À retenir :

- Savoir considérer la qualité et la valeur de ce qui est fait, et non en quoi ce qui est fait est 100 % conforme à la demande.
- Penser que les salariés souhaitent et peuvent vivre l'entreprise comme celui qui la dirige est une erreur d'appréciation.
- Se concentrer sur l'accumulation de petites solutions au quotidien.

RISQUE N° 43 | Ignorer la sensibilité des salariés aux signaux faibles émis par les dirigeants

« On appelle naturel ce qui ne s'écarte pas de la manière habituelle d'agir. »

STENDHAL

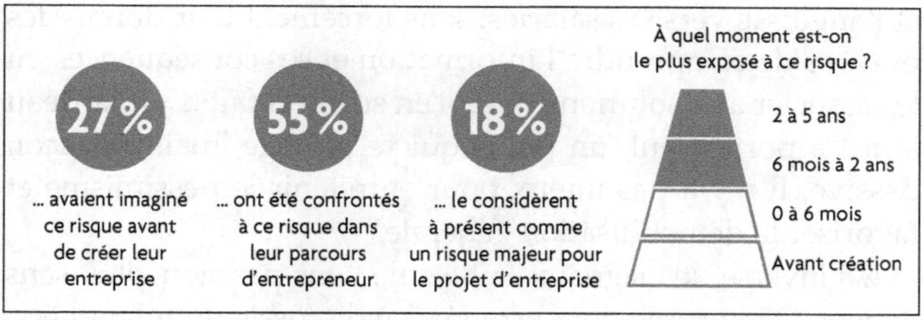

L'entrepreneur est une femme ou un homme « exposé », objet de toutes les attentions ! Et lorsque, de façon inconsciente ou involontaire, il change son comportement, renonce à ses habitudes, s'autorise une liberté de ton, s'abstient de communiquer, cultive le secret ou encore change d'apparence physique, il « clignote » aux yeux de ses collaborateurs. Il envoie des signes – les signaux faibles – vrais ou sans fondement, qui sont reçus, interprétés, analysés et commentés. L'entreprise fait de l'entrepreneur une célébrité cernée de grands reporters et de paparazzi aux aguets.

Ces signaux faibles ont toutes les origines. De la plus insignifiante à la plus suspecte : multiplier les réunions discrètes, porte fermée, avec ses associés ; passer son temps à téléphoner dans le couloir, à l'extérieur du bureau ; être de plus en plus absent ; voir de plus en plus fréquemment son avocat ; cesser de se rendre disponible et ouvert pour le café-équipe du matin ; laisser aller son aspect vestimentaire et bouder son régime alimentaire ; évoquer ouvertement la dégradation d'une relation avec un client ou un partenaire…

Tout est bon pour faire de l'anodin l'occasion d'une enquête. Et, dans le domaine de l'information, la sensibilité des salariés est parfois emplie de paradoxes : chercher à se protéger des informations et vérités qui inquiètent, mais tout faire pour découvrir les non-dits et les secrets qui se cachent.

Certes, l'excès de transparence n'est pas sans risque pour l'entreprise. En communiquant de façon trop ouverte sur les difficultés qu'il rencontre, l'entrepreneur exporte l'inquiétude et l'angoisse vers ses salariés, sans forcément leur donner les moyens de comprendre l'information et ses conséquences, ni les associer aux solutions pour s'en sortir. Il fait d'un fardeau lourd à porter seul, un poids qui se partage, mais de façon passive. Il n'y a pas mieux pour entretenir le pessimisme et favoriser la démobilisation générale.

À l'inverse, les signaux faibles ne sont pas non plus sans danger. D'interprétations erronées en discussions enflammées, les collaborateurs ont vite fait de faire d'une absence de fait avéré, une vérité absolue. À la clé, le risque d'une perte de cohésion interne avec des groupes qui se constituent : ceux qui savent et ceux qui ne savent pas, ceux qui spéculent et ceux que les spéculations n'intéressent pas, ceux qui font confiance aux dirigeants et ceux qui guettent leurs moindres faux pas. C'est aussi le risque qu'une information erronée se propage à l'extérieur parce que le négatif est bien plus vendeur. Corriger une rumeur sans fondement ne se fera pas sans un investissement important, en termes de temps et de coûts.

Un seul mot d'ordre donc : faites de vos secrets un inconnu qui rassure !

Fany Péchiodat

MY LITTLE PARIS

J'ai fait du management ma responsabilité principale, et des signaux faibles un sujet de vigilance permanent. Je m'intéresse particulièrement, en tant que dirigeante d'entreprise, aux changements de

•••

comportement, à la baisse de motivation ou aux encore aux signes de préoccupation, qui révèlent, lorsqu'ils surviennent, qu'un collaborateur ne se trouve pas dans les meilleures conditions pour s'épanouir et travailler efficacement. Cela peut bien entendu être lié à un surcroît d'activité – mais pas seulement : sa propre perception de l'environnement peut aussi être erronée.

Je m'efforce donc de comprendre ces changements, de discuter sans détour, d'organiser les équipes et de favoriser les opportunités d'échange pour créer l'« étincelle », celle des bonnes idées et des projets créatifs. J'ai par exemple lancé des « *Random Lunchs* » : des déjeuners d'équipes aux invités aléatoires, pour fluidifier les relations entre les salariés de l'entreprise. C'est une formidable occasion pour permettre aux salariés qui se croisent habituellement sans se parler, d'échanger vraiment. De là naissent toujours de bonnes idées. Une initiative aujourd'hui reprise par certains d'entre eux, de façon totalement spontanée.

J'essaie donc en permanence de transmettre aux collaborateurs des signaux positifs, pour les surprendre, les encourager, stimuler leur imagination. Manager, c'est rassurer, créer la confiance, pour que chacun puisse donner le meilleur de lui-même. Une vigilance de tous les instants. Une vraie richesse, surtout.

À retenir :

- **Les salariés sont des infirmiers qui prennent le pouls de leurs dirigeants en permanence.**
- **Le rôle d'un dirigeant d'entreprise : « exporter l'énergie, importer l'angoisse ».**
- **Déminer les mauvaises interprétations au plus vite.**

RISQUE N° 44 | Penser que tout est prioritaire

« L'essentiel est sans cesse menacé par l'insignifiant. »

René Char

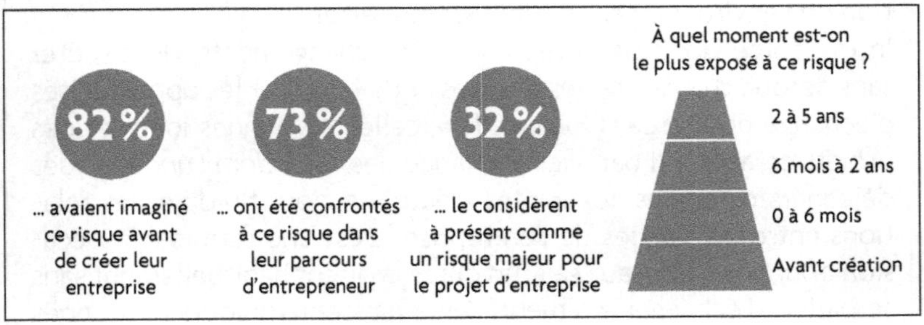

To do list. Le concept s'exprime en anglais, mais ce qu'il signifie rappelle et oblige dans toutes les langues. C'est la liste des courses de l'entrepreneur, un enchainement d'idées brèves qui se rédigent à coup de « penser à », de « téléphoner à », et de « faire » ; une succession de verbes à l'infinitif, comme des ordres à soi-même.

Elle se remplit de jour comme de nuit. Elle structure le temps ou plutôt le remplit, et crée une nouvelle contrainte : définir des priorités dans la masse des choses à faire !

L'exercice n'est pas aisé. Donner des priorités signifie ralentir ou s'abstenir sur certains sujets. Pour l'entrepreneur animé par l'urgence de développer son entreprise, l'idée ne va pas toujours de soi. Comment savoir faire la distinction entre les priorités véritablement clés et celles, plus secondaires, lorsqu'on apprend son métier d'entrepreneur « sur le tas » ? Combien de pactes d'associés pourtant prioritaires ont ainsi été déplacés vers le bas de la liste, au profit de réflexions marketing approfondies sur la couleur d'une plaquette ou la forme d'un logo ? D'ailleurs, gérer les priorités de l'entreprise est souvent contraire au plaisir, sauf à considérer le plaisir de l'entrepreneur comme la priorité de son entreprise. Se convaincre que tout est important, n'est-ce pas, après tout la vraie liberté de l'entrepreneur, celle qu'il s'est créée et choisie ? Être entrepreneur, c'est finalement avoir le pouvoir sur sa *to do list*.

Sauf qu'à force de mettre de la fantaisie dans la gestion de son temps et de ses actions, l'entrepreneur se détourne de la seule question utile : le temps occupé, puisqu'il est compté, est-il un temps vraiment utile ?

Le « tout prioritaire » est une illusion. Il rassure par le mouvement alors qu'il disperse l'efficacité et brouille les directions. La désorganisation d'un entrepreneur est observée par les salariés. Ils en sourient au départ, puis, lassés par les échéances non respectées, les réunions oubliées ou annulées à la dernière minute, les urgences qui surgissent et les priorités d'hier déjà abandonnées, ils s'organisent en toute autonomie et finissent par regarder d'un œil distant ces revirements et priorités changeantes.

À la clé de cette gestion individuelle : la perte de contrôle ! Car le « tout prioritaire » est aussi le risque d'une intrusion de l'extérieur dans les affaires de l'entreprise. Une entreprise organisée sait prendre du recul, anticiper et proposer. Sans gestion efficace de ses priorités, une entreprise subit. Elle abandonne, faute de temps, sa vraie valeur : celle d'apporter de nouvelles idées à ses clients, par exemple. Du coup, ce sont les clients qui imposent, parfois sans aucune cohérence avec les objectifs et la stratégie de développement de l'entreprise.

Par ailleurs, le « tout prioritaire » épuise. Il fait de l'urgence réactive un rythme permanent. Il rend insatisfait à force de ne pas aller pleinement au bout des choses. Un entrepreneur sans priorités, c'est un *gamer* qui joue avec toutes les touches du *joystick*, et qui finit par lasser tous les héros du jeu.

Enfin, refuser les priorités fait courir le risque d'un temps de travail qui empiète sur le temps personnel, au risque de déséquilibrer lourdement la vie privée.

S'il n'y avait donc qu'une seule priorité à retenir : définir des priorités !

Stéphane Degonde
CINCOSENSO

C'est devenu un « *private joke* » entre mon associé et moi. Les premiers mois suivant la création de l'entreprise, je ne pouvais pas parler d'un seul sujet sans le dire critique et encore plus prioritaire que le reste. Du coup, je me faisais un devoir d'arriver le matin à la première heure, entre 7 h et 7 h 30, jamais après 8 h, et de repartir après 21 h, et plutôt entre 22 h et 23 h. La journée était toujours trop courte.

Je passais mon temps à m'envoyer des choses à faire par mail, surtout en pleine nuit, dans mes sursauts de réflexion nocturne. Ma liste de mails encore non lus, envoyés à moi-même, dépassait allègrement les 200 mails... Tout me semblait majeur, et tout devait être fait en deux semaines : prospecter de nouveaux clients, acheter des meubles pour le bureau, finaliser le site internet, rédiger les CGV, organiser un pot avec les salariés, mettre en place des tableaux de bord pour suivre le chiffre et la marge, améliorer le plan de trésorerie pour un pilotage encore plus fin, etc. La liste de l'anodin et de l'important s'allongeait jour après jour, comme mes journées. J'avais néanmoins l'impression d'avancer, de résoudre, de valider. J'allais vite, mais voulais aller plus vite encore. J'avais fait de mes journées à rallonge un postulat.

Le retour de bâton ne s'est pas fait attendre. Il aura mis 3 ans et demi. Je m'étais épuisé, isolé socialement – je n'avais plus le temps de sortir –, je ne pouvais plus faire un voyage en train le week-end sans passer les 3 heures de trajet à travailler, et j'avais irrémédiablement sacrifié ma vie personnelle... Tout cela pour n'avoir pas su donner des priorités à cette vie d'entrepreneur.

À retenir :

- **Si tout est prioritaire, alors plus rien n'est vraiment prioritaire.**
- **Ne pas fixer de priorités, c'est laisser aux autres la possibilité d'imposer les leurs.**
- **L'absence de priorités, c'est la désorganisation professionnelle qui dévore le temps personnel.**

RISQUE N° 45 | Sous-estimer les forces contraires aux innovations de rupture

« *Tant d'énergie est dépensée pour que tout soit bien immobile.* »

Bernard Werber

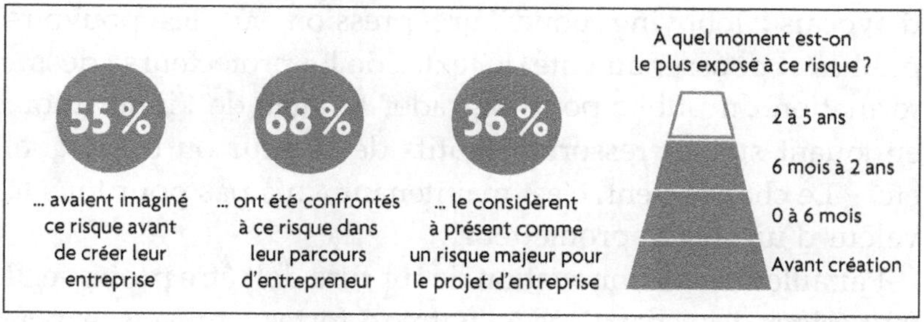

L'idée est géniale ! Plus besoin de voitures, de trains, d'avions, de bus, de bateaux ou de vélos… La télétransportation, ou le voyage à la vitesse du digital : un clic, et vous voilà à l'autre bout du monde, instantanément. Une révolution, celle du mouvement et du déplacement. Celle de la disparition d'une multitude d'industries et de services, aussi.

Et vous croyez qu'on va vous laisser faire ?

L'image est volontairement forte, mais l'idée qu'elle sous-tend pas si virtuelle que ça dans l'esprit. Être dans l'innovation de rupture, c'est changer les paradigmes, bouleverser les usages en créant de nouvelles habitudes de consommation ou d'utilisation. L'innovation de rupture prend le contre-pied de l'habitude et de la répétition, ou de l'évolution progressive. Elle peut faire converger des marchés et des solutions jusque-là sans rapports – comme le Web et le marché de l'optique. Elle redistribue les cartes, modifie la répartition des valeurs et les parts de marché. Elle bouscule l'immobilisme et les usages. Elle peut remettre en question des systèmes de rente qui se sont mis en place au fil du temps. Alors évidemment, une innovation de rupture, ça ne plait pas à tout le monde !

Si l'idée d'être en rupture est bien séduisante pour un entrepreneur, il a souvent tendance à sous-estimer ce qu'elle implique, et, en premier lieu, les forces intéressées à ralentir son déploiement, ou à en réduire la portée. Dans ce domaine, la palette des possibles est très large : actions juridiques pour polluer et essouffler l'entrepreneur, occuper son temps, le détourner de son activité, et mobiliser sa trésorerie en frais d'avocats ; lobbying pour faire pression sur les pouvoirs publics et pousser au vote de textes de loi protecteurs ; désinformation du public pour dégrader l'image de l'innovation, en jouant sur les ressorts négatifs de la peur ou du risque, etc. « Le changement, c'est maintenant » n'a pas pour tous la valeur d'un slogan prometteur…

Par ailleurs, une innovation de rupture doit être protégée. Il faut ériger des « barrières à l'entrée » fortes – brevets, expertise technique ou avance technologique difficile à rattraper – pour qu'elle ne soit pas récupérée par les acteurs historiques du marché. C'est à la fois long et coûteux.

En l'occurence, le principal danger de l'entrepreneur, en cas d'innovation de rupture, c'est bien la dispersion. Agir sur tous les fronts – le développement et la défense de ses intérêts – conduit à multiplier les combats et détourne du seul qui en vaille vraiment la peine : vendre.

Il y a donc de vraies questions à se poser lorsque l'on crée une innovation de rupture. Celle relative à la surface financière de ses principaux concurrents est notamment prioritaire, car des moyens importants peuvent en effet leur permettre deux types d'action : l'une, défensive, pour empêcher le déploiement d'une innovation qui pourrait venir perturber leur marché ; l'autre, plus constructive, par le rachat à terme de l'innovation – porte de sortie positive que l'entrepreneur doit bien sûr envisager.

Le choix d'une innovation de rupture n'est donc pas sans incidence. Certes, c'est une promesse de succès, si l'innovation est plébiscitée et largement adoptée, mais c'est aussi la garantie d'un parcours semé d'embûches avant d'y parvenir : il y a du « seul contre tous » dans les rêves d'innovation. Il faut donc s'y préparer, et notamment apprendre que les menaces peuvent parfois sortir du cadre strictement professionnel : innovation et « *gentleman attitude* » ne font pas toujours bon ménage.

Marc Adamowicz

HAPPYVIEW.FR et MALENTILLE.COM

En 2008, j'ai cru avoir eu une idée originale : vendre des lunettes de vue à distance, sur le Web. Une recherche sur Google me montre que cela existe dans de nombreux pays, mais non en France. Ma conclusion : 1/Mon idée n'est pas originale ! 2/Cela fonctionne ailleurs, regardons comment cela marche ! 3/C'est étonnant que cela n'ait pas encore été lancé en France, mais dépêche-toi de lancer l'activité !

L'une des raisons pour lesquelles la distribution de lunettes sur le Web n'existait pas, en France, était principalement liée aux réseaux d'opticiens, qui étouffaient toute tentative de concurrence nouvelle. Je croyais que je serais attaqué en justice. La pression a surtout été mise sur les fournisseurs pour les convaincre de ne pas me livrer.

Pour obtenir les bons produits, il m'a donc fallu batailler avec les fournisseurs, l'un après l'autre. Ce fut long et cela a ralenti le développement de mon entreprise. L'une des façons de gagner cette bataille fut de montrer à mes concurrents qu'Happyview s'inscrivait dans la durée : lobbying auprès des responsables politiques (Élysée, Matignon, Sénat, Assemblée nationale...) et des dirigeants de toutes les instances sanitaires et administratives de la filière visuelle (HAS, CNAMTS, DGCCRF, syndicats de médecins...) ; soutien de la part des médias, avec plus de 500 articles en 3 ans ; financement solide obligeant les opticiens à considérer la distribution internet comme un canal de distribution à part entière. Une stratégie payante, qui a fait d'Happyview le leader français de la distribution de lunettes sur Internet.

À retenir :

- Envisager la révolution, c'est devoir anticiper et se préparer à ses conséquences.
- Être très visible est un bon moyen de se défendre, car cela rend aussi visibles les actions de ceux qui cherchent à nuire.
- Tenter l'innovation de rupture, sans fonds importants et disponibles, amplifie la difficulté d'un pari déjà difficile.

Heure 6

Passer de la précipitation et de l'approximation à la raison

RISQUE N° 46 | Se focaliser sur le sommet à atteindre, et ne pas profiter du chemin

« Le chemin est long du projet à la chose. »

MOLIÈRE

55 % ... avaient imaginé ce risque avant de créer leur entreprise

45 % ... ont été confrontés à ce risque dans leur parcours d'entrepreneur

32 % ... le considèrent à présent comme un risque majeur pour le projet d'entreprise

À quel moment est-on le plus exposé à ce risque ?

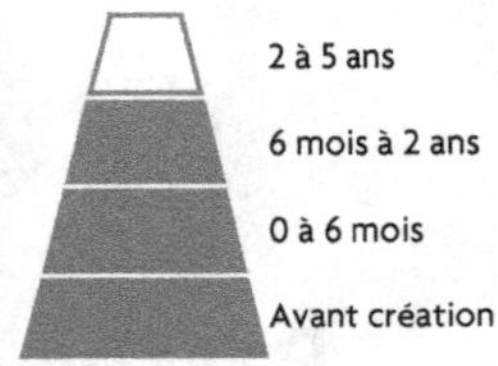

Elle est parfois haute, la montagne des souhaits et des ambitions. Et tellement simple à paralyser, lorsque le regard se pose sur son seul sommet… Car à ne voir que le très haut et le très loin, on oublie une chose, pourtant essentielle : la nécessité du chemin, long et riche de ses découvertes, de ses surprises, de ses apprentissages, de ses bifurcations et nouvelles directions possibles.

Le sommet est une allégorie, celle du projet d'entreprise 100 % abouti, qui consacre l'entrepreneur qui l'a porté. Cela peut être une entreprise qui s'exporte, recrute, rémunère, ou qui est visible et reconnue. C'est selon. Chacun sa montagne.

Et pourquoi se focaliser sur le seul sommet ? Pour éviter sans doute le risque des petites ambitions qui pourraient ne conduire qu'à de petites victoires. Quitte à regarder devant, autant se projeter en grand !

Et pourtant, avoir un sommet comme seul repère dans son champ de vision est contre-productif, car, plus l'objectif est haut, plus il est long à atteindre, et moins on a l'impression d'avancer. Le rapport au temps et à la distance est relatif. Une randonnée d'un mois ne se vit pas de la même façon si l'on décompose le trajet en jours ou en semaines. Au bout de quatre jours de marche, on n'a toujours pas atteint la première semaine de marche. Bref, si, en jours, on s'est déjà bien éloigné de son point de départ, en semaines, on n'avance pas.

En visant le seul sommet, on se prive aussi de l'idée des étapes et des petits succès qui récompensent et encouragent. Essayez de courir un marathon sans faire de chaque kilomètre une victoire : les 42,195 km vont vous paraître une terrible souffrance…

Enfin, les ambitions trop grandes ou les objectifs trop lointains sont toujours un peu suspects pour l'entourage. Ils ont valeur d'inatteignable. Les chances de rallier Istanbul en auto-stop au départ de Paris, dans une seule voiture, sont quasi nulles : découper le trajet en étapes sera déjà le meilleur moyen de quitter Paris.

Se lancer dans la création d'entreprise sans prendre conscience des étapes nécessaires, et surtout sans accepter de les vivre pleinement pour ce qu'elles sont – des opportunités de validation ou de changement – c'est prendre un triple risque. En premier, avoir l'impression de faire du sur-place et se laisser gagner par le doute. Prendre peur, ensuite, se décourager et abandonner trop vite, face à un objectif visé qui paraît finalement trop grand, trop haut et trop ambitieux. Bref, arrêter en cours de route et gâcher l'investissement déjà réalisé, en ne prenant pas conscience de la valeur du chemin déjà parcouru. Et enfin, « zapper » en permanence de projets en projets, sans voir la valeur des mini-projets réalisés, et s'épuiser dans la répétition de l'échec perçu.

À retenir :

• Avancer sur un projet, même à petits pas, c'est s'éloigner chaque jour un peu plus de son point de départ.
• Lorsque l'on découpe en étapes une grande ambition, on multiplie les occasions de réussir et l'on accroît ainsi le plaisir et la motivation.
• Savoir être impatient d'aboutir, et patient pour élaborer et construire les moyens d'y arriver.

RISQUE N° 47 | Faire de la méthode *Lean Startup* une religion

« Ne soyez pas prisonnier des dogmes qui obligent à vivre en obéissant à la pensée d'autrui. »

STEVE JOBS

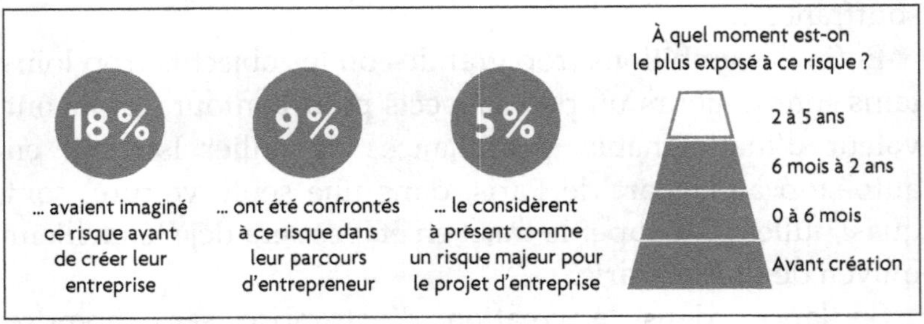

Chaque univers a ses codes et son langage, et celui de la création d'entreprise ne déroge pas à la règle. Introduits par la méthode *Lean Startup* et popularisés par deux ouvrages qui font aujourd'hui référence[1], les termes *Scrum*, *Minimum Viable Product* ou encore *Business Canvas* sont devenus les signes de ralliement d'entrepreneurs en devenir, et donnent à l'initiative des rêves et des couleurs de Silicon Valley.

Il faut reconnaître que les principes sur lesquels reposent le *Lean Startup* ne sont pas sans vertu.

Le *Lean Startup* encourage le recours au bon sens pratique et fait, du « faire beaucoup et vite avec peu », le pilier de sa mise en œuvre. Il démocratise ainsi la création d'entreprise, en offrant de nouvelles ambitions à ceux qui se voyaient contraints ou freinés par l'absence de moyens.

Le *Lean Startup*, c'est un processus en boucle destiné à valider à la fois la pertinence d'un concept et sa réponse à un

1. Éric Ries, *The Lean Startup – How Today's Entrepreneurs Use Continuous Innovation to Create Radically Successful Businesses*, Crown Business, 2013. Steve Blank et Bob Dorf, *The Startup Owner's Manual – The Step-by-Step Guide for Building a Great Company*, Paris, Diateino, 2012.

« besoin client » et ce, sans perdre de temps : « J'invente un nouveau concept. Je conçois une première ébauche de produit pour tester, sans attendre, l'intérêt qu'il suscite. Je collecte les retours d'informations. J'apprends puis je corrige, pour définir un nouveau produit… et je recommence. » Être *Lean*, c'est se confronter vite à l'échec et le considérer comme un apprentissage, le passage obligé vers un succès futur. Une révolution culturelle, en somme.

Le *Lean Startup*, c'est aussi une assurance confiance. Pour l'entrepreneur tout d'abord, en lui donnant des outils pour structurer l'impatience, éviter la dispersion et donner des priorités à l'urgence. Pour les tiers, ensuite, notamment les investisseurs, qui voient dans l'application de la méthode par l'entrepreneur les garanties d'un développement responsable et maîtrisé. En adoptant la méthode *Lean Startup*, l'entrepreneur montre qu'il est conscient des enjeux et des difficultés à surmonter, et qu'il fait preuve d'une réelle ouverture d'esprit pour s'exposer rapidement à l'erreur, apprendre et corriger. Il rassure ainsi sur sa capacité à être agile quand les difficultés surviennent. Le *Lean Startup*, c'est un entrepreneur qui fait son propre marketing.

Mais la méthode peut aussi avoir ses limites quand elle s'applique sans recul et sans regard critique. Parmi les principaux risques : s'enfermer dans le processus en boucle, en quête du produit parfait, et finir par donner l'image d'une entreprise qui se cherche sans réussir à valider son *business model* ; mettre sur le marché un produit imparfait en vue de le valider, essuyer les critiques des utilisateurs déçus et détériorer durablement l'image de l'entreprise ; asseoir sa croissance sur le développement continu de nouveaux concepts, passer son temps à chercher de quoi les financer et se détourner de la vraie priorité de l'entreprise : générer du profit ; penser que la méthode s'applique à n'importe quel projet, essayer d'appliquer la méthode sur un pré-projet pour valider des hypothèses inadaptées, et en tirer des conclusions erronées (par exemple, monter un concept de restaurant physique et valider ses hypothèses sur un *food truck*) ; abandonner trop vite un bon projet ou s'interdire les innovations de rupture, en donnant finalement trop de pouvoir au consommateur-testeur, et en oubliant qu'il faut parfois un peu de temps pour que les consommateurs comprennent et adoptent un nouveau concept ; en fin de compte, se laisser enfermer dans le recours systématique à une méthode, et perdre un peu de cette liberté que confère la création de son entreprise.

Si *Lean* et Liberté commencent par la même lettre, adopter aveuglément l'une est un risque d'entraver l'autre. Et si l'on réfléchissait avant d'adopter la méthode miracle ?

Julien Delon

SEJOURNING.COM

Chaque fois que nous lançons un site, une offre, une fonctionnalité nouvelle, nous testons son intérêt, à chacune des étapes de sa production, auprès d'un panel de nos utilisateurs. Nous mobilisons aussi notre famille, nos amis et nos équipes pour récolter leurs avis. C'est évidemment intéressant de construire le produit en tenant compte des futurs utilisateurs, pour faire en sorte qu'il leur convienne au mieux.

Mais cette méthode a ses limites. En effet, les utilisateurs ne savent pas toujours ce qu'ils aimeront dans les mois ou années à venir. C'est encore plus vrai quand il s'agit d'innovations disruptives. De plus, le panel auquel on s'adresse n'est pas nécessairement représentatif, ni objectif. Enfin, une offre proposée à un panel restreint pourra ne pas fonctionner, mais prendre tout son sens au sein d'une plus grosse communauté d'utilisateurs.

Si nous nous étions arrêtés aux premiers retours de notre entourage ou des hôtes professionnels – agences de meublés, chambres d'hôtes – auxquels nous avions présenté Sejourning, le site n'existerait plus depuis longtemps. Nous arrivions sur un gros marché, déjà organisé, avec des locations du samedi au samedi, des intermédiaires prenant des commissions énormes, des acteurs souhaitant recevoir un chèque d'arrhes, le complément en liquide et

•••

n'imaginant pas faire autrement, une réglementation floue face à de gros lobbys...
Cela ne voulait pas dire que nous avions tort de vouloir proposer des locations à la nuit, payables à l'avance, en ligne, et surtout des résidences principales, ni que le marché n'était pas prêt. Mais c'était à nous de croire en notre concept, d'avoir la vision de ce qu'il serait quelques années plus tard et de faire preuve de la plus grande ténacité pour tenir et garder le cap.

À retenir :

• Le *Lean Startup*, c'est le bon sens au service de l'initiative, mais pas *toutes* les initiatives.
• La meilleure des méthodes, c'est la méthode que l'on a bien comprise.
• Savoir garder recul et capacité de jugement, pour pouvoir exercer sa vraie liberté d'entrepreneur : décider.

RISQUE N° 48 | *Over promise, under deliver*

« Examine si ce que tu promets est juste et possible,
car la promesse est une dette. »

Confucius

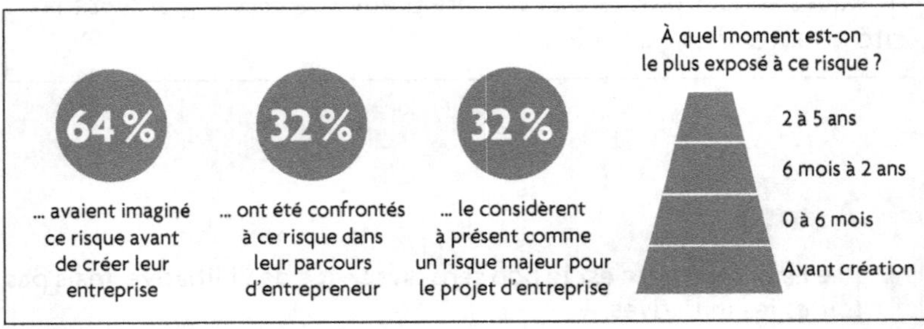

« Promettre : un verbe facile qui rend la vie difficile. » La vraie définition du verbe « promettre » ne se trouve dans aucun dictionnaire. Pourtant, c'est celle qu'il faudrait avoir en tête, tant elle engage et responsabilise celui qui la délivre. Faire une promesse est d'ailleurs un vrai paradoxe. On l'adresse en pensant faire un « cadeau » à celui qui la reçoit, alors que c'est en réalité un cadeau que l'on se fait à soi-même... temporairement, tout du moins.

Il est vrai que faire une promesse ne coûte rien. Ce sont les mots sûrs d'aujourd'hui pour des actes futurs sans garantie réelle. Un contexte qui change, et ce sont les conditions mêmes de la promesse qui changent aussi. Revenir sur une promesse devient alors une chose envisageable.

Il est donc facile pour un entrepreneur de se laisser tenter par une promesse spontanée. La jeune entreprise a peu de moyens, pas grand-chose à offrir et son futur est imprévisible ? Qu'à cela ne tienne, ses occasions de promettre sont infinies et les candidats à la promesse de tous profils : vendre sa capacité à faire dans un délai record, à pouvoir répondre sur tous les volets d'un appel d'offres, ou encore à faire mieux et moins cher que la concurrence, pour obtenir l'accord d'un client dont on veut faire une nouvelle référence ; laisser entrevoir une augmentation future, des primes, la perspective d'un changement de poste, des responsabilités accrues ou même une entrée dans le capital, à un salarié auquel on demande de s'investir sans compter ses heures, de réaliser des tâches parfois ingrates, ou d'accepter des conditions de travail au confort parfois discutable ; promettre à ses proches un revenu élevé, des versements de dividendes, du temps disponible, un statut social en hausse, pour qu'ils acceptent le sacrifice des vacances, les sautes d'humeur et les absences, le partage des préoccupations, du stress et des soucis ; évoquer des volumes à traiter élevés et des contrats majeurs en cours de discussion auprès de partenaires dont on exige des efforts sur les prix, une disponibilité de tous les instants, une qualité irréprochable et une forte réactivité aux demandes ; ou encore garantir le succès et un effet levier fort et rapide sur la valeur des parts acquises à des investisseurs dont on sollicite la confiance, le soutien et l'apport de fonds.

Mais, si toutes les occasions sont bonnes pour promettre, les occasions de se mettre en risque ne manquent pas non plus. Une promesse non tenue peut en effet avoir des conséquences très négatives pour l'entreprise.

Elle déçoit et signe la perte de confiance. Un entrepreneur qui ne tient pas parole voit sa crédibilité et sa légitimité remises en question, sa capacité à négocier affaiblie, et ses engagements futurs plus difficilement pris au sérieux. Elle peut introduire le reproche et la tension dans les relations et amoindrir la capacité de l'entrepreneur à mobiliser et fédérer des ressources, des expertises et des moyens sur le projet. Elle donne enfin des arguments à ses interlocuteurs pour peser lors de différends futurs : le rappel des paroles passées non tenues est une arme de poids lorsque les discussions s'enveniment.

La clé de la satisfaction tient donc dans une chose toute simple : l'inversion des mots. *Under promise, over deliver* !

À retenir :

- Ne promettre que ce que l'on peut tenir.
- Promettre en se laissant une marge de manœuvre confortable, pour pouvoir délivrer sans difficulté et se donner la possibilité d'aller au-delà encore.
- Ce qui compte, ce n'est pas la hauteur de la promesse, mais l'assurance qu'une promesse, même un peu moins haute, soit tenue.

RISQUE N° 49 | Être riche, ou pseudo-riche, trop tôt

« *On se ruine souvent pour soutenir qu'on est riche.* »

GUSTAVE LE BON

36 % ... avaient imaginé ce risque avant de créer leur entreprise

5 % ... ont été confrontés à ce risque dans leur parcours d'entrepreneur

23 % ... le considèrent à présent comme un risque majeur pour le projet d'entreprise

À quel moment est-on le plus exposé à ce risque ?

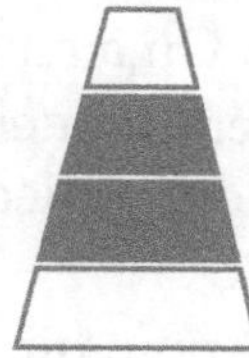

Être riche ! En voilà un bien curieux objectif, vu tous les visages qu'on lui prête. On peut être riche en milliers, en millions ou en milliards ; être riche de sa simplicité, de sa générosité ou de ses valeurs ; être riche encore d'avoir trouvé son équilibre, sa voie, et donné du sens à sa vie. À chacun sa propre définition de la richesse.

Et si le monde de l'entreprise n'échappe pas à la règle, la richesse est souvent associée à la sécurité financière, car la trésorerie est la clé de l'histoire, de la survie ou du développement. Faire une levée de fonds et se trouver doté de moyens importants ; remporter un nouveau contrat qui fait changer d'échelle et ouvre de nouveaux horizons ; avoir déposé un brevet et devenir un leader sur son marché ; recevoir un avis positif sur une demande de prêt pour financer de nouveaux investissements ; ou encore obtenir l'ACCRE en tant que demandeur d'emploi et bénéficier de 15 mois d'assurance financière pour développer sereinement son activité : il y a de multiples raisons de se sentir riche. Et de multiples raisons pour relâcher cette vigilance dont on avait su faire un mode de fonctionnement de tous les instants.

Devenir riche, c'est sortir de la précarité des débuts, une période de privations qui, parfois, s'éternise. En devenant riche, on accède à un nouveau confort, celui de la tranquillité d'esprit et des nouvelles ambitions. On cesse de penser que tout pourrait s'arrêter en quelques semaines. On représente autre chose qu'un risque pour son écosystème – le regard des banquiers devient bienveillant, on rentre dans les critères qui permettent d'être référencé chez de plus gros clients, et les fournisseurs acceptent des conditions de règlement plus favorables. On a enfin les moyens de recruter pour alléger la charge opérationnelle, recourir à l'expertise de consultants externes pour réfléchir différemment, et investir pour voir plus grand.

Mais le pouvoir de la nouvelle richesse doit s'exercer avec mesure, car être riche expose aux tentations faciles, et leur excès n'est pas sans conséquences pour l'entreprise. La richesse peut entretenir l'illusion d'une réussite facile et éloigner l'idée d'un échec encore possible. Avoir de l'argent, c'est aussi pouvoir compenser les erreurs et donc gaspiller par présomption, par manque de clairvoyance ou par aveuglement, en considérant le succès acquis et durable. Ou encore, laisser la précipitation et le manque de lucidité prendre les commandes. Nombreux sont les entrepreneurs qui tombent dans le piège d'une levée de fonds réussie, en recrutant massivement et sans vraiment réfléchir à la pertinence de chaque profil, avant de faire marche arrière et de licencier au bout de quelques mois.

Être riche trop tôt conforte aussi dans l'illusion du temps disponible. Être couvert par l'ACCRE peut ainsi laisser penser qu'il n'y a pas d'urgence à générer du revenu dans un délai court. Toucher des subventions peut conduire des chercheurs à décaler la commercialisation du produit, et repousser ainsi la validation de son intérêt réel.

Mais être riche, c'est aussi perdre cette singularité et l'esprit malin qui faisaient faire beaucoup avec pas grand-chose, et, pour certains, rendre systématique le recours à des consultants pour aller chercher des informations qu'ils détenaient sans doute déjà. C'est, enfin, courir le risque de se disperser sur une multitude de projets, en considérant que, même s'ils ne réussissent pas, la conséquence financière sera sans grand impact sur l'entreprise.

Être riche trop tôt, c'est donc risquer devenir moins riche d'idées. Si c'est le cas, redevenez pauvres !

Nicolas Rodelet
NOKINOMO

Au démarrage du projet, nous avons remporté un concours qui nous a permis de bénéficier d'une somme de 45 000 euros, que nous pouvions dépenser dans différentes prestations. Nous en avons utilisé une partie pour réaliser une étude de marché, et le reste pour développer un prototype. Après coup, nous avons regretté la façon dont nous avions utilisé cet argent.

Le premier regret est venu du constat que d'autres lauréats du concours l'avaient mieux exploité, en dédiant notamment l'ensemble de la somme au développement de leur produit. En effet, les résultats de notre étude de marché, à laquelle nous avions dédié quasiment la moitié de la subvention, n'ont fait que confirmer ce que l'on savait déjà – ce qui ne valait certainement pas le montant investi. Nous aurions pu obtenir un prototype beaucoup plus avancé en y consacrant l'ensemble de la somme.

Le second regret est d'avoir accepté sans discuter les conditions proposées par les prestataires envisagés, que ce soit pour l'étude de marché ou pour la réalisation du prototype. Nous ne les avons pas mis en concurrence avec d'autres pour comparer les devis, les prestations et les méthodologies proposées. Comme, d'une certaine façon, ce n'était pas notre argent, nous avons été trop légers sur la façon de le dépenser. Si cela avait été notre argent, par exemple un capital que nous aurions investi, nous aurions été plus rigoureux. On aurait dû, en tout cas, chercher à optimiser chaque centime.

À retenir :

- S'accepter riche pour être plus serein, mais se considérer pauvre pour rester plus malin.
- La richesse est relative et jamais vraiment atteinte. Elle est souvent celle que l'on n'a pas encore.
- La richesse de l'argent, c'est d'ouvrir à d'autres richesses.

RISQUE N° 50 | Communiquer mal, trop tôt et sans contrôle

« Même la plus grande sagesse peut être occultée par l'éclat de la vanité. »

Paulo Coelho

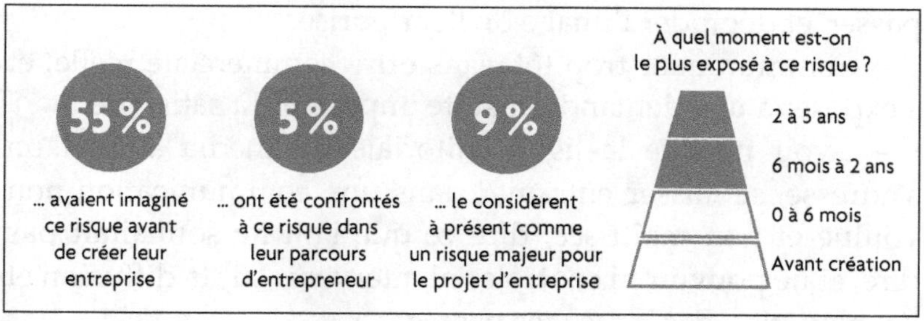

C'est un long chemin que celui de l'entrepreneuriat. Un voyage partagé ou solitaire, dont le secret et l'anonymat des débuts n'offrent que rarement l'occasion de la lumière. Alors quand viennent les premières propositions de communication et de visibilité, l'entrepreneur est un candidat souvent bien disposé. Trop vite exposé aussi, parfois. Car si ces sollicitations nouvelles semblent reconnaître et valider la valeur de ce qui a été entrepris et construit, on n'en mesure pas toujours les intentions véritables ni l'exacte portée.

Mais comment refuser une telle opportunité ? Une communication gratuite, quand elle coûte habituellement si chère et mobilise la trésorerie de l'entreprise, aux dépens d'autres investissements, pourtant tout aussi nécessaires. Une médiatisation qui récompense les efforts consentis, flatte l'ego et offre un nouveau statut : un dirigeant qui réussit ! Une visibilité, enfin, qui laisse entrevoir un changement de fonctionnement : passer d'une logique de l'offre – prospecter « dans le dur » – à une logique de la demande – gérer « l'appel entrant ».

Une offre de visibilité, *a priori*, ne se refuse pas. Ou plutôt, devrait-on dire, une offre de visibilité se considère avec attention, tant les occasions de mal communiquer, ou pour de mauvaises raisons, sont fréquentes. En voici quelques-unes :

– Voir la communication comme un passage obligé, sans se poser deux questions essentielles : pourquoi y répond-on favorablement ? Et pour dire quoi ?

– Communiquer, ou plus exactement bavarder, sans stratégie de communication bien définie ni message fort à faire passer, et dégrader l'image de l'entreprise.

– Communiquer trop tôt, sans offre commerciale réelle, et s'exposer à une demande ensuite impossible à satisfaire.

– Avoir négligé la ligne éditoriale du média auquel on s'adresse, se laisser entraîner dans une communication non voulue et non maîtrisée, dire ce que l'on ne souhaitait pas dire, et ne pouvoir ni contrôler ni intervenir sur la diffusion et l'exploitation des messages passés.

– Ne pas être à l'aise, ou suffisamment préparé, pour un direct radio ou télé, y aller quand même, mal le vivre, et donner à entendre et voir un entrepreneur que l'on n'est pas.

Ne pas rater une occasion de communiquer peut donc aussi devenir une vraie communication ratée. Car, être visible, c'est faire face à un paradoxe. C'est une chance quand cette visibilité permet d'afficher les forces de l'entreprise et sa réussite, faire part de l'avance que l'on a prise, donner l'impression que l'on a verrouillé le marché ou laisser entendre que l'on se trouve en position favorable pour s'imposer vite. Mais c'est aussi un risque, car en étant exposé, on devient une cible identifiée pour les concurrents éventuels ; une cible plus observée, plus surveillée et analysée, et potentiellement plus exposée aux actions de nuisance.

Par ailleurs, une forte visibilité augmente le risque que des personnes inconnues de l'entreprise s'emparent et transforment ses messages. En effet, les réseaux sociaux sont un fabuleux accélérateur de mauvaise communication. Considérez la rapidité avec laquelle se diffuse une piètre prestation sur un

« plateau télé ». Une communication ratée offre parfois l'accès à une célébrité dont on se serait bien passé.

Et si, en plus, un entrepreneur emblématique, à l'extraordinaire réussite, se met à s'intéresser et à vanter le potentiel d'un projet d'entreprise, il encourage alors les nouvelles vocations et expose l'entreprise à un risque de contagion concurrentielle. L'idée intéressante le devient aussi pour le plus grand nombre… Avoir le plus illustre des sponsors peut donc être un cadeau empoisonné.

Enfin, la visibilité engage dans le temps. Être visible, c'est dire « J'existe ». Se rendre visible sans avoir les moyens de maintenir cette visibilité, c'est faire passer un message contraire – « Je n'existe plus » – lorsque l'effort de communication se relâche. Avant de revenir sur le devant de la scène, le chemin peut parfois être long, coûteux et solitaire…

Christian Kamayou
FINANCETESETUDES.COM et
MYAFRICANSTARTUP.COM

En tant que jeune entrepreneur, j'ai été soumis à la dure loi des médias. Je devais présenter mon projet, alors en phase de démarrage, à un investisseur de renom ; cette présentation se faisant dans le cadre d'un reportage télévisé, dédié au financement des startups. Mon passage devant des investisseurs était filmé en « *live* », pour montrer comment se déroule une levée de fonds. L'enjeu était évidemment de taille pour moi : j'étais en conditions réelles pour chercher des fonds.

Or, la chaîne de télévision a choisi de ne diffuser que les objections de l'investisseur, en occultant tous les arguments qui avaient, en définitive, réussi à le convaincre. Le jugement des téléspectateurs s'en trouvait ainsi totalement biaisé... On les poussait à conclure sans leur donner tous les moyens de le faire, ou plutôt la chaîne TV leur avait donné les informations pour obtenir la réaction qu'elle attendait d'eux.

Ce fut dramatique pour l'entrepreneur que j'étais : j'avais succombé sans réfléchir à la recherche de visibilité. Être contacté par une grande chaîne de télévision pour un reportage diffusé sur

●●●

une tranche horaire « grand public » représentait pour moi une opportunité incroyable de communiquer sur mon activité. Je pensais n'en retirer que des avantages. J'avais oublié de me poser des questions pourtant nécessaires : le journaliste cherche-t-il à présenter les choses de manière objective ou recherche-t-il le scoop ? Va-t-il choisir un angle qui sert les intérêts de la société ? Le montage final sera-t-il le reflet de la réalité ou ne retiendra-t-il que des éléments juxtaposés qui dénaturent la réalité des faits et le « *storytelling* » initial de l'entrepreneur ?

J'ai appris à mes dépens le danger d'une communication instinctive, et non réfléchie.

À retenir :

- **Communiquer, c'est avoir un message clair et maîtrisé à faire passer, et de bonnes raisons pour le faire.**
- **Toujours garder en tête que les médias diffusent un contenu qu'ils choisissent, qu'ils orientent et qu'ils « habillent ».**
- **L'entrepreneur incarne l'entreprise. Sa communication, bonne ou mauvaise, en sera donc l'image.**

RISQUE N° 51 | Avoir un *business model* non validé et courir quand même les fonds

« L'homme est un animal raisonnable
à qui la raison sert surtout à déraisonner. »

ALEXANDRE MERCEREAU

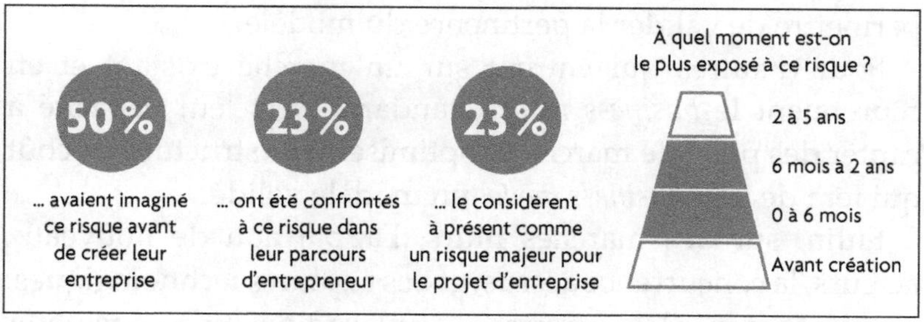

Leur projet n'en est qu'à ses balbutiements, l'entreprise pas forcément créée, l'idée d'aller vendre ses premiers produits encore un peu abstraite, et pourtant certains en parlent déjà. La levée de fonds fait partie de ces ambitions que l'on formule facilement, parfois même sans y réfléchir vraiment, parce qu'à peine évoquée, elle donnerait du sérieux au projet, de la vitesse à la croissance future et du crédit à ceux qui sont aux commandes.

Formaliser un *business plan* devient donc pour beaucoup d'entrepreneurs une priorité. Un exercice nécessaire pour ouvrir grand les portes et les portefeuilles des *business angels* et des fonds d'investissement. Mais une évidence de taille s'oublie parfois : un *business plan* bien rédigé ne veut pas dire un *business model* validé, autrement dit un modèle de revenu vendable, accepté par le marché, *scalable* – c'est-à-dire reproductible à grande échelle – et pérenne. Bref, un modèle autonome, qui ne fait pas des fonds et subventions une condition durable pour vivre, et qui offre la perspective d'une croissance profitable vertueuse. Ambitieux ? Non, raisonnable !

Valider son *business model* est évidemment l'enjeu de toute entreprise qui souhaite exister et durer.

Pour celles qui apportent une innovation technologique, le *business model* a généralement été bâti sur des observations, des intuitions et des analyses. Puis des arbitrages et autres choix ont été faits : *setup cost*, modèle à la performance, système d'abonnement... La confrontation au marché va ainsi permettre de valider la pertinence du modèle.

Pour d'autres qui entrent sur un marché existant et en reprennent le *business model* standard, c'est leur capacité à capter des parts de marché et optimiser leur structure de coût qui fera de leur *business model* un modèle validé.

Enfin, sur des marchés mûrs, l'apparition de nouveaux acteurs, la concurrence accrue, et des ruptures technologiques, peuvent amener les entreprises en place à devoir reconsidérer le *business model* qui leur garantissait, jusque-là, une rémunération profitable.

Le *business model* est un révélateur pour les investisseurs. Il aide à déterminer le stade de maturité de l'entreprise et son niveau de risque, et à s'assurer de la bonne adéquation du contexte d'entreprise avec la politique d'investissement du fonds. Investir, c'est accepter un risque. Et, comme il y a plusieurs niveaux de risque, il y a logiquement différents types d'investisseurs.

Si un *business model* encore non validé est donc considéré comme une classe de risque pour un investisseur, c'est aussi et surtout un risque, bien réel, pour l'entreprise elle-même.

Celui de perdre son temps sans chance de succès, tout d'abord, car très peu d'investisseurs se positionnent en France sur l'amorçage d'activité ; celui de devoir abandonner une part importante du capital, car plus le risque est élevé, plus la rémunération attendue sur le risque pris doit être significative ; celui encore d'être brutalement lâché par ses investisseurs, échaudés par un *business model* qui se valide trop lentement – exemple d'un investisseur qui décide de ne pas verser les tranches futures sur lesquelles il s'était pourtant engagé au départ ; celui, enfin, de perdre tout crédit et légitimité en tant que dirigeant, pour avoir su vendre un *business model* et une stratégie, et devoir changer – « pivoter » – quelques semaines après l'apport de fonds, parce que le contexte de l'entreprise a changé et que son *business model* n'est finalement pas viable.

Vitesse et précipitation, en matière de levée de fonds, ne font donc pas toujours bon ménage.

Christophe Bourbier
LIMONETIK

La société Limonetik, que j'ai co-fondée en 2008 avec 5 associés, est un spécialiste des paiements digitaux. Pour faire simple, notre plateforme permet d'utiliser n'importe quel type de nouveaux moyens de paiement (CB, cartes cadeaux, *e-wallet*, *e-vouchers*, etc.) pour payer ses achats sur un site marchand. Devenir une « référence » du monde du paiement sous-entendait deux choses essentielles : choisir une technologie qui nous permette de rapidement nous déployer, et faire rentrer des investisseurs pour financer son déploiement. Nous avons donc réalisé une première levée de fonds d'1,8 million d'euros en 2008, afin d'assurer le développement de la plateforme, puis une seconde de 5,1 millions d'euros en 2013, pour accompagner la croissance de l'entreprise – à l'international notamment.

Lever des fonds prend du temps : 10 mois pour notre seconde phase de financement. Or, notre contexte d'entreprise était en mouvement permanent : l'apparition de nouvelles formes de paiement, les améliorations successives de notre solution et les « retours terrains » obtenus suite à la commercialisation de notre offre, nous ont incités à réaliser un virage à 90°, tant sur notre positionnement technologique que sur notre positionnement stratégique, et ce, en pleine levée de fonds. Pas de certitudes, pas de réponses immédiates, mais une très forte intuition des changements à opérer, avec à la clé des impacts significatifs « potentiels » sur le *business model* de l'entreprise.

Une interrogation majeure : ces intuitions devaient-elles être présentées aux investisseurs ? Elles positionnaient Limonetik sur une

•••

plus haute dimension du paiement et sur un marché plus ambitieux, mais elles remettaient lourdement en question le *business model* sur lequel nous discutions depuis des mois avec les fonds... Et ce, sans avoir aucun premier résultat tangible et démontrable à présenter. C'était le développement de l'entreprise, et donc son futur qui étaient en jeu.

Nous sommes finalement allés au bout de cette première levée, sans présenter nos nouvelles ambitions technologiques. Et nous avons « pivoté » vers ce nouveau positionnement, 9 mois après avoir réalisé la levée de fonds. Nos investisseurs ont fort heureusement adhéré à notre position, contribuant à faire de Limonetik un acteur majeur du paiement digital et du « marketing paiement ».

Avec le recul, nous étions confrontés à deux risques : chercher les fonds sans solution technique définitive ni *business model* éprouvé, ou prendre le temps de tout valider, au risque de rater le train en marche... Dans notre cas, la première a finalement marché...

À retenir :

• Moins l'entreprise est mûre, plus le risque est élevé, et plus les levées de fonds sont dilutives pour les associés co-fondateurs.

• Un *business model* validé est un modèle déjà financé. Par ses clients !

• Réussir une levée de fonds avec un *business model* non validé, c'est vivre avec l'idée que la totalité du financement accordé puisse ne jamais être versée.

RISQUE N° 52 | Penser la levée de fonds acquise avant d'avoir l'argent sur le compte

« Les revers de la fortune épargnent souvent lorsqu'on les craint le plus ; et souvent ils accablent lorsqu'on les mérite et qu'on les prévoit le moins. »

ANTOINE HAMILTON

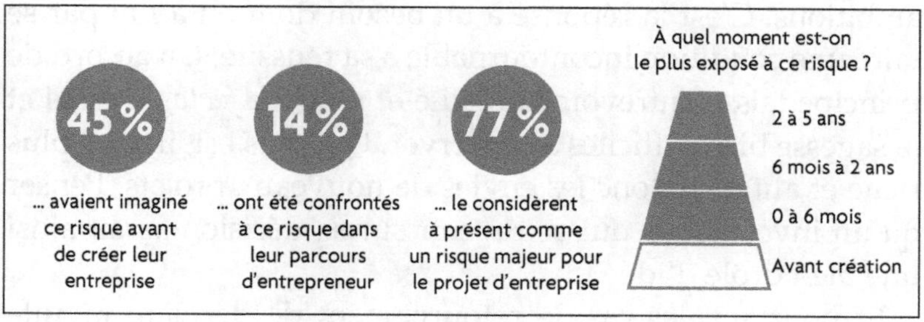

Bingo ! Il y a des jours où les accords ont la saveur des millions d'euros. Il suffit parfois d'un simple « oui » pour que le mot « plus » colonise tous les rêves de l'entrepreneur. Investir plus, recruter plus, communiquer plus, gagner plus, voir plus loin, jouer plus grand. Une seule exception à la règle : stresser moins… Quoique !

Les bonnes nouvelles font parfois aller bien vite en besogne, et la levée de fonds jugée un peu trop vite acquise n'échappe pas à la règle.

Il est vrai que lever des fonds est un long processus. L'accord obtenu – la signature d'une *term sheet* – résonne donc comme une double victoire : la première, d'être allé au bout de la démarche engagée et de pouvoir se reconcentrer sur le développement de son entreprise ; la seconde, d'avoir validé sa capacité personnelle à lever des fonds, et pouvoir ainsi entrer dans le club fermé de ceux qui l'ont déjà fait. En être membre change le regard de ceux qui vous considèrent, investisseurs en tête.

Par ailleurs, la période qui précède les fiançailles fausse la perception des enjeux et des rapports de force. Le discours des fonds d'investissement rassure : rien d'anormal, ils promeuvent leur capacité à investir. Et si le projet les intéresse, il y a des chances que l'intérêt soit partagé par d'autres. En affaires comme en amour, la rivalité rend la mélodie des courtisans bien agréable à entendre…

Enfin, une levée de fonds ne s'envisage pas sans objectifs ni ambitions. C'est la réponse à un besoin dont on a fini par se faire une condition incontournable à sa réussite. Un accord de principe laisse entrevoir sa réalité et rend, *de facto*, le recul et la sagesse bien difficiles à conserver. Qui plus est, il rend plus riche et autorise donc les envies de nouveaux projets. Penser qu'un investisseur puisse revenir sur sa décision serait ainsi une bien drôle d'idée !

Et pourtant, les cas de retournement de dernière minute sont légion. Parce que le contexte de l'investisseur a changé et que cet investissement ne fait plus partie de ses priorités, ou que les négociations sur les conditions de l'investissement, et les clauses qui l'encadrent, n'aboutissent pas. Des raisons qui peuvent faire de la *honeymoon phase* une histoire qui finit mal. C'est alors tout l'équilibre financier, voire la pérennité de l'entreprise qui est en jeu, tout particulièrement lorsque, sur une levée de fonds multi-investisseurs, le retrait de l'un d'entre eux sonne comme un signal d'alarme pour les autres.

Le désengagement d'un investisseur est un risque majuscule pour l'entrepreneur, notamment s'il s'est coupé de toutes les autres options de financement, par excès d'optimisme. Plus encore, s'il s'est considéré riche avant l'heure, en relâchant la bride des dépenses. Consommer l'argent que l'on n'a pas encore et ne pas avoir ce que l'on pensait recevoir… Un vrai accélérateur de péril !

En outre, l'entrepreneur s'est détourné de son activité et investi psychologiquement dans la réussite de sa levée. Il a signé des papiers, « pitché », vendu, expliqué, détaillé, pris du temps, multiplié les rendez-vous. Il y a cru, et il faut reconnaître que ses interlocuteurs investisseurs l'ont bien aidé à y croire.

Un désengagement d'investisseur, c'est un donc un triple risque : un porte-monnaie vide, une activité au développement fragilisé et un entrepreneur déstabilisé. Il y a de quoi rester prudent avant de passer, un peu vite, à l'heure des réjouissances…

> Rachid Baalla
>
> **MONSIEUR POULET**
>
> Après 5 ans d'activité, nous avions décidé de tenter une levée de fonds pour insuffler un nouvel élan à la société. Et les bonnes surprises étaient de taille : un fonds d'investissement se positionnait sur un financement d'un million d'euros. Un montant conséquent pour notre entreprise, qui réalisait alors 350 000 euros de chiffre d'affaires. Presque abstrait d'ailleurs.
>
> Une seule chose nous importait : nous accédions à cet univers des sociétés qui se partagent le grand gâteau de l'investissement, et nous allions avoir une part du gâteau. Jusqu'ici, tout l'argent que nous avions eu était le fruit du labeur et de la sueur ; là, c'était différent. Nous ne comprenions pas vraiment les règles du financement, ils (le fonds) avaient l'air de vouloir ; donc nous y sommes allés.
>
> Nous avions un accord de principe. Nous avons commencé à investir, sans doute pour apporter la preuve de nos ambitions et montrer aussi que nous pouvions commencer à avancer sans eux. Un conseil nous avait recommandé de modifier notre ligne de vêtements et de monter en gamme. Nous avons donc lancé de nouvelles productions.
>
> Au dernier moment, le fonds s'est finalement retiré. Deux raisons invoquées : ils n'investissent pas dans le textile et le concept n'est pas assez innovant. Cela faisait pourtant 6 mois que les premières discussions avaient été engagées, que des produits leur avaient été présentés, et même vendus... Un retrait de dernière minute, sans réelle raison connue. Une vraie douche froide pour l'entreprise et pour mon associé, qui avait porté ce lourd projet. Du temps, de l'énergie et beaucoup d'espoir avaient été investis pour rien !

À retenir :

- Toujours avoir des discussions en cours et ouvertes avec des investisseurs.
- Éviter la *term sheet* exclusive qui enferme, empêche les discussions avec d'autres investisseurs potentiels et majore le risque, en cas de désengagement tardif.
- Privilégier les solutions de co-financement (multi-investisseurs) plutôt que le financement unique, pour diluer le risque.

Heure 7

Passer de la méconnaissance et du manque d'ouverture à la réflexion

RISQUE N° 53 | S'imaginer entrepreneur sans se connaître vraiment

« Soyez à vous-mêmes votre propre refuge.
Soyez à vous-mêmes votre propre lumière. »

BOUDDHA

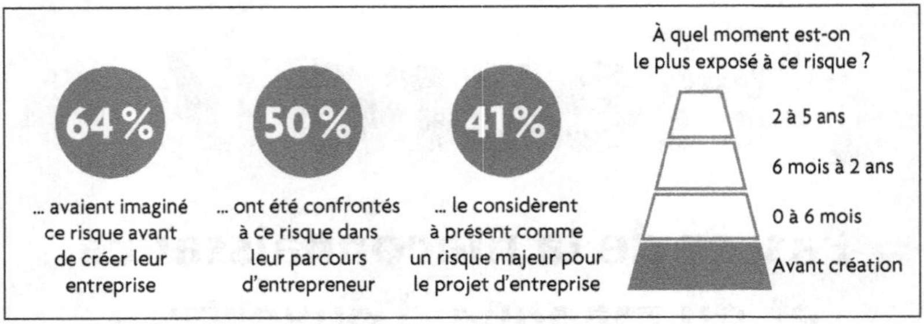

Il suffit de lire la presse, regarder la télé ou écouter la radio, et constater la multiplication des salons qui lui sont dédiés. Il suffit d'entendre aussi ces envies de « se réaliser » et « donner du sens à sa vie », de plus en plus ouvertement exprimées, pour s'en convaincre : la création d'entreprise et l'esprit d'initiative sont dans l'air du temps !

Il est donc désormais de bon ton, voire fortement recommandé – dans un pays qui réinvente son rapport au travail – d'être entrepreneur. Son image a changé. Il n'est plus ce patron omnipotent qui tirait richesse de l'exploitation de ses salariés. L'entrepreneur est aujourd'hui la solution pour un bénéfice collectif : une économie qui se redresse. Il est le nouvel aventurier, le symbole d'une liberté revendiquée, du courage qui se défend et d'une indépendance d'esprit qui se jalouse.

L'entrepreneuriat est donc encouragé et soutenu par de multiples dispositifs d'aide à la création d'entreprise. Il est incité par la disparition progressive des avantages que procurait le salariat, et plébiscité par une jeunesse qui s'impose une nouvelle pression en faisant du « si à 50 ans on n'a pas une

Rolex, on a quand même raté sa vie » un « si à 30 ans on n'a pas monté une startup, on a quand même raté sa vie ».

Seul hic, et de taille : l'aventure n'est pas faite pour tout le monde. Et second principe à avoir en tête, toutes les aventures entrepreneuriales ne sont pas faites pour tous les entrepreneurs.

Se lancer à l'aveugle, sans se poser ces questions essentielles a donc tout de l'initiative hasardeuse : quelle idée très personnelle se fait-on de sa vraie réussite, de celle qui pourrait convenir, et non d'une réussite telle qu'elle pourrait être considérée par l'environnement social ?

Comment réagit-on, en général, à l'incertitude, à la pression, aux difficultés lorsqu'elles se présentent, et à la perspective de l'échec ?

Quelle importance accorde-t-on au confort, à la représentation sociale, aux avantages et plaisirs à laquelle la sécurité financière donne accès ?

Qu'est-on prêt à perdre ?

À quel point le désir de liberté et d'indépendance est-il primordial ?

Quel « investissement-temps » est-on prêt à consacrer au projet, et à quel point l'équilibre personnel/professionnel est-il nécessaire ?

Quelques questions parmi beaucoup d'autres – toutes aussi nécessaires – que bien trop d'entrepreneurs évitent de se poser. Par crainte, peut-être, de trouver des réponses qu'ils ne souhaitent pas entendre ; ou parce qu'ils considèrent que c'est dans le feu de l'action qu'ils se révéleront entrepreneurs ; ou encore pour ne pas s'exposer, par de trop nombreuses questions, au risque de leur propre découragement et d'un abandon éventuels.

La confrontation à soi-même est toujours un exercice délicat. Un exercice pourtant fondamental dans la démarche entrepreneuriale – tant elle implique personnellement et professionnellement celui qui va la mener. Ne pas conduire ces réflexions expose ainsi à deux risques : passer à côté de son histoire d'entrepreneur ou mal la vivre, et subir un paradoxe : vouloir vivre sa liberté, et s'enfermer dans une histoire qui ne nous ressemble pas.

À retenir :

- Avoir une conversation courageuse avec soi-même et passer du temps sur son diagnostic humain, avant de se penser entrepreneur.
- Être un vrai entrepreneur, c'est trouver et décider ce qui vous correspond.
- Il n'y a pas un seul type d'entrepreneur ni une seule configuration d'aventure entrepreneuriale. Un seul objectif, donc : faire en sorte que les deux se rejoignent.

RISQUE N° 54 | Refuser l'idée que la chance ou la malchance puissent aussi avoir leur mot à dire

« La chance est de votre côté… la moitié du temps. »

NORMAN AUGUSTINE

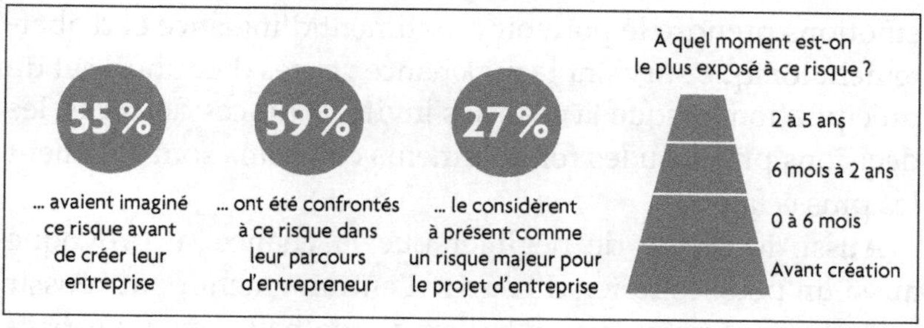

C'est un concept contre nature, une idée difficilement acceptable, qui laisserait entendre que l'entrepreneur a un associé invisible qui assure la co-présidence de l'entreprise. Une philosophie impossible qui ferait de la volonté de l'entrepreneur – de sa capacité à s'informer, analyser, construire des scénarios, décider et agir – une science inexacte. Foi d'entrepreneur, rien de cela n'existe ! Et pourtant…

Un client brutalement conduit à la faillite par son investisseur ; un volcan qui se réveille, paralyse le trafic aérien et fait rater une conférence importante ; un voisin d'avion qui, heureux hasard, dirige justement cette société cible que l'on ne parvenait pas à joindre jusque-là ; une publicité inattendue, offerte par la chronique d'un journaliste sur un produit que l'on commercialise : la vie regorge de ces surprises qui infléchissent le quotidien et modifient parfois le cours du destin.

La chance et la malchance sont donc une réalité que l'on se plaît à commenter chez les autres, mais que l'on conçoit bien difficilement pour soi. Car donner un droit de parole à l'irrationnel revient à accepter la perte du contrôle absolu, et à profiter ou subir sans forcément pouvoir expliquer. Ce serait considérer que l'inégalité face à la chance ou la malchance peut aussi être un acteur du succès ou de l'échec de l'entreprise : en d'autres termes, que le travail et les efforts ne sont pas des assurances parfaites. La fatalité n'a pas vraiment droit de cité dans l'ADN de l'entrepreneur. Pourtant, la refuser n'est pas sans risque pour l'entreprise.

Le risque d'être surpris, tout d'abord, et de laisser ainsi les émotions prendre le pouvoir : sentiment d'injustice et d'abattement lorsque survient la malchance ; excès d'euphorie et de précipitation lorsque la chance s'invite. Dans ces deux cas, les décisions prises ou les renoncements consentis sont rarement les plus éclairés.

Aussi, le risque de négliger que la chance se provoque aussi un peu : combien d'heures d'entraînement pour réussir à placer avec précision un ballon de football dans un espace minuscule, le long d'un poteau de but ? Et cette chance, celle du poteau rentrant : une chance immense ? Non, juste un coup de pouce minuscule qui fait pourtant la différence, comme la récompense méritée d'une excellente préparation.

Valérie Alasluquetas

GINGER

Entreprise à taille humaine, Ginger a toujours entretenu la solidarité et la bonne humeur au sein de l'équipe.

En 2010, nous avons embauché une jeune apprentie pour suivre la vie comptable et administrative de la société pendant les deux années de préparation de son BTS. Évidemment peu expérimentée, mais toujours souriante, cette jeune femme a bénéficié de notre temps et de nos conseils pour lui permettre de saisir les enjeux de sa fonction.

Contre toute attente, 4 mois après son entrée en fonction, elle a commencé par détourner un chèque destiné à un fournisseur, en réécrivant l'ordre à son nom. Elle l'a fait une deuxième, puis une troisième fois. Et, voyant que rien ne l'en empêchait, et malgré nos difficultés financières dues à la morosité de notre marché, l'indélicate a pris l'habitude de préparer et d'encaisser indûment des

•••

chèques à son nom, tout en maquillant la comptabilité. Elle faisait méthodiquement barrage à tous les appels et tous les courriers des fournisseurs qui ne recevaient pas leurs paiements.
L'équipe était à mille lieues de savoir tout cela. Quel ne fut pas notre choc quand, au moment de la préparation du bilan, notre comptable m'a reporté des écritures incohérentes ! Au total, après plus de 2 mois de recherches et plusieurs plaintes déposées, nous totalisions près de 35 000 euros de détournement. À notre échelle, les conséquences furent colossales : dégradation progressive de notre trésorerie, perte de confiance de plusieurs fournisseurs, frais d'avocat et judiciaires, désorganisation administrative et comptable, une énergie phénoménale consacrée à résoudre cet imbroglio, au détriment de nos clients... La jeune apprentie a été condamnée en correctionnelle à 6 mois de prison avec sursis.
La malchance avait frappé l'entreprise...
Notre solidarité et notre bonne humeur ont été les facteurs décisifs qui nous ont permis de retomber sur nos pieds. Quelques plumes en moins, certes, mais tellement soudés et émus par notre force collective.

À retenir :

- **Chance ou malchance, rien n'y fait, c'est une donnée inévitable de toute aventure.**
- **L'entraînement et la préparation ne suppriment pas le risque de la malchance mais le réduisent, tout en multipliant par ailleurs les occasions de coup de pouce. La chance est aussi une disposition.**
- **« Et si... ». Une question essentielle, un réflexe, pour faire de la malchance un sujet qui s'anticipe et se prépare.**

RISQUE N° 55 | Se laisser absorber par le tourbillon de l'entreprise et oublier de se ménager

« Économiser ses forces et son souffle avec assez d'adresse pour arriver jusqu'au but. »

Lucien de Samosate

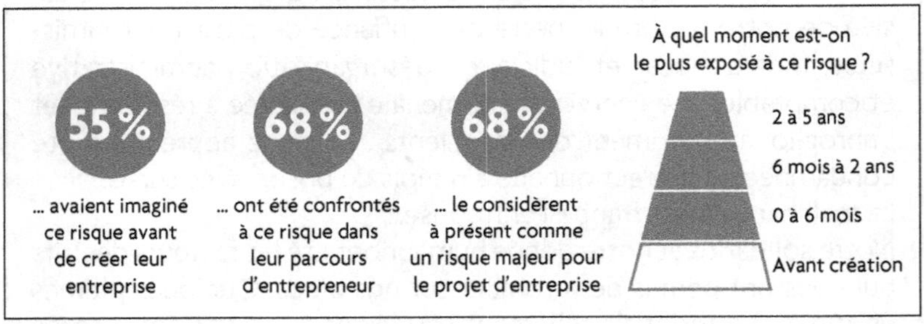

Prenez le marathon : une course d'endurance de 42,195 km. Une foulée collective qui prend corps dans la somme de défis personnels. Un Himalaya pour coureurs du dimanche… L'épreuve est longue, très longue. Pour s'y préparer, une règle à respecter : l'alternance. Celle de la durée, de l'intensité et de la fréquence.

Le marathon est une bonne allégorie de l'entreprise. Un entrepreneur est un sportif de haut niveau qui doit s'entraîner pour concourir sans cesse, préparer son corps comme son esprit aux grands enjeux du développement de son entreprise, faire du fractionné et du mental les deux piliers de sa bonne préparation : du fractionné pour alterner les sprints en surrégime et les périodes de récupération ; du mental pour tenir sur la durée et conserver une bonne concentration, le plaisir et l'envie.

Tous les entrepreneurs sont sans doute conscients de l'impérieuse nécessité de se ménager. Mais, pour bon nombre d'entre eux, ce savoir s'efface dans le tourbillon du quotidien. Car tout pousse à s'investir chaque jour plus encore :

l'enthousiasme d'avoir fait d'une simple idée un projet réel ; l'envie de prouver que l'on a fait le bon choix et qu'il va réussir ; le temps enfin venu de l'action après celui des réflexions ; le sentiment de l'urgence qui prédomine – même l'échec doit être rapide : *fail fast* entend-on dans le monde des startups – et l'impression que le temps n'a décidément plus la même valeur. Il y a tellement de choses à faire dans une journée de 15 à 16 heures…

Et puis, il y a cette fatigue qui commence à poindre, qui fait perdre en lucidité, qui rend le travail moins efficace et oblige à compenser par toujours plus d'heures, plus de soirées, plus de week-ends. Et au bout de ce chemin du « toujours plus », la prise de conscience, parfois bien tardive, que le temps est une denrée rare et limitée.

En surinvestissant sans compter, l'entrepreneur oublie une évidence : les sujets qu'il traite sont par essence illimités, puisqu'il a l'entière liberté de les créer. Sa capacité à inventer, à définir de nouveaux projets et fixer de nouveaux objectifs, peut occuper 24 heures d'une même journée. Il y a tant d'entrepreneurs qui passent leur temps à décider de tout, sauf d'une chose : lever le pied…

Et puis l'idée d'une parfaite corrélation entre le temps passé et l'efficacité est un refuge bien facile. 80 % des effets sont le produit de 20 % des causes, nous dit la loi de Pareto ? Le message devrait tourner en boucle sur les écrans de veille de bien des ordinateurs…

Pourtant l'entrepreneur dispose d'une chance absolue : la maîtrise de son agenda, et la possibilité de s'octroyer ces moments de loisir et de pause auxquels la situation de salarié ne permettait pas de prétendre. Ne pas le faire revient donc à se refuser les avantages de l'entrepreneuriat, en laissant la place aux seules contraintes.

En cherchant à faire de sa course d'endurance un sprint durable, l'entrepreneur s'use et nourrit un vrai danger, sournois, tapi dans l'ombre de ses excès : son propre déséquilibre, dont la fatigue extrême, les problèmes de santé ou la perte d'envie seront les expressions les plus visibles.

Adoptez donc un nouveau langage : *Go… Stop… Go… Stop… Go… Stop…* !

À retenir :

- L'objectif principal d'un entrepreneur : prendre des vacances ! Il sécurise alors son activité en se rendant moins indispensable ; il prend de la hauteur par rapport au quotidien ; il se repose et se ressource – c'est bon pour les idées ; il se recrée une vie sociale ; il remet l'entreprise à la place qu'elle doit avoir : un outil.
- Aucun effort ne peut se tenir indéfiniment.
- Un entrepreneur, c'est un sportif de haut niveau. Une seule règle : un bon entraînement et du repos pour de bonnes performances.

RISQUE N° 56 | Se laisser tenter par l'isolement et le retrait

« Il ne s'agit pas de se retrancher du monde, de s'enfermer dans une tour d'ivoire ; il faut tout savoir, être informé de tout, et pourtant rester critique comme si on ne savait rien. »

Lao Tseu

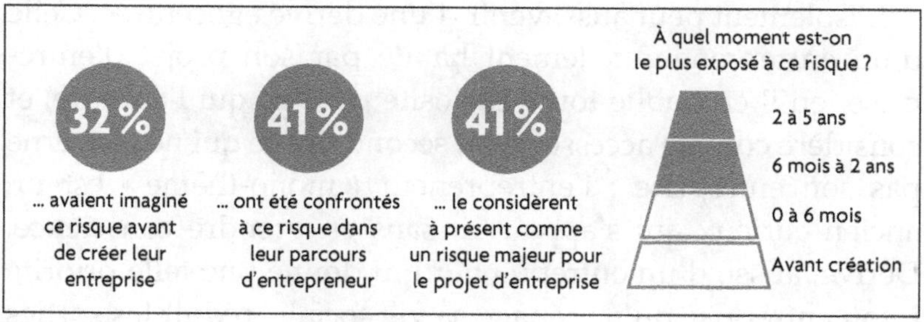

Les premiers pas d'une création d'entreprise ont tout d'une montée des marches sur un tapis rouge. L'entrepreneur en représentation jubile de ses premières victoires. Il affiche l'enthousiasme de celui auquel la réalisation des rêves donne bonne mine ; il rencontre et densifie son réseau, notamment celui de ses pairs entrepreneurs ; il communique, se vend et gère son image avec un nouveau sens des responsabilités. L'entrepreneur est un illusionniste habile qui fait passer son *casual wear* pour un smoking et des chaussures vernies.

Mais l'éclat de la lumière a parfois un goût d'éphémère. L'isolement ou le repli sur soi peuvent alors devenir de nouvelles habitudes, reléguant les mondanités, le contact facile et la disponibilité au rang des souvenirs.

L'apparition des premières difficultés de l'entreprise explique parfois les nouvelles aspirations à l'isolement. La pression qu'exercent ces difficultés, l'insécurité qu'elles génèrent et la frustration de ne pas réussir autant que prévu, conduisent certains à se montrer moins présents et moins visibles pour se protéger des interrogations et des discussions inconfortables. L'isolement progressif qui s'installe peut prendre des formes diverses : un entrepreneur qui multiplie les occasions de travailler hors du bureau ; des réunions d'équipe de moins en moins fréquentes ; des « contacts clients » différés ; une moindre présence aux événements d'entrepreneurs ; ou encore des propositions de visibilité et de communication refusées… C'est en général un ensemble de nouvelles habitudes qui se mettent en place.

L'isolement peut aussi venir d'une dérive égocentrée. Celle d'un entrepreneur tellement habité par son projet d'entreprise, qu'il en oublie toute curiosité pour ce qui l'entoure, et considère comme accessoire ou secondaire ce qui ne concerne pas son entreprise : l'entrepreneur « mono-thème » est un ancien curieux qui s'appauvrit sans en prendre conscience. Dérive, aussi, d'un entrepreneur qui donne une telle priorité à son entreprise qu'il ménage sa vie sociale, réduit les sorties et les distractions pour se consacrer excessivement à sa vie professionnelle. Il transforme alors son envie initiale de nouveauté et de liberté en une nouvelle envie… de rien.

L'isolement peut enfin être la conséquence d'une délégation excessive et mal maîtrisée : c'est le cas de ces entrepreneurs qui se délestent de toute gestion opérationnelle pour des questions d'envie et de confort. Ils réduisent alors les opportunités de contact et de travail avec leurs collaborateurs.

Répondre aux sirènes de l'isolement n'est pourtant pas sans conséquences pour l'entrepreneur et son entreprise. C'est une perte de lien sous plusieurs formes.

Avec son environnement personnel, tout d'abord – pourtant source d'équilibre, de distraction, de réconfort, tout particulièrement dans les moments les plus difficiles. Avec l'information ensuite, qui initie, éduque, renseigne et alerte sur les évolutions du marché et les nouvelles tendances ; qui rend alerte, agile et provoque la chance. Un entrepreneur mal informé réduit ainsi sa capacité à décider de façon éclairée. C'est une mauvaise conscience de la complexité qui le guette :

penser résoudre des équations à deux variables quand elles en ont 10 en réalité…

Avec son environnement professionnel, enfin, car il est toujours bien plus rapide d'être oublié que reconnu.

L'entrepreneur isolé perd donc de son intérêt pour les tiers. Il n'est plus un relais d'information, encore moins un référent ; au contraire, l'isolement coupe d'éventuels relais de prescription spontanés et utiles. Un entrepreneur dont on ne parle plus, c'est un entrepreneur qui manque des opportunités.

C'est tout simplement un entrepreneur qui arrête d'entreprendre.

À retenir :

- S'isoler, c'est perdre une chose essentielle : faire partie des premiers à être bien informés.
- L'isolement est un engrenage, dont il est de plus en plus difficile de sortir, à mesure qu'il s'installe.
- Toute rencontre est une opportunité et une bonne surprise potentielle.

RISQUE N° 57 | Sous-estimer le risque du compte courant d'associés : une bombe à retardement !

« Les conséquences d'un acte sont incluses dans l'acte lui-même. »

George Orwell

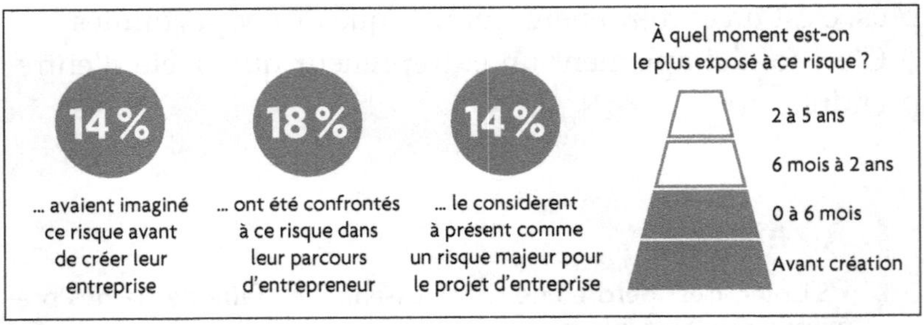

Il y a dans l'entreprise des risques qui avancent masqués, dissimulés sous la cape de leurs nombreux bénéfices et avantages. Le compte courant d'associé, prêt rémunéré et encadré dans le temps, et consenti à l'entreprise par un associé, en fait partie.

Certes, il présente deux avantages majeurs pour l'entreprise. C'est une réponse rapide à un besoin de financement, qui plus est du quasi-fonds propre, sans impacter la répartition du capital, puisqu'il n'a pas de contrepartie en parts sociales. C'est également un moyen de gommer les divergences de vue sur la valorisation des parts sociales, lors de l'entrée d'un nouvel actionnaire. Il permet ainsi, pour un même montant de fonds apportés, de réduire le nombre de parts sociales accordées, en transformant une partie de l'apport en prêt à l'entreprise. Une solution qui permet ainsi d'accéder à la demande de l'acheteur : souscrire à l'augmentation de capital sur une valorisation aussi basse que possible de l'entreprise. Tout le monde s'y retrouve ! Le fondateur surtout, qui se garantit ainsi une dilution réduite contre une souscription de parts sur une valorisation « apparemment » minimisée pour les nouveaux actionnaires.

C'est également, pour l'associé prêteur, un apport de fonds qui reste liquide – dans les conditions du contrat de prêt, bien entendu. Il expose théoriquement moins au risque de perte, puisque le prêt a vocation à être remboursé. C'est une créance sur l'entreprise, dont la valeur est figée et non corrélée à la valeur de l'entreprise, même si ses chances de recouvrement restent toutes relatives dans le cas d'une faillite… Il est par ailleurs rémunéré ; une rémunération garantie, c'est-à-dire un plan épargne « bon père de famille », qui répond à une philosophie différente de cet investissement plus risqué, et spéculatif qu'est l'acquisition de parts sociales.

Considéré sous le seul angle technique, le dispositif semble donc avoir tout du modèle idéal. Mais la solution magique a aussi ses ressorts humains. Et c'est lorsque les masques tombent que les périls potentiels se révèlent…

Intégrer la notion de compte courant d'associés dans les discussions autour d'une augmentation de capital, c'est en effet introduire un second sujet de négociation, et en accroître ainsi la complexité. Il n'y a alors plus un seul, mais deux accords à trouver : la valorisation de l'entreprise – qui va induire la répartition « montant en parts sociales/montant en compte courant » – et les conditions du prêt – taux et date de remboursement. Au risque de la trivialité, plus il y a de sujets de discussions, plus cela prend du temps et diffère l'apport, et plus le risque que cela n'aboutisse pas est fort.

Par ailleurs le compte courant implique une obligation de remboursement au terme du contrat. Une date de remboursement fixée *a priori* et pas forcément idéale, le moment venu, au regard de la trésorerie disponible.

Enfin, et c'est là le risque majeur, le compte courant est pour l'associé qui en bénéficie un droit de nuisance sur un futur projet de levée de fonds. Car les fonds d'investissement ont une fâcheuse habitude : faire du blocage dans le temps des comptes courants en place une condition incontournable à leur intervention. La réaction de l'associé détenteur du compte courant peut alors être graduée : du simple sentiment d'avoir été lésé, au refus d'agréer le fonds, en mettant en balance sa propre sortie du capital de l'entreprise – dans des conditions qui lui sont évidemment favorables…

L'habile négociateur n'est alors plus celui que l'on croyait.

Xavier Milin

BASICS FINANCE et STARTUP LEADERSHIP PROGRAM FRANCE

J'ai récemment rencontré un jeune entrepreneur qui cherchait des fonds pour avancer et finaliser sa « preuve de concept ». Il rencontre par le biais de connaissances un investisseur disposé à investir près de 150 000 euros dans l'entreprise. Une vraie chance pour l'entrepreneur... ou presque...

Le capital initial de l'entreprise était de 10 000 euros. L'investisseur accepte de prendre 45 % du capital de l'entreprise, selon des modalités malheureusement mal comprises par l'entrepreneur. L'investisseur s'engage en effet à prendre 45 % du capital, mais il n'injecte que 45 000 euros en capital, le reste étant apporté en compte courant d'associés. La valorisation de l'entreprise s'établit donc à 100 000 euros. Ce que l'entrepreneur n'avait probablement pas compris, croyant valoriser sa société sur la base d'un apport de 150 000 euros contre 45 % des parts, soit une valeur de 333 333 euros...

L'entreprise commence à avancer avec le cash investi dans l'entreprise ; un certain nombre d'aides lui sont octroyées et la preuve du concept est faite. La phase de commercialisation va nécessiter des investissements complémentaires, et l'entrepreneur revient vers l'investisseur pour une nouvelle levée de fonds. C'est alors que l'investisseur demande à ce que son compte courant lui soit remboursé... Impossible, pour l'entrepreneur : la société est quasiment à court de trésorerie. Comment rembourser ? Comment faire face aux autres échéances ? Comment négocier avec son investisseur et en attirer de nouveaux ?

C'est à une solution malheureuse qu'il a dû se résoudre : pour régler la situation, l'entrepreneur a dû négocier avec son investisseur

• • •

la réduction de sa dette à moindre frais. Mais l'opération a eu sa contrepartie. La société a ainsi effectué une nouvelle augmentation de capital, pour une valorisation un peu supérieure à la première. Elle s'est néanmoins soldée par une forte dilution de l'entrepreneur, auquel il n'est finalement resté que... 25 % du capital de son entreprise. L'absence d'expérience, mais aussi de conseils extérieurs, ont ainsi lourdement pénalisé cet entrepreneur, devenu une proie facile pour un investisseur probablement bien peu honnête.

À retenir :

- **Envisager le compte d'associés comme une solution de financement durable, sans contraintes fortes quant à son remboursement.**
- **Convenir par un pacte d'associés que les comptes courants pourront être bloqués lors de l'entrée d'un fonds d'investissement.**
- **Si le compte courant d'associés sert à combler un trou de trésorerie passager, le rembourser le plus vite possible.**

RISQUE N° 58 | Lancer une plateforme Web ou mobile sans connaître le droit de la propriété intellectuelle

« Toute science crée une nouvelle ignorance. »

HENRI MICHAUX

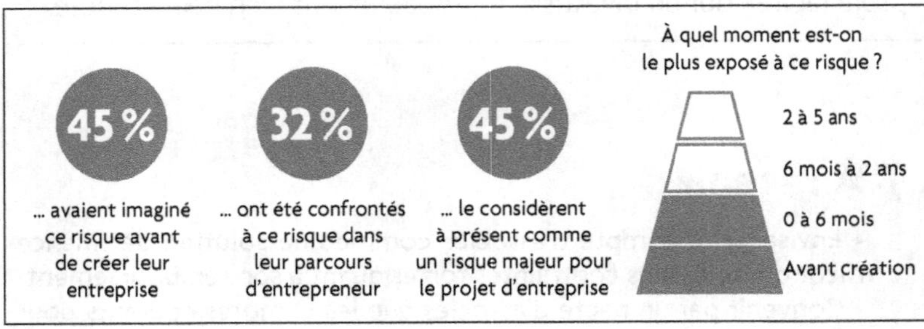

Transformer sa pensée en mots ou faire de la mélodie de son esprit des refrains qui se fredonnent, donne un droit : le droit d'auteur. Et bien, figurez-vous que créer une application mobile dans un langage qu'une seule communauté de spécialistes est en mesure de comprendre confère des droits identiques. Le développeur informatique est un auteur, et la propriété intellectuelle dont il dispose sur son « roman informatique » – le code source des logiciels ou des « briques » de logiciels qu'il a rédigés – lui confère un pouvoir souvent sous-estimé, quand il n'est pas totalement ignoré…

Cette question relative à la propriété du code, lorsqu'elle est abordée trop tard, a généralement tout d'un début de catastrophe pour la jeune entreprise. Pourtant, malgré la gravité des conséquences et les alertes de plus en plus fréquentes sur le sujet, c'est un risque qui touche encore de trop nombreuses entreprises versées dans les nouvelles technologies.

Deux configurations de collaboration exposent tout particulièrement l'entreprise au risque de propriété intellectuelle : un développement technique réalisé par un associé fondateur non salarié de l'entreprise – c'est-à-dire sans lien de subordination ou sans rémunération pour le travail qu'il est chargé d'effectuer pour l'entreprise – et une prestation de développement confiée à une société tierce (une agence Web, par exemple). Dans ces deux cas, l'associé fondateur non salarié et l'agence Web prestataire détiennent un droit d'auteur sur le développement réalisé, considéré comme « œuvre de l'esprit »… Quant à elle, lorsqu'elle a payé la prestation, l'entreprise bénéficie, au mieux, d'un simple droit d'exploitation sur la solution.

Ne pas s'interroger sur cette question du droit d'auteur paraît tellement naturel au lancement d'un projet, car une seule chose compte : trouver vite les compétences techniques pour démarrer le service, avant que l'idée soit reprise. La question du droit d'auteur ? Elle n'a effleuré personne !

Dans la configuration de l'associé fondateur-développeur non rémunéré, le risque de l'entreprise est triple. Le plus dangereux ? Celui d'un arrêt contraint de l'activité si le développeur décide de retirer à l'entreprise le droit d'exploitation qu'il lui avait tacitement accordé. Et dans ce domaine, la dégradation des relations, voire les conflits d'associés (qui parfois couvent dans les épreuves de l'entreprise), sont d'une redoutable efficacité pour créer les conditions d'un divorce potentiellement fatal à l'entreprise. Par ailleurs, le poids que confère le droit d'auteur sur la propriété de la plateforme est une vraie source de déséquilibre pour l'association, l'associé développeur disposant d'un pouvoir de pression et de négociation sans équivalent. Enfin, la dépendance de l'entreprise à un droit d'auteur dont elle n'est pas propriétaire amoindrit sa valeur et son attractivité pour un fonds d'investissement. Elle fait donc peser aussi un risque de financement sur l'entreprise.

Lorsque le développement est confié à une agence prestataire, c'est la question des conditions de l'indépendance qui se pose : contrainte par un développement dont elle ne peut généralement pas obtenir les codes sources, surtout si une partie de ce développement est mutualisé, l'entreprise est « captive », c'est-à-dire durablement liée à l'agence. Une situation qui réduit sa capacité à bien négocier des conditions financières optimisées ou des délais rapides, pour la maintenance de la plateforme, son évolution ou le développement de modules additionnels.

Autant dire que ce sujet de la propriété intellectuelle doit s'aborder avec la plus grande vigilance, tant ses répercussions sur la stratégie de l'entreprise peuvent changer le cours de l'histoire.

À retenir :

- Lancer un service mobile ou Web ne doit pas être envisagé sans la cession des droits de propriété intellectuelle, et au minimum un droit de licence formalisé et durable.
- Le choix d'une solution propriétaire ou externalisée doit se considérer en fonction des ambitions de l'entreprise, et de la nécessité de s'adosser à des fonds d'investissement.
- Le code développé par un salarié de l'entreprise, pour l'entreprise, appartient à l'entreprise.

RISQUE N° 59 | Méconnaître le métier et l'objet des fonds d'investissement

« Qu'il s'agisse de chaussettes ou d'actions,
j'aime acheter de la marchandise de qualité
lorsqu'elle est soldée. »

Warren Buffett

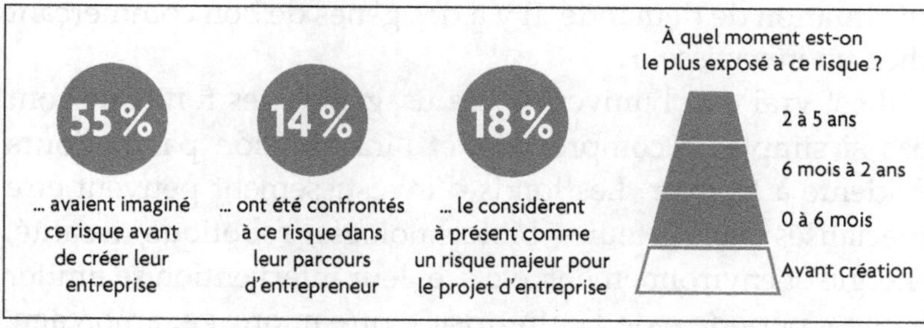

La simple évocation du mot « fonds d'investissement » déclenche chez la plupart des entrepreneurs une implacable mécanique d'associations : « argent-euros-sommes importantes-apport de fonds à l'entreprise-chance de développement-route vers le succès... ». Un déroulé apparemment logique, qui s'appuie sur une perception : le métier d'un fonds d'investissement consiste à financer des entreprises. C'est de là que vient la méprise.

Car si l'investisseur apporte bien des fonds à l'entreprise en échange d'une prise de participation, c'est avant tout un « acheteur » dont la mission est de gagner de l'argent sur les fonds qu'il place. Et pour y parvenir, une règle simple qui a traversé les âges et bâti les grandes fortunes du négoce : acheter le moins cher possible et vendre le plus cher possible. Bref, faire du levier la science de la bonne fortune, en s'appuyant sur un triptyque vertueux : les fonds disponibles, la notoriété et le carnet d'adresse.

Comprendre ce postulat de départ permet d'avoir une vision plus claire sur les attentes et objectifs d'un fonds d'investissement : séduire et mettre en confiance l'entrepreneur pour bien acheter ; viser la période « paradoxale » pendant laquelle l'entreprise est la plus vulnérable, mais encore riche de ses promesses de développement ; créer le rapport de force favorable pour bien négocier, en faisant signer un contrat d'exclusivité, par exemple, ou en jouant sur la psychologie de l'entrepreneur – prendre de la distance, laisser planer le doute sur l'intérêt d'investir, et mettre l'entrepreneur en situation de demande. Il y a des gènes de bon commerçant chez un investisseur.

Il est vrai que l'univers et les usages de ces fonds ne sont pas si simples à comprendre, et l'information pas toujours évidente à trouver. Les fonds d'investissement peuvent être spécialisés par secteur – biotechnologie, robotique, e-santé, énergie et environnement, etc. – et leur intervention se limiter à une « période » de l'entreprise – pré-amorçage, amorçage, capital-risque, capital développement, IPO/LBO/Cession.

Méconnaître le métier d'un fonds, c'est occulter l'existence d'une « cote » entrepreneur, en fonction de son expérience : avoir déjà levé des fonds, introduit une entreprise en bourse, connu une *success story*, vendu une précédente entreprise, etc. Un entrepreneur aux idées neuves n'est donc pas toujours le meilleur des poulains. C'est également négliger que le fonds a aussi ses propres enjeux, comme de présenter un portefeuille d'investissement profitable et conforme aux engagements pris, pour pouvoir lever de nouveaux fonds et poursuivre son développement. Lâcher une entreprise en lui refusant les apports de fonds initialement convenus ne relève donc pas d'un enjeu de trésorerie, mais d'une stratégie de développement.

Les risques de cette méconnaissance sont multiples pour l'entrepreneur : perdre du temps en courant des fonds d'investissements inadaptés à l'entreprise et à la maturité de son développement ; les contacter trop tôt avec un projet mal ficelé, et risquer de perdre sa crédibilité auprès de tous les investisseurs de la place – les fonds se connaissent et se parlent ; s'engager sur des données irréalistes, subir une pression forte, perdre la confiance des investisseurs puis courir le risque d'être un dirigeant-fondateur débarqué de sa propre entreprise ; faire rentrer un fonds que l'on choisit pour le seul apport de cash et non pour l'apport d'expertise et d'intelligence, en créant les conditions d'une mauvaise association ; considérer que l'argent est sur le compte avant qu'il le soit réellement, faire face au désengagement du fonds au dernier moment et risquer la mise en péril de l'entreprise.

Et si l'on considérait le fonds d'investissement comme autre chose qu'un simple réservoir à euros ?

Damien Bourel

CAPHORN INVEST

Beaucoup d'entrepreneurs choisissent de développer des activités qui doivent être rapidement structurées et professionnalisées pour atteindre la taille critique leur permettant « d'exister » sur leur marché. Lancés dans une course de vitesse, ils doivent donc investir de manière importante dans le développement de leurs produits ou services, communiquer le mieux possible pour se faire connaître, tout en renforçant leurs équipes R & D et commerciales. Cette phase de croissance polyvalente est complexe à gérer, et nécessite à la fois des capitaux importants et un accompagnement de qualité. La plupart du temps, les entrepreneurs choisissent de se rapprocher d'un acteur industriel pour bénéficier de sa force de frappe, ou d'accueillir dans leur capital un fonds d'investissement.
Mais ils oublient souvent une chose : faire entrer un partenaire dans son capital, c'est choisir un nouvel associé ; un choix qui doit donc être à la fois réfléchi et vraiment utile au développement de l'entreprise. Il ne peut se faire dans l'urgence et sans préparation.
Il existe plusieurs typologies de fonds d'investissement, chacun ayant ses propres critères de fonctionnement et d'investissement. Il est fondamental que l'entrepreneur soit avisé de la provenance des fonds qui vont être investis, de la philosophie de l'investisseur (spéculatif, long terme, etc.), de la nature du fonds (captif, indépendant), de son objet (fiscal ou non), de la manière dont les

•••

• • •

équipes de gestion sont organisées et s'impliqueront dans l'accompagnement et le pilotage de l'entreprise, des objectifs de rentabilité attendue, des process de décision qui seront demandés, et de la capacité de réinvestissement pour accompagner les besoins futurs.
L'organisation de l'investisseur choisi ne doit avoir aucun secret pour l'entrepreneur, lequel oublie bien souvent de mener lui aussi sa propre « *due diligence* » sur son futur partenaire.
Le manque de préparation peut facilement aboutir à une mésentente de vision et de stratégie, et venir finalement entraver la poursuite de la croissance. Le futur succès de ce mariage capitalistique repose donc en partie sur ce travail de découverte mutuelle – avant investissement –, malheureusement encore trop négligé par beaucoup d'entrepreneurs.

À retenir :

• Pour un fonds d'investissement, l'entreprise est un « produit » avec une promesse.
• La priorité d'un fonds d'investissement : acheter peu cher pour vendre plus cher.
• Comprendre le métier d'un fonds, c'est mieux vivre le processus de levée de fonds.

RISQUE N° 60 | Être un excellent vendeur mais peu se soucier du désir d'acheter du client

« Plus d'un écrivain est persuadé qu'il a fait penser son lecteur quand il l'a fait suer. »

Antoine de Rivarol

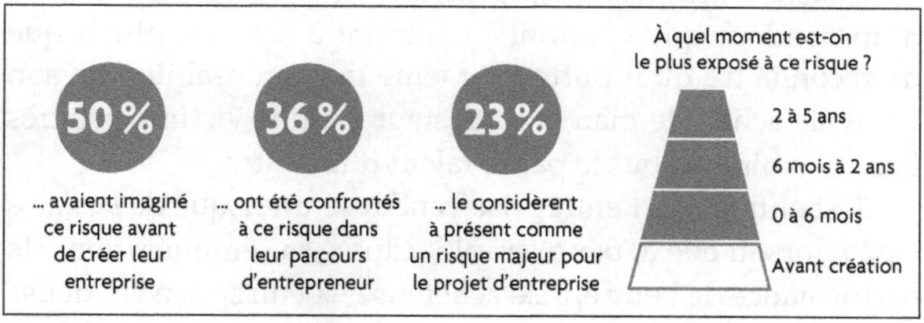

« Affaire conclue ! » Le vendeur affiche le sourire des conquérants, et l'acheteur, encore sonné par le flot des bons arguments, le soulagement d'avoir mis fin au supplice. L'issue positive d'une vente ne garantit pas toujours un succès partagé, ni la bonne convergence des motivations et des ambitions. À être trop bon vendeur, on peut aussi être un mauvais vendeur. Tout est question d'objectif.

Se focaliser sur l'acte de vente en poussant son client à la signature, sur la base d'informations approximatives ou erronées ; vouloir signer à tout prix avec un client que l'on ne « sent pas », sans écouter les premiers signes des difficultés à bien s'entendre demain, le risque de mauvais paiements ou les excès d'exigence ; faire de la vente un « jeu », déconnecté de l'intérêt du produit vendu, et ne pas se poser la seule question qui vaille : « À la place de l'acheteur, aurais-je envie d'acheter, et pour quoi faire ? » ; donner beaucoup d'information pour se crédibiliser aux yeux de l'acheteur, transmettre gratuitement l'intelligence de l'analyse, et voir finalement ses chances de vendre réduites pour avoir déjà transmis toute la valeur de la prestation : telles sont les nombreuses occasions de se comporter en mauvais vendeur.

Car à trop vouloir conclure, c'est à son intérêt seul, et non à celui de son client, que l'entrepreneur accorde sa priorité. Au risque de multiplier les clients mécontents et de finir par en faire une fatalité...

Forcer la vente est aussi un risque d'image pour l'entreprise vendeuse. L'acheteur sera plus facilement critique vis-à-vis d'un vendeur qui « l'aurait » contraint à acheter, plutôt que de reconnaître qu'il porte lui-même la responsabilité de son mauvais achat : le mauvais acheteur est une victime pas très fière d'avoir été abusée par le talent d'un autre.

C'est enfin pour l'entreprise vendeuse un risque de *business model*, lorsqu'elle a, par exemple, adossé sa rémunération à la performance de l'entreprise acheteuse – l'entreprise vendeuse gagne si l'entreprise acheteuse vend : forcer la vente sans se soucier de l'intérêt véritable de l'entreprise acheteuse pour les produits ou les services, constater qu'elle n'en tire aucun revenu, et par conséquent ne rien gagner non plus. Le chiffre d'affaires et le profit flirtent parfois dangereusement avec la ligne du 0.

Pour évaluer le bon vendeur, c'est donc sans doute auprès de l'acheteur qu'il faut s'informer en priorité...

Christophe d'Auzac

CINCOSENSO

Nous avions réussi à accrocher une belle marque de vêtements Outdoor. Après des mois de discussions et négociations, la lettre d'intention qui permettait de lancer les opérations en (étant couverts par un document précisant l'engagement du client) était enfin signée. Nous étions ravis, car il avait fallu faire preuve d'une vraie pugnacité pour vendre. De plus, nous étions passés devant l'un des leaders des solutions CRM : le petit venait de remporter une victoire contre le gros.

Sauf qu'une seule partie du chemin venait d'être faite. Nous avions négligé le plus difficile : comment faire en sorte que le client

• • •

s'approprie vraiment cette solution complexe et en fasse un produit phare en magasin, visible et « poussé » par les vendeurs ? Nous proposions la mise en place de solutions variées : affichages en vitrine, présentoirs de cartes cadeaux disposés partout dans le magasin – et pas uniquement en caisse – commission à la vente, jeu-concours du meilleur vendeur... Nous avions également organisé une formation pour expliquer les *best practices* et encourager le décollage des ventes. Cela marchait très bien chez d'autres clients. Cela ne pouvait pas échouer chez celui-ci. Cette opération a été finalement un flop et nous avons stoppé les opérations au bout d'un an. Elles étaient plus coûteuses que rémunératrices. Notre client n'avait jamais vraiment eu envie de se lancer dans ce nouveau projet, ou pas bien compris les retombées qu'il pouvait en attendre. Il était entièrement concentré sur le lancement de sa solution carte fidélité. Nous pensions avoir bien vendu. Mais ce que nous avions finalement fait, c'était pousser à l'achat.

À retenir :

- **Une mauvaise vente risque d'annuler l'espérance de profit.**
- **4 questions fondamentales à se poser quand on signe : Quelle marge ? Quelle récurrence de chiffre d'affaires ? Quel levier sur d'autres clients ? Quel bénéfice en termes d'image ?**
- **Donner suffisamment d'information pour se crédibiliser, mais pas trop, pour se faire désirer et rester indispensable.**

Heure 8

Passer de l'aveuglement et de l'inconscience à la responsabilité

RISQUE N° 61 | Faire des clichés de la startup un objectif qui ne vous ressemble pas

« Votre temps est limité, ne le gâchez pas en menant une existence qui n'est pas la vôtre. »

STEVE JOBS

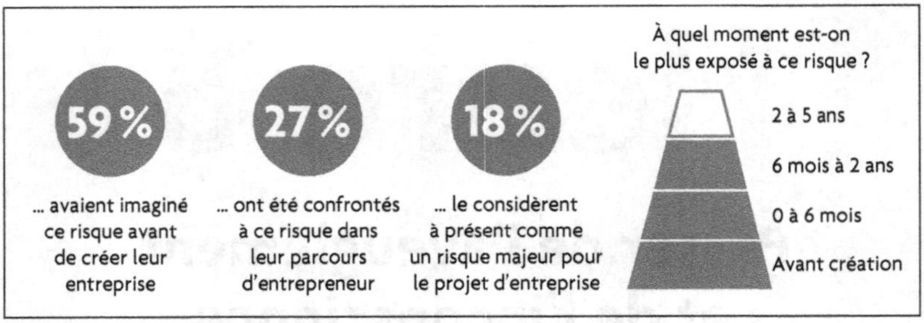

Discutez, écoutez et comptez-les ! Les « il faut que » ont envahi le vocabulaire, et condamné à l'ombre ou à l'oubli une autre façon de formuler la vie : « J'ai envie de. » Les projets d'entreprise n'échappent pas à ce raz-de-marée du devoir, comme s'il était interdit de se sentir aspiré par un projet qui nous ressemble vraiment.

Et parmi les spécialistes de ces clichés qui pré-écrivent les histoires : les fondateurs de startup ! Lever 300 à 500 000 euros en amorçage, puis 1 à 3 millions en capital risque ; réaliser 1 million d'euros de chiffre d'affaires la deuxième année, 2 millions et demi la troisième et 5 millions la quatrième ; avoir 20 salariés au bout de 2 ans et 50 au bout de 3 ; s'implanter à l'international, ouvrir un bureau à New York puis Shanghai, viser l'introduction en Bourse… Ils font des clichés l'unité de mesure de leur succès. Leur entreprise est une startup : « il faut » donc qu'elle ait un destin de startup !

Et puis la réussite se vend et s'expose. La réussite entrepreneuriale fait désormais la une de la presse, comme si celle-ci cherchait un nouveau souffle dans ces entrepreneurs à succès, auxquels les millions gagnés donnent la liberté d'oser, de risquer, d'accompagner et de s'associer aux initiatives les plus séduisantes. La halle Freyssinet, le futur incubateur parisien aux mille startups, en est l'un des exemples les plus emblématiques.

Qui plus est, ces entreprises désormais visibles rendraient la réussite presque facile : elle est rapide, encadrée, aidée, financée. Donc, quitte à entreprendre, autant viser la grande histoire… comme celle des autres.

La startup, c'est enfin l'idée d'une entreprise qui réinvente le dogme du labeur, pour en faire une combinaison : un mélange de travail et de plaisir, un cadre de travail « comme à la maison », qui rallonge les horaires sans contestation et donne aux relations professionnelles la couleur des jeunes amitiés.

Le cliché de la startup ambitieuse est donc bien séduisant, du moins par ce qu'il semble offrir : une réponse à un besoin de reconnaissance, et le moyen de prouver sa capacité à réussir dans l'initiative. Sauf que répondre aux clichés, c'est raisonner sur des résultats visibles, et non sur le projet lui-même. En quoi le projet donne-t-il envie ? Qu'est-ce qui justifie que l'on s'investisse pour lui donner vie ? En quoi va-t-il nourrir la curiosité, apprendre, faire évoluer en compétences ? Qu'apporte-t-il en termes de liberté, d'indépendance et de sens ? Quels nouveaux horizons ouvre-t-il si la réussite est au rendez-vous ? Des questions dont les réponses pourraient apporter une autre façon d'envisager son parcours d'entrepreneur.

En collant aux clichés de la startup, l'entrepreneur s'expose donc au risque de sa propre imposture : découvrir que l'histoire qui s'écrit ne correspond pas à l'esprit d'entreprise qu'il souhaitait créer, ni à l'aventure entrepreneuriale qu'il désirait vivre. Il place également son entreprise sous contraintes sans qu'elle ait les moyens d'y répondre – viser une levée de fonds sur un projet qui ne se finance pas, ou mettre l'urgence dans le rythme du développement quand la réflexion et la maturation seraient pourtant requises – au risque de cultiver sa déception permanente de ne pas atteindre les objectifs fixés.

Adhérer aux clichés de l'entreprise sans y réfléchir, c'est donc une quasi-assurance : s'enfermer dans une histoire d'entreprise qui n'est pas la vôtre, mais celle d'un autre.

Philippe Duhamel

CLUSTAAR

Lorsque j'ai créé Kadeal, j'avais une idée très idéalisée de la startup, impressionnante même. Et ma nationalité américaine n'a rien arrangé : je prenais pour modèle le talent marketing des *success stories* de la Silicon Valley !

Je me suis ainsi mis une pression inutile. Pour réussir, il fallait que nous ressemblions aux autres startups. Et paradoxalement, je ne me sentais pas du tout légitime, avec mon profil très « *business development* » et marketing, et sans expérience préalable dans le software. Cette pression est alors devenue paralysante. J'avais le sentiment que j'allais me faire « dézinguer » par les autres *startupers*, que ma crédibilité était fragilisée. Je n'étais pas ingénieur, je n'avais donc pas ma place dans cet univers de *geeks*. Le pire, c'est que je croyais réellement ce que je pensais.

Cette erreur d'appréciation nous a amenés à faire beaucoup d'erreurs techniques. La première d'entre elles : créer le software le plus technologique possible, avec le maximum de fonctionnalités, en oubliant leur intérêt véritable pour l'utilisateur final. Nous étions dans la surenchère technologique, comme pour compenser notre manque d'expertise dans ce domaine. Ces clichés ou fausses croyances qui nous guidaient ont fortement fragilisé l'entreprise, en nous portant à consommer inutilement des ressources qui nous ont manqué plus tard.

J'ai de nouveau été tenté par les clichés dans la nouvelle entreprise dans laquelle je me suis associé : il nous fallait lever des fonds, comme toutes les startups... Mais mes nouveaux associés ont eu la sagesse de me ramener à la réalité de nos vraies aspirations...

À retenir :

- Les clichés de la startup sont de mauvais guides. Ils emprisonnent, en faisant croire que le succès n'a qu'une seule forme.
- Faire des clichés son histoire, c'est prendre le risque de se tromper d'histoire.
- Dites « J'ai envie », comme ça, juste pour voir...

RISQUE N° 62 | Finir par entreprendre comme un dernier recours

« Le poker permet de tout oublier,
y compris qu'on n'a pas les moyens d'y jouer. »

PHILIPPE BOUVARD

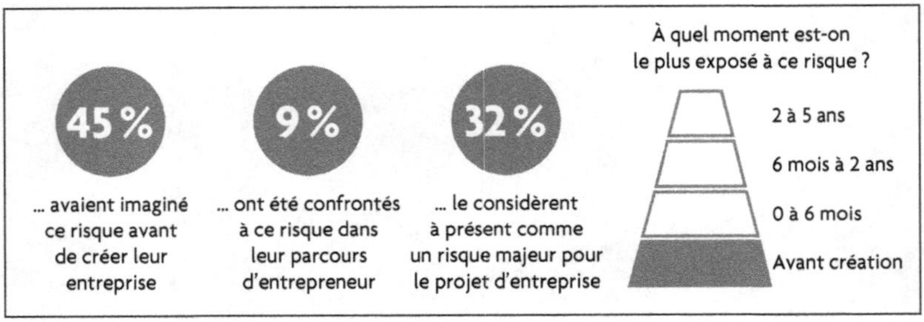

Le dernier recours, c'est la notion de pari ultime, comme un dernier sursaut ; la logique du joueur qui tenterait le tout pour le tout en misant la totalité de ses dernières économies pour une seule chance de se refaire… Un risque de tout perdre, surtout !

Le dernier recours en matière de création d'entreprise, c'est un projet défensif – je lance parce que je n'en peux plus dans mon activité actuelle, je ne trouve pas d'emploi, je n'ai plus de ressources, etc. –, à différencier du projet étudié, anticipé, organisé, planifié – je me sens prêt à me lancer, etc.

La création d'entreprise de type défensif touche tout particulièrement les personnes sans emploi et sans revenu (disposant éventuellement de quelques économies), les salariés licenciés après 55 ans et sans capital conséquent, les profils ayant multiplié les expériences courtes sur une durée longue – intérim, CDD – et qui n'entrevoient aucune perspective d'emploi stable, du fait de leur employabilité réduite, ou encore les personnes en situation de réinsertion après des expériences de vie difficiles.

Ils sont de plus en plus nombreux à tenter le dernier recours dans une économie qui détruit ses emplois, encouragés par les dispositifs d'aide à la création d'entreprise, qui, s'ils facilitent la création d'une identité juridique, n'inventent pas encore le chiffre d'affaires et le profit. Ils essaient parce qu'aucune autre solution ne s'entrevoit ; pour faire écho aussi à ces « ils ont tout plaqué et changé de vie », des fantasmes médiatiques qui redonnent des perspectives aux horizons bouchés. Et puis, la réussite qui déjoue tous les pronostics a quand même fière allure : l'entrepreneur du dernier recours rêve d'inscrire son nom au générique de la belle histoire.

Mais tenter le dernier recours n'est pas sans risque pour l'entreprise. Il peut faire peser sur son *business model* l'exigence d'une réussite rapide, qui rémunèrerait rapidement, au détriment d'un développement maîtrisé et d'une stratégie cohérente.

Par ailleurs, il expose au risque de ne pas trouver de financement – prêt ou autorisation de découvert, par exemple –, la précarité financière du porteur de projet empêchant de couvrir le risque de la banque par une caution personnelle. C'est également le danger de la « compensation » qui interroge les banquiers : autrement dit, le risque que l'entrepreneur s'autorise à prélever dans la caisse de l'entreprise, sans aucune rationalité économique, les ressources nécessaires pour financer ses enjeux et train de vie personnels.

Il expose davantage aux aléas du démarrage – un rythme de développement moins important que prévu, les retards de paiement des clients, la lenteur des versements d'aides et subventions par exemple – compte tenu d'une trésorerie de départ souvent très limitée.

Enfin, et non des moindres, il rend les possibilités de « pivot » – c'est-à-dire de revirement stratégique – quasiment inexistantes : l'entrepreneur doit réussir du premier coup... Roulette russe se dit « dernier recours » en langue entrepreneuriale.

Benjamin Azancot
TALENT ADDICT

Après 5 ans passés dans le conseil en organisation, je cherchais clairement à en sortir. Je ne partageais plus les convictions du cabinet américain dont je faisais partie, et j'avais envie d'autre chose, d'un rôle beaucoup plus opérationnel et en lien avec la « vraie vie » de l'entreprise. J'étais donc à l'écoute de toute bonne idée et, le jour où l'un de mes amis d'enfance m'a proposé de créer une marque de prêt-à-porter, j'ai foncé sans réfléchir.

Avec mon associé, porteur de l'idée et d'une forte sensibilité mode, nous avons lancé le processus de création de la SARL dès le lendemain, trouvé le nom de la marque et effectué son dépôt quelques jours plus tard, tout en ayant commencé à réfléchir à notre première collection.

Nous n'avions, l'un comme l'autre, aucune expérience dans le secteur de la mode. Il nous a fallu un an pour cerner tous les rouages de cette industrie.

J'avais bien conscience de notre fragilité liée à notre manque d'expertise, mais je voulais à tout prix changer de métier. Tout tenter pour quitter ma vie de consultant ; fuir, sans véritablement réfléchir aux conditions raisonnables pour le faire. Et nous avons fait beaucoup d'erreurs, pris de mauvaises décisions, perdu très rapidement nos premiers milliers d'euros, sans jamais abandonner, car l'espoir de réussir était plus fort. À vrai dire, nous n'avions pas vraiment le choix.

Nous avons payé longtemps les mauvaises décisions du départ, nous entêtant dans des voies sans issue alors que nous aurions dû changer de stratégie. Mais nous étions portés par l'idée de changer, et contraints de réussir... Contraints et sous pression, parfois loin de toute raison.

À retenir :

- Un matelas de trésorerie est indispensable pour financer les aléas du démarrage. Privilégier les solutions autres que bancaires, *love money* et *crowdfunding* en tête.
- Pour répondre à la contrainte de rémunération rapide, partir sur un secteur connu, et privilégier une offre simple à mettre en place et à vendre.
- Une limite à ne pas franchir : déporter son risque personnel sur l'entreprise, en prélevant dans l'entreprise les ressources nécessaires pour financer ses besoins personnels.

RISQUE N° 63 | Fusionner les risques professionnels et personnels… et en faire un maxi-risque !

« Les hommes qui prennent de grands risques doivent s'attendre à en supporter souvent les lourdes conséquences. »

NELSON MANDELA

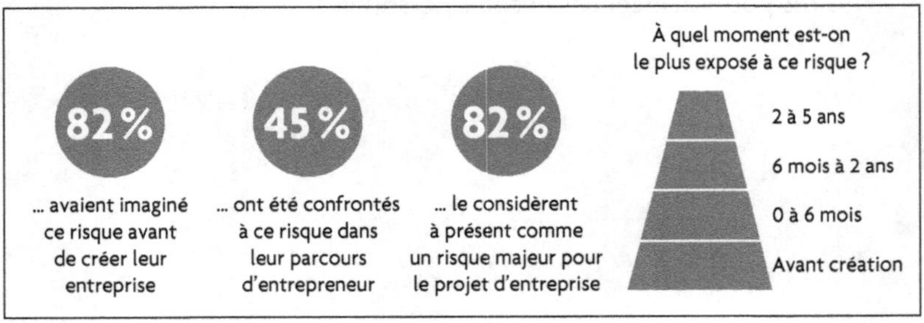

Il y a une recette toute simple pour faire de son entreprise une condamnation durable et un tracas qui déteint sur tous les aspects de la vie : fusionner les risques personnels et professionnels. Une décision – voire dans certains cas une non-décision – dont les conséquences peuvent assombrir le ciel de l'entrepreneur, lorsque les prévisions tardent à se faire jour ou que les difficultés surviennent.

Démissionner de son ancien poste, donc sans indemnités de chômage, ou se lancer sans matelas financier et se passer ainsi d'une sécurité personnelle qui permettrait de compenser un *business plan* toujours trop optimiste soit des rentrées d'argent plus tardives que prévu ; rester marié sous le régime de la communauté universelle, au nom d'une vision romantique du mariage qui unit dans la joie comme dans les épreuves, et faire peser sur le foyer un risque majeur en cas de faillite ; financer les trous de trésorerie de l'entreprise par des injections régulières de cash qui ponctionnent et mettent en péril l'épargne personnelle, jusqu'à étendre le risque financier au-delà de ce que garantissait le choix d'une structure juridique à responsabilité limitée (EURL, SARL, SAS, SA) ; investir toutes ses économies dans le démarrage du projet – phase la plus risquée d'un projet d'entreprise – et donc fortement exposer son patrimoine personnel à la possibilité d'un échec ; ou encore accepter de donner sa caution personnelle pour l'obtention d'un prêt à l'entreprise : un entrepreneur, par excès d'optimisme, goût du jeu ou simple cécité, sait parfois se créer de belles occasions de déséquilibre.

Mais il y a aussi des messages derrière ces attitudes à risque. L'entrepreneur est un aventurier ? Il tentera donc ce tout pour le tout qui le rendra digne de son nouveau statut. Il y a aussi l'idée de ne rien avoir à regretter, derrière ces décisions qui ont le goût du danger : avoir tout fait et tout engagé pour se donner le maximum de chances de réussir. C'est également la foi dans son projet et sa confiance en lui qu'il affiche aux yeux des autres, comme pour mieux espérer ou justifier leur soutien.

Sauf que les messages sont lourds de conséquences, car fusionner le professionnel et le personnel offre une garantie : celle d'un appauvrissement programmé, en jouant le coup de poker sur la valorisation de l'actif-entreprise. La combinaison perdante se paie cash, et c'est le porte-monnaie personnel, et donc tout le confort de vie, qui est sollicité. L'entrepreneur neutralise ainsi toutes les protections qui préservaient son patrimoine personnel des risques financiers de l'entreprise.

Il donne également un mauvais signal aux tiers. Celui d'une absence de lucidité sur la compréhension du risque entrepreneurial, et de la fragilité émotionnelle dont il fait preuve en apportant, dans l'urgence, une solution personnelle à ses difficultés professionnelles. Mais plus grave encore, il hypothèque ses chances de rebond en cas de défaillance de l'entreprise. Comment rester libre et repartir dans une nouvelle aventure, quand l'absence d'argent, voire dans le pire des cas les dettes, suppriment toute capacité d'investir ?

Des risques personnels et professionnels qui fusionnent, ce sont donc potentiellement des rêves futurs qui s'évaporent…

Benjamin Azancot
TALENT ADDICT

Quand la marque de prêt-à-porter Trust Couture Paris, dont j'étais l'un des associés, a commencé à se développer, il a fallu trouver des solutions de financement pour accompagner sa croissance. Mais nous avions une contrainte : après 2 ans d'existence, notre société était encore déficitaire, et notre banque refusait de nous suivre – notamment sur des investissements en visibilité pourtant nécessaires : ouvrir un show-room pour recevoir les clients, développer un stand pour participer à des salons de prêt-à-porter, contractualiser avec une agence de presse, etc.

Pour éviter de nouveaux refus et ne pas perdre de temps, j'ai alors commis une erreur majeure : accepter une offre de crédit à la consommation et apporter les fonds en compte courant. Le taux était attractif sur la première année et j'étais persuadé de pouvoir le rembourser avant la fin du douzième mois, grâce à la réussite de la société. Ce crédit – qui ne fut pas le seul – était contracté à titre personnel, ce qui m'obligeait à le rembourser même dans le cas d'une cessation d'activité. Et c'est ce qui s'est bien évidemment passé...

Il m'a fallu des années pour éponger les conséquences de ces décisions, qui relevaient plus du coup de poker que d'une stratégie de financement mûrement réfléchie. Je pensais que l'investissement me permettrait de doubler la mise : c'est tout l'inverse qui s'est produit.

Et en plus de cela, je ne me suis jamais rémunéré : tout l'argent disponible devait être utilisé pour l'entreprise. Les situations personnelles devenaient secondaires, malgré la pression énorme que cela faisait peser sur la vie de couple et, plus généralement, sur l'équilibre de vie.

J'avais ainsi fait de mon risque d'entreprise un risque général.

À retenir :

- Ne jamais oublier que, si le succès s'envisage, l'échec est aussi une éventualité.
- On n'est jamais totalement lucide dans ses décisions professionnelles, lorsque la vie personnelle est fragilisée.
- Être le pompier financier de sa propre entreprise, c'est risquer de ne pouvoir éteindre l'incendie et devoir regarder brûler les rêves d'un rebond futur.

RISQUE N° 64 | Faire entrer le « loup » dans la « bergerie-capital » : le fournisseur-actionnaire et le *business angel* parasite

« L'ennemi se déguise parfois en géranium, mais on ne peut s'y tromper, car tandis que le géranium est à nos fenêtres, l'ennemi est à nos portes. »

PIERRE DESPROGES

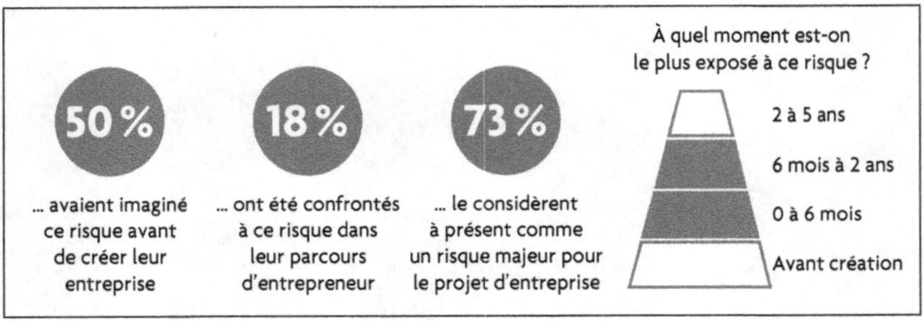

Homo homini lupus est (« L'homme est un loup pour l'homme »). S'il existe une locution latine pour indiquer que l'homme est le pire ennemi de son semblable, sans doute faudrait-il en trouver une pour qualifier ceux qui peuvent conduire l'entrepreneur et son entreprise aux pires difficultés.

Dans ce domaine, le loup de l'entreprise peut avoir tous les pelages. Tel ex-employeur par exemple, ayant choisi d'investir dans l'entreprise et qui, par absence de culture d'essaimage ou pour des questions d'ego, est incapable de débattre d'égal à égal avec l'ancien salarié devenu entrepreneur : ce dernier doit alors gérer les difficultés de communication, le risque de pollution des assemblées générales, et se protéger des tentatives de déstabilisation et des enjeux de pouvoir.

Il peut aussi être un fournisseur stratégique dont on pensait pouvoir sécuriser la qualité de travail, la réactivité, la fiabilité, un traitement prioritaire des commandes et des prix optimaux, en le faisant entrer dans le capital, et qui multiplie les défaillances, oubliant qu'une vraie « relation client » se joue aussi en parallèle à la relation d'associés. Par ailleurs, se lier en capital avec un fournisseur enferme. Cela réduit la capacité de négociation sur tous les aspects du contrat, notamment tarifaires, car l'on accorde par l'actionnariat un accès privilégié aux comptes, et donc des arguments pour contrer les demandes de baisse de tarif. Cela lui donne également une visibilité sur la stratégie de l'entreprise, et donc des idées de prospects à contacter en direct. La concurrence déloyale d'un fournisseur actionnaire n'est pas toujours un scénario hautement improbable. Cela réduit encore les possibilités de se rapprocher des concurrents du fournisseur-actionnaire, car ils verront sans doute d'un œil suspicieux les demandes de proposition commerciale et l'usage qu'il pourrait être ensuite fait des informations communiquées. Enfin, c'est une faiblesse pour un dossier de levée de fonds, les fonds d'investissement ne considérant pas la présence d'un fournisseur dans le capital comme un élément particulièrement positif.

Il peut enfin être un *business angel* qui vend un accompagnement, des conseils éclairés ou encore l'accès à son réseau, en échange d'une entrée à moindre frais dans le capital, puis qui se transforme en fantôme, une fois l'entreprise créée. Au-delà du sentiment de s'être fait berner et de s'en vouloir pour son manque de clairvoyance, l'entrepreneur risque une pollution psychologique – la frustration de travailler pour valoriser un capital dont bénéficiera un actionnaire imposteur – et un risque de fonctionnement par la menace de nuisance et de blocage, ou les dommages collatéraux qu'un actionnaire déçu pourrait faire peser sur une entreprise dont il sait tout : clients, comptes, stratégie. Des informations qui valent de l'or… Une seule solution : le faire sortir du capital. Et pour ce faire : des heures passées à négocier, l'absence de réel levier pour le contraindre à vendre ses parts et le risque de devoir les racheter à un prix élevé.

Mais si l'entrepreneur s'expose autant, c'est qu'il croit aussi y trouver son intérêt.

Il a besoin de trouver des fonds, certes, mais aussi d'être conforté, rassuré, sécurisé, entouré efficacement. Il attend de fournisseurs et d'ex-employeurs une relation plus aisée, des conditions de travail plus faciles, et le moyen d'être prescrit auprès de leurs clients. Par ailleurs, un entrepreneur est dans l'attente d'un retour positif sur sa bonne idée ; toute marque d'intérêt et tout encouragement extérieur sont donc survalorisés.

Pour attirer les loups et les parasites, la distribution de parts sociales est une monnaie d'échange idéale…

Christophe d'Auzac

CINCOSENSO

« C'est un mal pour un bien. » C'est en ces termes que j'essayais de convaincre mon associé, moins convaincu que moi par l'entrée de notre ex-employeur et fournisseur dans le capital de l'entreprise. Chacun de nous y avait travaillé durant quelques années : nous connaissions les hommes, l'outil industriel, l'organisation. Les discussions pour la participation à notre première levée de fonds prenaient avec eux plus de temps qu'avec tous les autres actionnaires qui rejoignaient le projet. Il pouvait pourtant y avoir un intérêt commun à vivre un partenariat étroit sur le plan industriel et financier.

Ce que nous n'avions pas immédiatement perçu, c'est qu'avoir ce fournisseur dans notre capital lui donnait évidemment un accès privilégié à la stratégie et aux finances de l'entreprise. Nous lui avons communiqué, lors d'un comité de surveillance dont il faisait partie, la liste de nos principaux prospect : notre surprise fut totale lorsque, quelques semaines plus tard, l'un de nos clients nous informait avoir été démarché par... notre fournisseur et actionnaire... Par ailleurs, les arguments pour négocier les grilles de tarifs étaient de moins en moins évidents à trouver. Ils connaissaient nos taux de marge : ils étaient supérieurs aux taux qu'ils pratiquaient sur les productions qu'ils nous vendaient. Nous n'avions plus les moyens de faire une bonne négociation, dans des conditions commerciales normales.

• • •

• • •

Nous hésitions à basculer les productions vers un autre partenaire car nous nous sentions moralement engagés, compte tenu de leur investissement initial. Une série de défaillances ont ensuite levé toutes les réticences.

À retenir :

- Éviter l'entrée d'un actionnaire qui pourrait créer des situations de conflit d'intérêt.
- Se poser à chaque fois la question de la dépendance et des contraintes que fait peser l'entrée d'un nouvel actionnaire sur le bon développement de l'entreprise.
- Signer un pacte d'associés permettant d'exclure, dans des conditions déterminées, un actionnaire défaillant ou dangereux pour l'entreprise.

RISQUE N° 65 | Monter un modèle d'entreprise dépendant

« Celui qui ouvre une prison doit savoir qu'on ne la fermera plus. »

MARK TWAIN

73 % ... avaient imaginé ce risque avant de créer leur entreprise

27 % ... ont été confrontés à ce risque dans leur parcours d'entrepreneur

73 % ... le considèrent à présent comme un risque majeur pour le projet d'entreprise

À quel moment est-on le plus exposé à ce risque ?

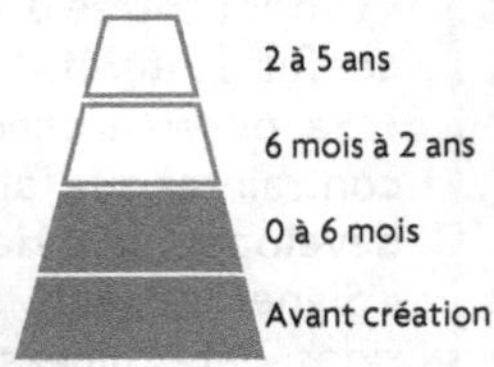

On crée un modèle dépendant lorsque l'on fait reposer l'activité de son entreprise, son développement, la qualité des produits ou du service, ou encore l'intelligence et la technique, sur un tiers et sa capacité à bien faire ; lorsque l'on n'a pas les moyens ou le pouvoir de faire pression sur ce tiers pour le contraindre à privilégier l'intérêt de l'entreprise ; ou encore lorsque l'on court un risque de défaillance en cas de défaillance de ce tiers ; lorsqu'enfin l'entreprise, enfermée dans une solution technique, ne peut facilement en sortir pour basculer vers une solution alternative dans un délai court.

La dépendance, cela peut être, par exemple, de réaliser l'essentiel de son chiffre d'affaires avec un client majeur, de confier le développement et la fabrication de ses produits à un seul fournisseur, d'avoir accepté de signer un contrat d'exclusivité avec un client sans limitation de durée et sans contrepartie financière forte, ou d'avoir un *business model* « à la performance », sans pouvoir agir sur les ventes de ses clients. C'est aussi vivre sous perfusion financière – subventions, levées de fonds – pour financer une activité qui ne génère aucun chiffre d'affaires ; ou encore d'intervenir, comme ce fut le cas par exemple pour l'industrie des panneaux photovoltaïques, sur un marché largement subventionné par des aides publiques, et risquer l'effondrement de celui-ci avec la suppression des aides.

La dépendance n'est donc pas toujours un modèle choisi. Elle peut s'imposer presque naturellement, tout particulièrement au démarrage de l'entreprise, lorsque la dépendance à un client est quasi inéluctable. Car on a forcément un premier client ou un client plus gros que les autres : le danger n'est alors pas la dépendance elle-même, mais sa durée.

Dans le cas de la dépendance à un fournisseur unique, l'entreprise s'expose à un risque pluriel : subir des défaillances ou malfaçons du prestataire sans pouvoir réagir, perdre tout crédit vis-à-vis des clients que l'on aura alors mal servis, et risquer de perdre définitivement les plus mécontents ; subir les décisions unilatérales du prestataire – modifier les tarifs, par exemple – et se retrouver avec un *business model* durablement déséquilibré, voire déficitaire ; accroître sa dépendance avec le temps, la multiplication des clients confiés et les enjeux des contrats gérés rendant la migration vers une solution alternative plus complexe ; courir le risque d'une catastrophe industrielle en cas de faillite de son prestataire, sans possibilité de repli rapide vers une autre solution ; s'interdire d'innover, car la capacité technique du prestataire ne permet pas d'y répondre.

Choisir ou accepter un modèle dépendant, c'est donc confier à un copilote les clés de sa liberté, et devoir accepter, en tant que passager, le rythme et les changements de direction.

Stéphane Degonde

CINCOSENSO

L'entreprise Cincosenso était un « intégrateur » : le service qu'elle rendait reposait sur un ensemble de prestataires externes. La plateforme SI pour la gestion des codes prépayés était gérée par un spécialiste en monétique, la fabrication des produits (cartes et coffrets

•••

•••

cadeaux) réalisée par un industriel, spécialiste du *print* et du *packaging*, et l'expédition des produits finis vers les particuliers, les magasins *retail* et les enseignes de grande distribution, assurée par une plateforme logistique. Nous avions un bureau, ils avaient les outils. Nous trouvions les clients, vendions une prestation complexe et organisions les interventions des uns et des autres, ils réalisaient les opérations. Nous étions le chef d'orchestre, ils étaient les instruments. Et nous étions totalement dépendants de leur capacité à bien faire...

Par ailleurs, nous avions une quinzaine de clients, mais un chiffre d'affaires généré pour moitié par un seul. Ce client, l'un des principaux éditeurs de coffrets cadeaux, avait été créé par le rachat, par un fonds d'investissement, d'une activité déjà existante : ils ont donc tout de suite représenté pour nous un volume important à traiter. Nous étions totalement dépendants de ce client, qui exigeait régulièrement des modifications de prix et se montrait intraitable sur les délais, malgré les termes du contrat en vigueur. La menace de ne pas reconduire les termes du contrat à l'issue des 3 ans comportait un risque évidemment très lourd pour notre société. En voulant répondre à toutes les demandes, nous ne faisions finalement que nous fragiliser. Nous augmentions notre dépendance vis-à-vis de ce client, et risquions de moins bien servir les autres.

Le fonds d'investissement a finalement décidé d'arrêter de soutenir cette société, qui ne parvenait pas à trouver son *business model*. Ils ont été déclarés en liquidation judiciaire en 15 jours. Nous, deux mois plus tard...

À retenir :

- **On ne connaît jamais véritablement la situation réelle et la stratégie de ses clients. Une seule solution : les multiplier pour réduire le risque !**
- **Dépendre, c'est être déséquilibré. Et un déséquilibre qui se gère bien, c'est un déséquilibre qui ne dure pas.**
- **Si être agile est la clé du bon développement, pouvoir changer de prestataire à tout moment est la clé d'une bonne agilité.**

RISQUE N° 66 | Négliger son meilleur ami : le cochon-tirelire

« Si vous voulez voir la valeur de l'argent, essayez donc d'en emprunter. »

BENJAMIN FRANKLIN

95 % ... avaient imaginé ce risque avant de créer leur entreprise

64 % ... ont été confrontés à ce risque dans leur parcours d'entrepreneur

91 % ... le considèrent à présent comme un risque majeur pour le projet d'entreprise

À quel moment est-on le plus exposé à ce risque ?

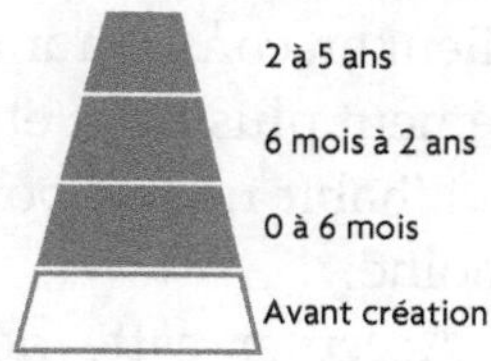

Un trésor découvert, c'est la garantie d'un futur qui prend de nouvelles couleurs : une palette d'or et d'argent. La vie se transforme, des plans s'échafaudent, les soucis du manque se font moins présents et l'esprit s'autorise de nouvelles idées, parfois pleines d'une ambition nouvelle. Si dans trésorerie, on retrouve le mot trésor, ce n'est sans doute pas par hasard…

Il faut avoir été entrepreneur pour mesurer l'importance de la trésorerie dans l'entreprise. C'est le thermomètre du risque, une boussole émotionnelle, un indicateur qui se surveille en permanence, tant sa position peut agir sur la psychologie de l'entrepreneur et changer le cours de son histoire entrepreneuriale.

Surveiller sa tirelire semble une évidence : les occasions de préparer son défaut de paiement futur n'en sont pas moins nombreuses.

Laisser dériver les délais de « paiement clients » est sans doute la plus fréquente. Et toutes les raisons sont bonnes pour le faire : l'inexpérience, lorsque les responsabilités précédentes n'ont jamais permis de se confronter à ces enjeux et à leurs conséquences ; la relation trouble que nous, Français, entretenons avec l'argent, et qui retient parfois de demander, de façon directe et sans détour, à être payé ; la peur de tendre – et donc de fragiliser – la « relation client », en réclamant ce qui est pourtant dû ; la mauvaise habitude de sous-estimer la valeur de ce que l'on fait ou de ce que l'on apporte ; l'oubli qu'une bonne relation commerciale, ce sont des engagements et obligations réciproques – et payer dans les temps, conformément aux termes du contrat, fait partie de ces obligations ; ou encore de se sentir à l'abri d'un défaut de paiement d'un client en considérant que tout client plus gros que soit est forcément plus riche et plus sûr.

L'habit ne fait pourtant pas toujours le porte-monnaie du moine…

Accepter cette dérive des conditions de paiement, c'est exercer un métier qui n'est pas celui de l'entreprise – à savoir banquier – et prendre le risque de l'effet domino. En d'autres mots, ne pas être payé par un client défaillant et se retrouver à court de trésorerie, dans l'impossibilité de payer ses fournisseurs et prestataires. En acceptant le non-respect des conditions initialement accordées, on crée aussi un précédent sur lequel il sera difficile de revenir : cela a déjà été fait, pourquoi le client ne pourrait-il pas continuer à payer tardivement ? On rajoute donc au risque qu'il change de prestataire, un second risque : celui qu'il paie mal, ou pire encore, qu'il ne paie pas.

Mais ce n'est pas tout, car les occasions de risque sont tellement faciles à créer : accepter des conditions de paiement défavorables, c'est-à-dire des « règlements fournisseurs » plus courts que les « délais clients » que l'on a réussi à négocier ; naviguer à vue sans plan de trésorerie détaillé et suivi, et devoir chercher des solutions de financement – autorisations de découvert ou affacturage – souvent trop tard, quand l'entreprise n'est plus en situation de force pour le faire, les turbulences n'étant jamais le meilleur moment pour trouver de l'argent – et pour pas trop cher ; négliger les vertus de l'épargne – comme le placement en DAT (dépôts à terme) – et se priver de ce trésor de guerre, qui rassure autant l'entrepreneur que les investisseurs et banquiers qui l'entourent ; enfin, se verser 100 % de dividendes en oubliant que les lendemains ne sont jamais certains…

Autant de mauvaises pratiques qui détournent de l'entreprise une réserve d'argent essentielle : sa meilleure assurance survie.

À retenir :

- Devenir entrepreneur, c'est apprendre le métier d'épicier. Bref, devenir un professionnel qui a le sens de l'encaissement.
- Aller chercher l'argent quand l'entreprise va bien, c'est la meilleure garantie d'en trouver.
- Tout faire pour encaisser des acomptes, et d'un montant le plus élevé possible. Il engage celui qui le verse et sécurise ainsi le contrat.

RISQUE N° 67 | Perdre de vue que la clé pour vivre et croître, c'est le profit

« Un bon arbre ne peut porter de mauvais fruits,
pas plus qu'un mauvais arbre n'en peut porter de bons. »

SAINT MATTHIEU

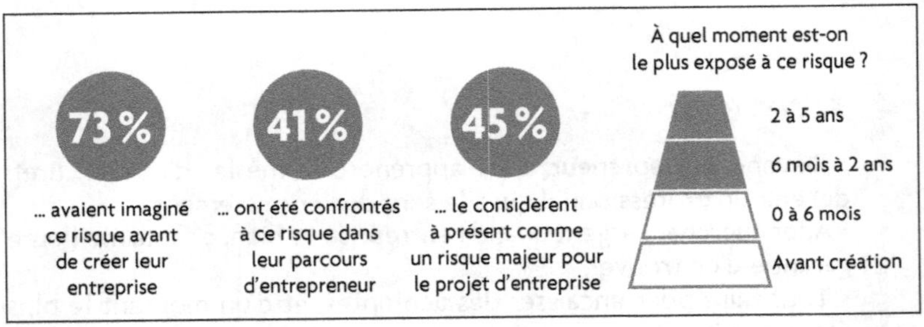

Chiffre d'affaires, nombre de salariés, références clients. C'est le trio gagnant d'une présentation d'entreprise censée créer la confiance et emporter l'adhésion. Un trio qui occulte une autre information pourtant cruciale : le profit. Ce chiffre, rarement communiqué par la jeune entreprise, donne pourtant la mesure de sa santé économique, renseigne sur sa capacité d'autofinancement, confirme qu'un *business model* a été trouvé et sécurise tous les partenaires financiers – associés fondateurs, actionnaires ou banquiers.

Il est vrai qu'il n'est pas si simple à manipuler. C'est une vision comptable, une donnée qui se calcule, parfois le résultat d'additions et de soustractions complexes entre des revenus et des coûts. Qui plus est, il ne correspond pas à la trésorerie, c'est-à-dire à ces montants disponibles sur les comptes pour honorer les dépenses de l'entreprise. Rien de bien concret donc…

Un entrepreneur peut donc passer à côté du profit, et parfois de la plus anodine des façons. Oublier de facturer des travaux ou prestations par exemple, par manque de temps, par mauvaise organisation, ou tout simplement parce que l'administratif est « contre nature », et donc négligé ; par manque de confiance, en sous-estimant la valeur de ce qui est produit et qui aurait pu donner lieu à une facture d'un montant bien supérieur, et donc générer du profit additionnel ; ou encore par idéalisme et utopie, en considérant que le plaisir de créer et de se réaliser dans les idées et les concepts prime sur l'argent et les exigences économiques.

Mais on peut aussi négliger l'importance du profit en considérant qu'investir est la seule clé du succès futur. Une stratégie qui revient par exemple à faire de l'acquisition de références une priorité absolue – tous les clients, n'importe quels clients !, – quelle que soit la rentabilité des contrats signés ; dégrader son *business model* et ses grilles tarifaires, en courant le risque de ne plus pouvoir les remodifier à la hausse ; ou encore gonfler les équipes commerciales, multiplier les devis et propositions auprès de clients mal ciblés, sans se soucier du taux de transformation – nombre de devis signés vs. nombre de devis émis.

En négligeant le profit comme l'une des données clés de son développement, l'entrepreneur risque alors de s'enfermer dans un modèle structurellement non profitable, et donc non viable sur le long terme – sauf à passer son temps à rechercher des investisseurs et à enchaîner les augmentations de capital. Mais si la génération de profit est l'une des clés pour se développer, durer, innover, accroître son périmètre de produits ou de services, assurer son indépendance et sa tranquillité d'esprit, elle n'est pas forcément *la* donnée essentielle. Tout dépend finalement d'une seule chose : le type d'histoire que l'entrepreneur souhaite vivre. Le profit est donc nécessaire, un peu ou beaucoup c'est selon, en fonction de la taille de l'ambition et des moyens pour la mettre en œuvre.

Frédéric Garnier
STUDIOS GARNIER

En 2005, la société que je reprenais venait de perdre subitement son premier client. Il représentait 30 % de l'activité. Aucune démarche commerciale n'avait été entreprise, je me suis donc concentré sur des actions de prospection. J'ai ainsi pu récupérer assez rapidement le chiffre d'affaires qui nous faisait défaut, et l'embauche d'un commercial « chasseur » nous a même permis de connaître une croissance à deux chiffres pendant plusieurs années.
Trop occupé à absorber en production cette croissance, j'en ai oublié – ou du moins mis de côté – les « process facturation » et les outils de suivi/analyse de la rentabilité par affaire. Une analyse semestrielle globale faisait apparaître que notre taux de marge baissait, mais, comme le chiffre d'affaires augmentait, ce résultat restait intéressant.
Ce n'est qu'en 2010 que j'ai commencé à analyser plus finement ma rentabilité par dossier. Je disposais, fin 2011, d'un suivi sur 2 exercices : en procédant par extrapolation, j'ai constaté qu'il était urgent de revoir notre approche commerciale (tarifs, typologie de clients...). En effet, notre rentabilité apparente masquait des pertes importantes sur certains dossiers et, d'une manière globale, la chute de notre taux de marge.
Les mesures prises devraient à présent nous permettre de retrouver un niveau de rentabilité acceptable.

À retenir :

- Ce qui compte n'est pas forcément de faire le profit maximum, mais le profit suffisant pour vivre l'aventure entrepreneuriale que l'on souhaite.
- Si un entrepreneur n'est pas un *profit maker*, il lui faut le comprendre vite, pour s'entourer de personnes qui pourront le relayer efficacement.
- Pour maximiser et sécuriser le profit : viser les clients qui ont de l'argent, qui expriment un vrai besoin, et qui sont prêts à acheter cher et payer vite.

RISQUE N° 68 | Pratiquer la confrontation sélective

« L'orgueilleux aimera mieux se perdre que de demander son chemin. »

Charles Churchill

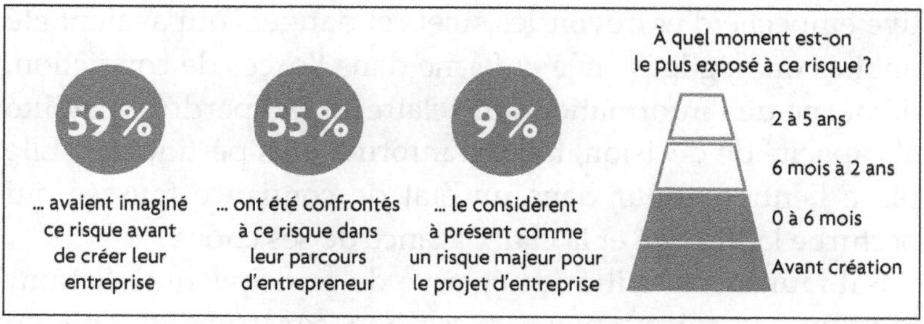

Si garder son idée secrète est une bien drôle d'idée, tant elle s'enrichit quand elle se partage, pratiquer la confrontation sélective n'est pas mieux placé sur l'échelle des erreurs faciles à commettre. Il est évidemment si simple d'y succomber. Il suffit de soumettre son idée de projet à des personnes que l'on a choisies parce que l'on est sûr de leur avis positif, et d'éliminer d'office les éventuels contradicteurs. On se protège d'un jugement déstabilisant qui remet en question la réalité de la bonne idée et oblige à reconsidérer ses convictions et certitudes. Il suffit également d'être sûr d'une chose : les personnes qui ne pensent pas comme on souhaiterait qu'elles le fassent n'ont décidément rien compris !

Il faut dire qu'entendre que son idée pourrait être améliorée, ou pire encore qu'elle n'est pas si géniale, chagrine quand même un peu l'ego et, pour certains aussi, cette idée du « soi parfait » portée comme un sac à dos trop lourd depuis l'enfance. Une éducation portée par des valeurs d'excellence peut ainsi conduire les entrepreneurs à devenir d'excellents sélectionneurs, experts en collecte d'avis bienveillants.

Qui plus est, un avis contraire est un début de nuage dans un ciel d'été ; une pollution dont on se serait bien passé. Il pourrait même à l'extrême stopper le projet, à force d'arguments valables. Quelle idée insoutenable que de devoir faire marche arrière, voire abandonner ! Il y a donc de bonnes raisons de garder le négatif à distance…

Mais il existe un vrai risque à trier les avis pour n'en conserver que les plus favorables. La confrontation sélective empêche d'entrevoir les sujets et dangers qui avaient été oubliés ou négligés ; elle enferme dans l'excès de conviction, détourne de l'information qui éclaire, et fait perdre en agilité et capacité de décision, faute d'informations pertinentes. Elle place l'entrepreneur dans un état de confiance faussée qui perturbe la lucidité et la clairvoyance de ses choix.

S'il faut fuir la critique négative de principe, qui n'a pour but que de décourager, la critique constructive doit en revanche être activement recherchée et valorisée. En pointant les faiblesses, elle donne alors au projet sa meilleure chance : celle d'être amélioré !

Victor Lugger

BIG MAMMA

J'ai eu la chance de créer ma première entreprise après une expérience très enrichissante d'entrepreneuriat. L'objectif de ma création n'était donc pas d'accéder au statut d'entrepreneur, ou de lever des fonds, mais d'essayer de créer un modèle pérenne et profitable, source d'indépendance : il m'a fallu 5 ans pour être prêt.
La conséquence la plus difficile de cet objectif fondateur a été de chercher à écouter vraiment les remises en question des gens auprès de qui je cherchais conseil, et de continuer à me confronter aux interlocuteurs les plus critiques. Nous avons opéré un premier pivot après 3 mois, et changé le projet que nous avions annoncé à tous et partout. J'ai repensé à la théorie des *sunk cost* : « Si vous avez passé des mois sur un projet et que vous arrivez à la conclusion que ce projet n'est pas 100 % voué au succès, ne passez pas une seconde de plus dessus », pourrait-on résumer.
J'ai identifié ce qui m'a permis de comprendre vraiment ce principe et m'a donné le courage de l'appliquer : en tant qu'entrepreneur, j'ai toujours été sollicité pour en conseiller d'autres, parfois plus

avancés et plus *successful* que moi. Certains écueils me semblaient absolument évidents dans leur projet, leur stratégie, leur *storytelling* et l'un des principaux sans doute était leur volonté de mettre ces points sous le tapis. J'ai été frappé par cette attitude, et c'est cet étonnement qui m'a souvent forcé à constater que je faisais la même chose.

Idem lorsque j'ai eu la chance d'enseigner l'entrepreneuriat ou de coacher des étudiants : je sors systématiquement de ces sessions en pensant : « Si tu t'appliquais le quart de ce que tu enseignes, ta boîte marcherait du feu de Dieu. » Alors j'essaie de le faire. Et je trouve ça très dur.

À retenir :

- **Chercher les bons contradicteurs : ceux qui sont pertinents pour émettre une critique utile aux réflexions.**
- **Savoir se confronter aux contradicteurs, mais pas qu'aux contradicteurs. L'énergie de l'amélioration se trouve dans le bon équilibre entre encouragements et remises en question.**
- **Ne jamais cesser de confronter car les besoins évoluent en permanence.**

RISQUE N° 69 | Passer son temps à raconter une trop belle histoire… et finir par la croire !

« À une vérité ténue et plate,
je préfère un mensonge exaltant. »

Alexandre Pouchkine

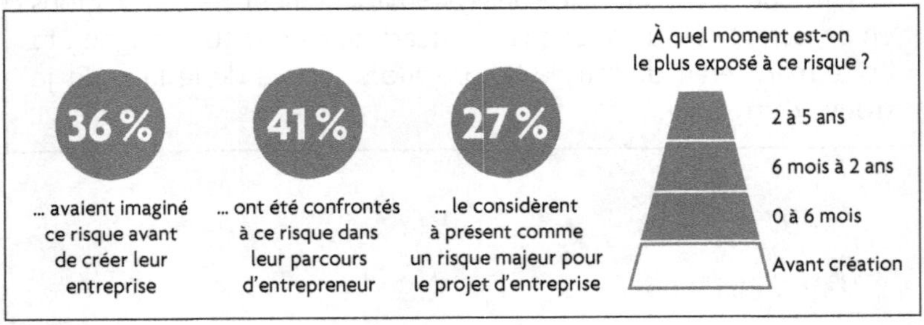

Une entreprise, c'est une histoire… dont les plus talentueux des faiseurs d'histoire font une légende. Combien de garages aujourd'hui devenus célèbres pour avoir hébergé le génie et les rêves de futures stars de l'entreprise ? Un nouvel « entrepreneur-art » est né : le *storytelling*. Une nouvelle pathologie aussi : la schizophrénie.

Car être entrepreneur oblige à alterner en permanence entre deux visions différentes, voire opposées dans certains cas. La première que l'on vend à l'extérieur, forcément positive, qui adapte ou transforme la réalité pour la présenter sous son meilleur jour ; une histoire qui laisse entrevoir le succès tout proche, rassure les tiers et l'entourage, emporte l'adhésion des clients, valide le courage de s'être lancé, montre que l'entrepreneur a réussi son pari, justifie les sacrifices consentis, force l'admiration aussi. Et une seconde histoire, conservée dans le secret du bureau du dirigeant : celle de la vérité des chiffres et des décisions qui en découlent, parfois difficiles à prendre.

L'histoire d'une entreprise est donc celle d'une cohabitation entre un Powerpoint qui vend du rêve en couleur et une feuille Excel qui renvoie au noir et blanc de la réalité.

Si l'entrepreneur raconte une belle histoire, c'est qu'elle est une évidence pour l'entreprise : une condition nécessaire pour instaurer la confiance, les difficultés effrayant plus qu'elles ne font vendre ; un moyen pour rallier clients, salariés, prestataires et investisseurs, la belle histoire aidant à vendre, à lever des fonds, à convaincre des collaborateurs talentueux de rejoindre l'entreprise et des banques à accorder des prêts ; ou encore le moyen de rentrer dans le cercle vertueux de la réussite qui appelle la réussite, puis l'argent qui appelle l'argent, car, en créant des opportunités favorables, on s'expose davantage aux bonnes informations qui font les bonnes opportunités. Une boucle sans fin s'enclenche alors…

Sans compter que faire passer des messages positifs qui valorisent, ça fait du bien aussi. C'est un peu s'évader du réel pour s'illusionner, se redonner envie, et trouver une nouvelle motivation dans la reconnaissance ou l'admiration des autres. La belle histoire n'est d'ailleurs pas vraiment un mensonge : on anticipe simplement la suite de l'aventure. Une sorte de méthode Coué pour écrire le futur.

Mais l'excès de « belle histoire » n'est pas non plus sans conséquences pour l'entrepreneur. À force de répéter inlassablement une vision déformée – disons même « marketée » – de sa réalité, il court le risque de se déconnecter ou de se détourner des vrais enjeux de son entreprise. C'est aussi le risque des promesses non tenues auxquelles il s'expose – auprès des investisseurs, partenaires et collaborateurs notamment – en prenant des engagements trompés par l'illusion. C'est enfin le risque d'une schizophrénie qui use et déstabilise, car la posture n'est pas durable ; soit la réalité de l'entreprise rejoint le conte, ce qui est la meilleure des choses qui puisse arriver : soit la réalité émerge parce que le mensonge devient trop lourd et pesant, et que l'envie de vérité et de partage finit par s'imposer.

Raconter une belle histoire, c'est donc, quoi qu'il arrive, devoir un jour raconter la vraie histoire.

À retenir :

• La « belle histoire » est évidemment indispensable : c'est en faisant rêver que l'entrepreneur convainc et fait adhérer.
• Vendre avec Powerpoint, agir et décider avec Excel.
• La plus belle des histoires, c'est une réalité qui devient une belle histoire.

RISQUE N° 70 | Se complaire dans la posture de l'inventeur : un Géo Trouvetou qui ne vend rien !

« Inventer en toute chose, c'est vouloir mourir à petit feu ; copier, c'est vivre. »

HONORÉ DE BALZAC

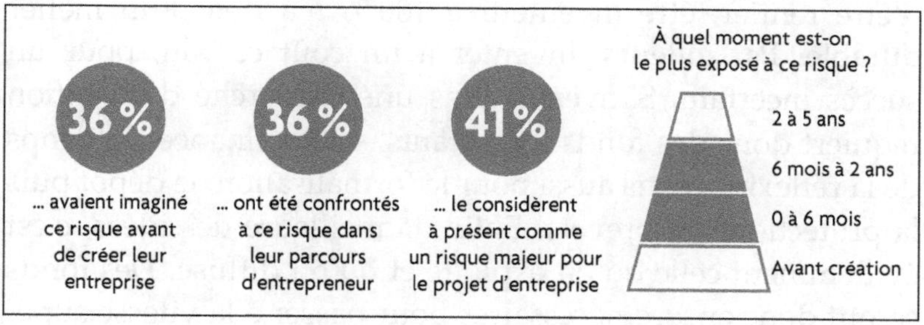

Ce sont les « Professeurs Tournesols » de l'entreprise. Des professeurs-processeurs qui carburent à l'idée et passent leur temps d'associé à chercher et conceptualiser. Une configuration que l'on retrouve tout particulièrement dans les entreprises innovantes, portées par une équipe de fondateurs au profil « 100 % technique ». Ils ont un rapport au résultat déconnecté de toute logique commerciale : ils vont chercher l'application parfaite, celle qui marche et qui leur plaît, dont ils peuvent être fiers et reconnus pour son excellence, sans se demander si elle répond véritablement à un besoin. Ils privilégient non pas le bon sens pratique mais l'exigence de perfection. Ce sont des chercheurs avec un objectif qualitatif, avant d'être des vendeurs poussés par un objectif quantitatif.

Il y a certes de bons aspects à être un « savant fou » de l'initiative entrepreneuriale. C'est une situation finalement assez confortable, car elle est déconnectée des opérations et des contraintes du quotidien ; elle laisse le champ libre à l'imagination et à la créativité, et protège du stress de la montre et des échéances. C'est valorisant aussi d'être un privilégié qui fonctionne aux idées en permanence, quand tant de gens rêvent d'en avoir, ne serait-ce qu'une seule, pour pouvoir créer leur entreprise. Sans oublier cette adrénaline que procure la perspective de découvrir, de trouver l'idée géniale qui révolutionnera la vie et les usages.

Mais se complaire dans la posture de l'inventeur, focalisé sur l'invention sans souci de la rémunération, ça n'a jamais vraiment donné les moyens de vivre… De sorte qu'à moins d'être rentier, être inventeur à 100 % n'a rien d'un métier durable. Par ailleurs, inventer a un coût certain, pour un succès incertain. S'investir dans une démarche d'invention requiert donc des fonds importants – pour financer le temps de la réflexion, mais aussi pour la formalisation, le dépôt puis la protection des brevets. Enfin, la meilleure des idées, c'est évidemment celle qu'on exploite et qu'on diffuse. Des fonds seront donc encore nécessaires pour passer à la vitesse supérieure de la mise en œuvre. Passer, voire perdre trop de temps dans l'invention fait courir le risque de consommer la trésorerie disponible, et de se retrouver ensuite sans moyens pour poursuivre le développement et la commercialisation.

Le principal risque de l'inventeur est donc un risque de *business model* : s'enfermer dans le plaisir de la recherche, qui répond à une seule logique de coût, et passer à côté d'une logique de revenu qui permettrait d'inscrire la recherche dans une action durable. À trop vouloir inventer, on se met ainsi en position de ne plus pouvoir le faire, faute d'entrées de cash et de revenus suffisants. Enfin une idée est volatile, et dans le domaine de l'idée, il y a souvent ceux qui l'ont et ceux qui en font un succès. Combien d'inventeurs sont ainsi passés à côté de la fortune pour avoir eu la meilleure des idées, mais oublié, soit de la protéger en investissant par le dépôt d'un brevet, soit de l'exploiter.

À retenir :

- Passer son temps à inventer, c'est finir par ne plus pouvoir le faire, faute d'argent.
- La meilleure des inventions, c'est celle que l'on exploite. Une priorité donc : s'entourer des bonnes personnes pour mettre la bonne idée en œuvre, et ne pas laisser à d'autres la fortune... sans idée.
- Inventer nécessite des fonds pour exploiter. Une bonne invention, c'est donc une trésorerie encore disponible, une fois l'invention réalisée.

Heure 9

Passer de l'orgueil et de la satisfaction à l'humilité

RISQUE N° 71 | S'interdire d'être parfois un peu ridicule

« Le ridicule n'existe pas :
ceux qui osèrent le braver en face conquirent le monde. »

OCTAVE MIRBEAU

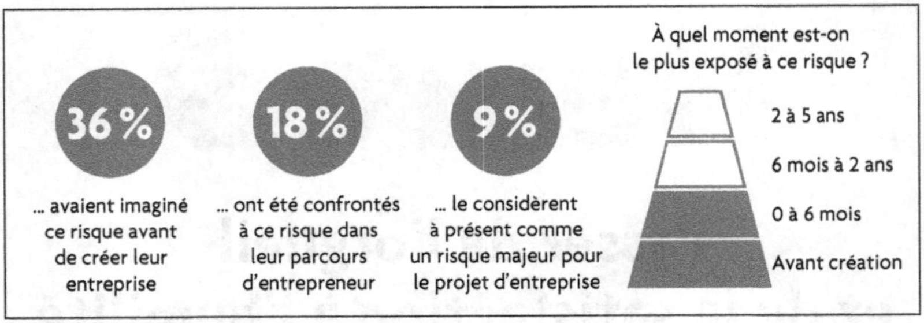

Ridicule. Oui, le mot est fort. Mais ne l'est-on pas parfois aux yeux des autres, quand on se permet le rêve et de grandes ambitions, quand l'envie de créer expose au risque de vivre différemment, de travailler encore plus qu'avant tout en réduisant sa rémunération, et d'être habité à durée indéterminée par la préoccupation. Un peu ridicule, sans doute, ce grand saut, surtout qu'il n'offre aucune garantie de réussite. Ridicule ou fou, on ne sait pas lequel choisir…

Et si l'on peut être tenté de bannir le ridicule, c'est qu'il n'est pas vraiment compatible avec l'amour-propre : il attire la moquerie, le jugement, voire l'isolement, car la différence est un travers que l'on préfère tenir à distance.

Mais on se trompe à le fuir, car être ridicule est tellement subjectif… On est toujours plus ou moins ridicule pour quelqu'un. Et puis, regardez ces succès qui font oublier le ridicule des débuts, quand personne ne croyait à l'idée devenue géniale avec le temps. Combien étaient-ils à miser sur Thomas Edison, inventeur de l'ampoule électrique, ou encore sur les frères Orville et Wilbur Wright, pionniers de l'aviation ? Plus proche de nous, combien encore pour croire à ce rêve fou de music-hall en pleine campagne ? Le Royal Palace, troisième cabaret français, pourtant perdu dans un village alsacien de 500 âmes, mais qui totalise plus de 10 millions d'euros de chiffre d'affaires… Un visionnaire, c'est finalement celui en lequel personne ne croyait et qui, à force de courage et d'obstination, a fait de sa folie une réussite qui l'honore.

Bannir le ridicule de l'initiative est donc un vrai risque pour l'entreprise, parce qu'en censurant les rêves et les ambitions, on passe à côté de la chance de les réaliser. Pire encore, l'entrepreneur risque de passer à côté de la chance de se révéler et d'exprimer sa singularité. Et puis les projets conventionnels attirent toujours du monde : choisir le « commun », c'est donc accroître son risque concurrentiel et réduire ses chances de réussir.

Soyez donc ridicule au moins une fois : il y a de grandes chances pour que vous en sortiez grandi.

Olivier et Véronique Carrobourg

DERVILLE

J'ai eu un parcours de cadre dirigeant dans une multinationale du CAC 40 : carrière à l'international, avantages du statut d'expatrié, salaires confortables, responsabilités intéressantes, proposition de poste au siège... Le chemin tout tracé d'une carrière qui se construit de filiales en filiales, à coups de changements de postes et de pays. Lorsque j'ai pris la décision de quitter mon entreprise pour créer une marque de souliers sur mesure pour hommes, ce fut l'incompréhension autour de moi. Quelle idée ridicule ou folle que celle-ci ! Mon frère me prenait pour un irresponsable, me poussant à rester où j'étais et à prendre ce qu'on me donnait. Mes amis s'interrogeaient, avec moins de sévérité peut-être ; ils oscillaient entre mises en garde et encouragements. Moi, je cherchais tout simplement autre chose qu'un poste de directeur.

Nous nous sommes donc lancés, avec mon épouse Véronique, dans l'inconnu de la création d'entreprise, dans un secteur que nous ne connaissions pas, seuls avec cette drôle d'idée à l'opposé de ce que nous avions fait jusque-là. Heureusement, la famille a fait bloc derrière nous.

Je ne me suis jamais demandé s'il était ridicule de balayer tout ce que nous avions construit pour tenter une nouvelle aventure, sans garantie ni sécurité. Je le faisais de façon totalement intuitive. Je crois que j'en avais tout simplement très envie.

À retenir :

- **On est toujours ridicule pour quelqu'un qui ne tente rien.**
- **C'est parce qu'elle est ridicule que l'initiative réussie sera belle, car personne ne l'attendait.**
- **Être ridicule, c'est finalement une chance : celle de pouvoir travailler tranquillement sur un projet sans risquer les nuisances et la concurrence.**

RISQUE N° 72 | Choisir une posture de patron et jouer à celui que l'on n'est pas

« La décision a besoin d'un esprit de maître ;
et il est sans comparaison plus facile de faire ce qu'on est,
que d'imiter ce qu'on n'est pas. »

Louis XIV

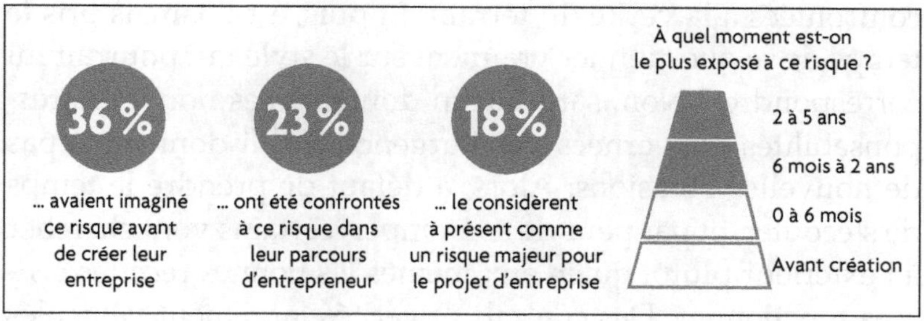

Il y a mille façons d'être un patron, et mille mots pour le définir. Cela peut être définir une vision, fédérer, mobiliser, encadrer, motiver, rassurer, sanctionner, être juste, reconnaître, récompenser, écouter, décider, risquer, assumer, représenter, vendre, organiser, planifier, compter… et bien d'autres choses encore. Il faut avoir envie d'être responsable pour s'envisager dans la fonction du patron. Et il faut trouver son style, et non celui d'un autre, pour bien le vivre.

Le style de l'entrepreneur est ce mode de fonctionnement qui lui ressemble et permet à sa personnalité de pleinement s'exprimer ; qui correspond à ses valeurs profondes, et non à celles qu'il serait bon d'avoir ; qui lui permet de vivre les relations humaines dans lesquelles il se sent à l'aise – confiantes, affectives et chaleureuses pour certains, plus autoritaires, distantes et exigeantes pour d'autres, etc. ; qui mobilise ses talents, et lui permet de déléguer ses faiblesses ou ce qui lui demanderait un effort coûteux et moins efficace ; et qui lui apporte enfin de la satisfaction, voire mieux encore, un vrai plaisir.

Mais trouver son style ne va pas forcément de soi, et certains patrons se laissent enfermer dans leur propre imposture, en adoptant une posture qui ne leur correspond pas. Ils ne sont pourtant pas à blâmer, car rencontrer le patron en soi est un exercice difficile. Au jour de la signature des statuts, l'entrepreneur change de statut sans y être forcément préparé. Il lui faut donc inventer le rôle qui va avec, avancer dans l'inconnu, fort de convictions et théories qu'il n'a encore jamais confrontées à la vérité du terrain. Et puis, a-t-il jamais pris le temps de se questionner vraiment sur le style qui pourrait lui correspondre ? Non, sans aucun doute, et ses nouvelles responsabilités gouvernées par l'urgence ne lui donneront pas de nouvelles occasions. Alors, à défaut de prendre le temps de s'écouter, et par peur de se tromper, certains vont chercher à l'extérieur plutôt qu'en eux-mêmes les bonnes recettes censées fonctionner. Des conseils et vérités largement véhiculés sur l'entreprise, des images de patrons qui réussissent et dont le style devrait donc faire référence – au risque d'endosser un costume qui ne leur va pas…

Cette erreur se fera au détriment de l'entrepreneur et de son entreprise. Se tromper de rôle, c'est risquer de mal jouer ou de surjouer, et finalement d'être inaudible et de perdre en crédibilité, car un mauvais acteur se voit. Et lorsque la « mauvaise forme » l'emporte sur le « bon fond », c'est tout le message qui est pollué. Le risque de s'enfermer durablement dans le mensonge et le déni n'est d'ailleurs pas si anodin : il expose à la lassitude, à la perte d'envie, à un engagement qui se délite, et à une moindre résistance face aux difficultés et aux contraintes.

Mais quel créateur d'entreprise reconnaîtra que le parcours d'entrepreneur qu'il est en train d'écrire ne lui correspond pas ? Qu'il ne se sent ni à sa place ni dans son histoire ? Qu'il ne trouve pas ce qu'il avait cherché ? Qu'il subit son rôle plus qu'il n'en profite ? Bien peu sans doute. Ils sont pourtant tellement nombreux à le vivre.

Il suffirait pourtant de s'accorder un peu de temps, pour se questionner, et trouver une nouvelle façon – celle qui compte pour soi et seulement pour soi – de bien diriger. En d'autres termes, devenir un bon patron.

Pierre-Henri Deballon

WEEZEVENT

La liberté est souvent l'un des principaux moteurs de la création d'entreprise. C'est en tout cas celui qui m'a poussé à devenir entrepreneur. Je voulais vivre une aventure, être mon propre patron.
Or, si le sentiment de liberté correspond parfaitement à ce que j'ai vécu et ressenti aux débuts de l'aventure, je suis aujourd'hui confronté à une autre réalité : des aspirations personnelles qui parfois ne me semblent plus totalement alignées sur l'intérêt de la société ; ou peut-être, devrais-je plutôt dire, sur la perception que j'en ai (ce qui peut d'ailleurs faire la différence...).
Aujourd'hui, à la tête de 25 personnes, je ne ressens plus exactement ce sentiment de liberté du début, et je m'oblige à adopter un comportement avec lequel je ne me sens pas toujours à l'aise.
Je dois au quotidien, en tant qu'entrepreneur, prendre des décisions, aussi bien anodines que structurantes. Et ces décisions doivent être prises dans l'intérêt de la société, ce qui implique malheureusement de dire souvent ou régulièrement « non ».
Une demande individuelle complètement justifiée peut, par exemple, ne pas être dans l'intérêt de la société. Mon rôle est de refuser d'accéder à cette demande, et d'endosser ainsi le mauvais rôle. J'oscille alors entre l'image de rigueur et de froideur, à laquelle je m'oblige en tant que patron d'entreprise, et la personnalité qui est la mienne, bien différente hors de l'entreprise. Un décalage que je ressens d'autant plus vivement compte tenu du profil des salariés. Nous avons tous le même âge !
Je me dis donc parfois que je n'ai pas vraiment créé une entreprise pour vivre cela. Mais l'intérêt de l'entreprise finit toujours par reprendre le dessus. Une chose à retenir donc : l'homme et l'entrepreneur sont deux personnes distinctes. Une règle à connaître et à accepter pour bien vivre son entreprise.

À retenir :

- Tout le monde n'est pas fait pour être un dirigeant d'entreprise.
- Il n'y a pas une façon de diriger, mais autant de façons qu'il y a de personnalités.
- Soyez le patron que vous avez envie d'être, et non celui que l'on voudrait que vous soyez.

RISQUE N° 73 | Oublier sa petite musique intérieure

« Ce qui pour nous fait le bonheur ou le malheur de notre vie, constitue pour tout autre un fait presque imperceptible. »

MARCEL PROUST

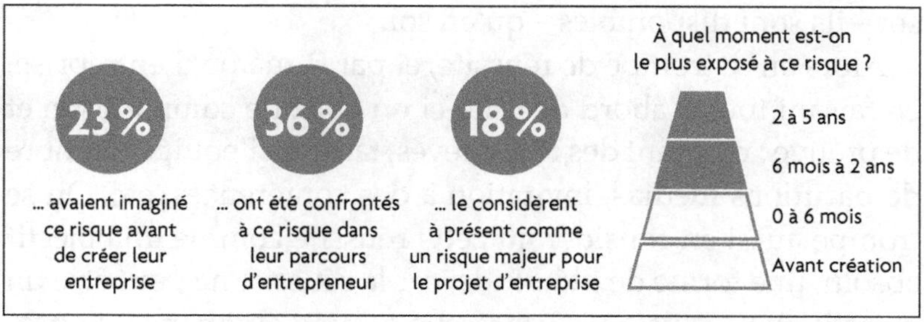

Une vie réussie aujourd'hui est une vie mise en scène, un produit « marketé », une « peopolisation » de son histoire. On filme ses exploits en GoPro ; on poste sur Facebook les événements du quotidien pour en faire un bonheur revendiqué ; on bataille contre les chiffres pour faire du jeu « 2048 » la nouvelle mesure d'un QI qui se communique et se partage. La réussite est passée de la conscience personnelle – « Je sais ou je sens que j'ai réussi » – au témoignage extérieur – « Je vous interpelle pour que vous me disiez que j'ai réussi ». À force de fonctionner ainsi, on finit par ne plus écouter sa petite musique intérieure. Et les entrepreneurs n'échappent pas à la mauvaise habitude.

Pourtant, chacun est libre de donner sa propre définition à cette idée de réussite. Certains aspirent à créer et développer en temps record une startup qu'ils revendront des millions d'euros au bout de 5 ans ; d'autres souhaitent monter une « petite affaire » qui leur permettra de gérer leur temps et la pression, et de vivre pleinement la liberté qu'ils revendiquent ; d'autres encore voudront bâtir avec patience une société familiale ambitieuse, qui se transmettra et fera vivre des générations d'entrepreneurs – sœurs, frères et cousins. Il y a autant de réussites que d'histoires à écrire.

Mais prendre conscience ou affirmer sa propre idée de réussite n'est pas chose facile. Car il y a des réussites dominantes, dont on ferait presque un dogme : celui de l'argent, de la célébrité et des réussites entrepreneuriales exceptionnelles. Pour mesurer la réussite, il faut aussi des repères et des objectifs, qu'il est souvent plus facile de chercher à l'extérieur de soi – ils sont disponibles – qu'en soi.

Alors on se trompe de réussite, et par là même d'entreprise, en faisant tout d'abord de celle-ci un objet de comparaison et de preuve : montant des fonds levés, taille de l'équipe, nombre de parutions médias, invitation à des conférences, etc. On se trompe aussi en considérant cette réussite comme un objectif absolu, une forme de plénitude, car la réussite ne peut être un objectif, mais plutôt un processus ou une alternance de projets que l'on mène à leur terme – des succès d'étapes. Une vie d'entrepreneur, c'est donc non pas vivre *une* réussite, mais une série d'expériences heureuses ou ratées qui, considérées dans leur ensemble, donneront le sentiment d'avoir globalement réussi ou non.

En oubliant de se questionner sur sa propre idée de la réussite, l'entrepreneur s'expose à trois risques : réussir la vie d'un autre – une réussite telle qu'un autre entrepreneur, mais pas lui, pourrait la concevoir ; le réaliser au bout d'un trop grand nombre d'années, avec le sentiment d'avoir perdu son temps ; et conclure qu'il n'a pas su profiter de la liberté de décider que lui conférait son statut d'entrepreneur.

Il paraît donc plus que temps de coucher dès à présent sur le papier, sa propre idée de la réussite.

Pierre-Henri Deballon

WEEZEVENT

De l'extérieur, être son propre patron s'apparente souvent à une première réussite, tout comme de se verser un premier salaire. Dans la même veine, le monde de l'entreprise survalorise souvent

•••

les levées de fonds, le nombre de salariés, le chiffre d'affaires, la rentabilité, les rachats – comme autant d'étendards.

Dans mon cas, les défis qui m'animent sont les phases d'innovation où l'on casse les règles d'un marché existant. Pour cela, il faut une équipe réduite, légère et rapide : un commando sur-motivé et aguerri, qui ne compte pas ses heures. Alors, avec un peu de chance, vous verrez votre projet prendre forme et grossir.

C'est cette excitation de l'inconnu et des terres à défricher que j'avais voulu ressentir en créant Weezevent. Mon idéal de réussite était là : vivre l'intensité du démarrage, et qui sait, en faire une histoire ambitieuse. C'est ce qui nous est arrivé.

Et, avec la croissance, l'obligation de recruter un bataillon de collaborateurs, de lire la convention collective, d'organiser les élections des délégués du personnel, ou encore de gérer les RTT. Il y a donc des moments où je repense avec nostalgie à ces premiers instants, quand un commando explorait un terrain vierge, devenu depuis une belle réussite... dans les standards de l'entreprise.

À retenir :

- **La meilleure des réussites, c'est celle qui se ressent et non celle qui s'entend. Réussir, c'est donc commencer par savoir s'écouter.**
- **La réussite est une histoire qui d'abord s'invente, puis qui se construit.**
- **Prendre conscience de sa conception de la réussite, c'est éviter de vivre celle d'un autre.**

RISQUE N° 74 | Être le plus talentueux des magiciens

« À l'œuvre, on connaît l'artisan. »

JEAN DE LA FONTAINE

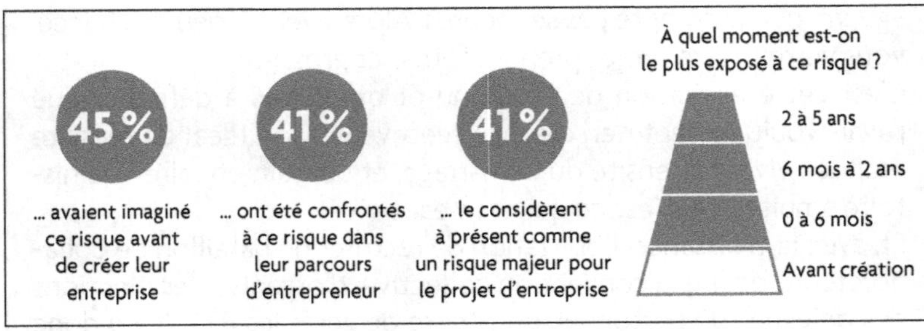

Ils font des merveilles, des projets toujours nouveaux qui repoussent sans cesse les limites du possible, en répondant à un cahier des charges tout simple : « Surprenez-nous. » Chaque opportunité est donc celle d'un nouveau défi, plus prompt à satisfaire leur curiosité et leur plaisir d'inventer, que leur réel besoin de vendre.

Être un magicien en entreprise, c'est avoir la culture du projet unique. Réfléchir à une nouvelle idée avec son client, sans en considérer les contraintes ; partir à chaque fois de zéro et devoir toujours inventer, tester, apprendre, modifier, corriger ; réussir et s'en tenir à cela, sans se donner l'opportunité de réutiliser ce qui a été développé.

L'entrepreneur-magicien est un curieux insatiable qui poursuit un seul objectif : trouver une solution. Le coût et les délais sont des données secondaires. C'est en cela que la magie est un exercice risqué, lorsque l'entrepreneur en fait un mode de fonctionnement difficilement viable dans le temps.

Le *business model* des projets toujours uniques n'est pas facile. Il est non *scalable*, c'est-à-dire non industrialisable à grande échelle. Difficile donc de profiter de l'expérience acquise, de rentabiliser les investissements déjà réalisés, puisqu'il faut tout recommencer à chaque fois. Un projet unique, c'est du temps à passer, des coûts que l'on ne mutualise pas, et le risque d'une rentabilité faible, l'investissement réalisé étant tel qu'il n'est pas toujours aisé à bien vendre. De faibles marges donc, quand marge il y a…

Car les coûts de développement et de mise en œuvre d'un nouveau projet pèsent évidemment sur sa rentabilité. Des coûts d'intelligence, en temps surtout – pour imaginer, mettre au point, étudier les contraintes qui se posent et développer les moyens d'y répondre ou de les contourner. Des coûts juridiques, ensuite, pour se protéger du risque d'annulation en cours de développement – un client qui décide d'arrêter le projet, alors que des investissements lourds ont déjà été engagés par l'entreprise –, ou pire encore, du risque de jugement subjectif sur le résultat – un client qui refuse le projet ou refuse de le payer intégralement, au motif que le résultat ne correspond pas exactement à ses attentes. Des coûts de mise en œuvre et d'organisation, enfin, parce qu'une activité non récurrente, par « pics », nécessite de composer sans cesse avec l'alternance de périodes de sous-activité et de surcharge. Trouver et recruter des free-lances, pour garantir une vraie flexibilité de l'équipe et réduire les coûts fixes salariaux, devient alors une activité à temps plein.

Les risques d'un *business* ne reposant que sur le développement de projets uniques sont donc à la fois commerciaux (tant que l'on travaille sur un projet, on ne prospecte pas ailleurs), techniques (on peut rencontrer, en cours de développement, des contraintes que l'on n'avait pas prévues), financiers (il est difficile de « monétiser » et de vendre la prestation d'étude réalisée avant le démarrage du projet, puis de négocier un prix de vente qui couvre l'intégralité des coûts), juridiques (annulation et contestation) et, enfin, organisationnels (des compétences nécessaires au projet non disponibles).

Magique, diriez-vous ? Surtout complexe et incertain…

Nicolas Rodelet

PARIS RÉGION LAB INCUBATEURS et NOKINOMO

Nokinomo est une agence de design interactif. Le savoir-faire que nous avons développé porte essentiellement sur la création de solutions technologiques pour répondre à une demande de clients qui cherchent à se différencier de leurs concurrents, en proposant des installations spectaculaires et étonnantes, du jamais vu !
C'est une activité très stimulante et gratifiante, puisque, d'une certaine façon, cela nous oblige à inventer quelque-chose pour chaque nouveau projet, et à relever à chaque fois un challenge – principalement technologique. Quand on se lance dans un projet, on n'est pas sûr qu'on va y arriver et on a, en tout cas, seulement une vague idée de la façon dont on va y arriver. Le problème, c'est qu'en termes de « scalabilité », de réexploitation des savoir-faire et des technologies mises en place, et même des partenaires avec lesquels on travaille, il faut à chaque fois repartir de zéro. Même si, avec le temps, on arrive à réexploiter certaines « briques », certains développements et certains contacts, ce capital reste très long à constituer et sans arrêt remis en cause.
On a mis du temps à comprendre que ce fonctionnement n'était pas pérenne d'un point de vue *business*. La tentation de se laisser emporter dans le défi technologique est tellement forte que l'on rechigne à baisser nos ambitions pour revenir à des propositions plus rationnelles. Il faudrait effectivement systématiquement se poser la question de ce que l'on peut réexploiter, et beaucoup plus raisonner en termes de produit que de prestations sur mesure.

À retenir :

• Un *business* par projets uniques, c'est devoir gérer en permanence une activité en dents de scie et l'incertitude du lendemain.
• La rentabilité est difficile à atteindre, car il faut pouvoir vendre le temps passé pour l'étude et couvrir l'intégralité des coûts réels engagés – coûts indirects et cachés tout particulièrement.
• Dans l'idéal, considérer le projet unique comme un laboratoire, pour pouvoir ensuite commercialiser à grande échelle l'une ou plusieurs des fonctionnalités développées.

RISQUE N° 75 | Se laisser tenter par la dispersion

« Ne te laisse pas distraire par les événements extérieurs ! Prends le temps d'apprendre quelque chose de bon et cesse de papillonner ! »

Marc Aurèle

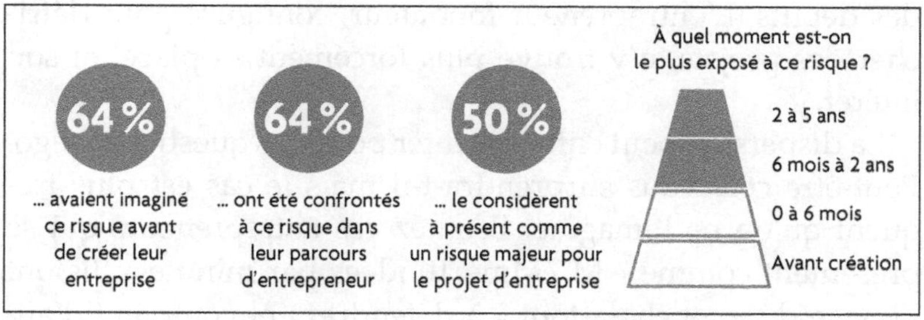

Ah, le voyage ! Cette opportunité de découvrir, d'être surpris par l'inconnu, de faire de nouvelles rencontres et d'apprendre sur soi… Le voyage est une belle allégorie de l'aventure entrepreneuriale, et l'entrepreneur, un voyageur qui prend souvent plaisir à rechercher les nouvelles expériences. Parfois, la tentation de la dispersion est plus forte que tout, parce que le rêve et l'initiative sont pour certains une drogue dure…

Il y a donc des entrepreneurs qui ne peuvent se retenir de papillonner de projets en projets. Sitôt le projet monté, que déjà la machine à idées se remet en marche : les nouveaux défis affluent et s'imaginent en parallèle. L'entrepreneur papillon est un pêcheur qui lance plusieurs lignes, en se disant qu'entre toutes, il y a bien une chance que ça morde.

Si la dispersion séduit bon nombre d'entrepreneurs avant même qu'ils aient fait de leur première aventure une réussite avérée et sécurisée, c'est qu'elle autorise le retour du rêve dans le quotidien. D'autant plus si l'entreprise ne rencontre pas le succès initialement envisagé. L'entrepreneur substitue donc des idées nouvelles aux ambitions déçues. Des projets pour sortir des préoccupations du quotidien et rêver de nouveau à l'idée géniale.

Par ailleurs, l'entreprise qui s'est développée et structurée fait face à de nouveaux besoins en termes de management : plus de process, des équipes plus lourdes et plus hiérarchisées, et l'émergence de rapports plus « politiques ». Il lui faut donc des managers, et non plus les pionniers-développeurs des débuts. L'entrepreneur fondateur, configuré pour défricher des projets, n'y trouve plus forcément sa place, ni son intérêt.

La dispersion peut enfin se tenter pour des questions d'ego. Peut-être cela vous surprendra-t-il mais le cas est plus fréquent qu'on ne l'imagine. Écoutez ces entrepreneurs qui se présentent comme « M./Mme 10 idées par minute ». Ils ont l'image du « touche-à-tout » à défendre… et comptent d'ailleurs bien le prouver.

Il est quand même bien tentant de papillonner. Cela récompense les mois d'investissement qui ont permis de donner vie au projet d'entreprise. Il a fallu s'investir à 100 % dans les opérations : se disperser, c'est de nouveau s'autoriser l'imagination. Et puis, quand on est sur l'idée, on ne se confronte pas encore à la complexité de sa mise en œuvre. C'est donc aussi un confort facile que l'on s'octroie.

Mais la dispersion est une dérive à risques, dont le principal est de mettre en danger son activité actuelle, lorsque l'organisation ne peut encore se passer de l'investissement de son fondateur. La multiplication des projets dilue l'énergie et répartit le temps efficace entre une activité bien réelle – celle de l'entreprise actuelle – et une activité encore virtuelle – celle d'un projet futur. Elle fait oublier qu'un projet bien mené est un projet dans lequel on se donne à 100 %. Elle fait finalement courir le risque de ne rien réussir. C'est aussi le risque de fragiliser sa relation d'associés, en créant de la distance et de l'incompréhension, les autres associés ne voyant pas forcément d'un œil bienveillant les velléités d'évasion et de nouveauté que l'on s'accorde. Celui, encore, d'inquiéter les tiers de confiance, et tout particulièrement les investisseurs. Celui, enfin, de perdre l'envie en mettant un pied hors de l'entreprise, et d'éroder sa confiance d'entrepreneur en rêvant à de nouvelles initiatives impossibles à réaliser, faute de temps.

David Meulemans

AUX FORGES DE VULCAIN

J'ai créé une startup en 2013 : DraftQuest – une plateforme d'aide à l'écriture de livres. Ma première entreprise atteignait ses 3 ans d'existence et passait le cap de l'industrialisation. J'avais envie de nouvelles idées, de nouveaux projets à concrétiser.

Concrètement, une startup, c'est une forme économique temporaire, où l'on tâtonne avant de trouver le bon modèle de revenu. Pour le trouver, il faut donc accepter de lancer de nombreuses pistes, dont beaucoup n'aboutiront pas. Il faut également accepter de ne pas aller trop vite vers la rentabilité. En cela, le dirigeant de startup n'est pas exactement un entrepreneur. Un entrepreneur veille à ce qu'à chaque fin de mois, il puisse payer loyers, fournisseurs et salaires ; dans le cas de la startup, le but principal du fondateur est de trouver son marché (utilisateurs et partenaires). La startup rend mobile et souple, elle questionne et inspire.

J'avais besoin de cela, enfermé dans une première aventure entrepreneuriale, certes passionnante, mais qui relevait désormais plus d'une gestion d'entreprise que du développement d'un nouveau concept. Grâce à ce nouveau projet, je passais d'événements en salons professionnels, j'acceptais toutes sortes de rendez-vous et toute opportunité de nouvelles rencontres. Je revivais le frisson des débuts de l'entreprise. Avec pour risque la dispersion sur des sujets un peu trop nombreux.

Malgré cela, j'ai réussi à trouver un équilibre entre mes deux activités, notamment par le biais d'un partenariat, véritable relais pour le développement de DraftQuest. Cette application n'avait pas vocation à se déployer dans le monde des MOOCs (cours en ligne), mais j'ai rencontré une plateforme de MOOC dont le projet m'a enthousiasmé. Nous avons établi un partenariat qui nous a permis de faire croître notre communauté de manière qualitative et quantitative. Je me suis ainsi reconcentré sur mes priorités en construisant une

•••

• • •

vraie équipe, responsabilisée et autonome. J'ai ainsi réussi à rester l'explorateur que je suis, en constituant un binôme avec un intendant qui vérifie que rien n'a été oublié, tout en maintenant notre priorité : produire bien, et vendre ce que l'on produit.

À retenir :

• Un bon projet est un projet pour lequel on est disponible.
• Plus on s'expose au risque de la dispersion, plus on a de chance d'y succomber.
• La réussite à temps partiel ne peut s'envisager qu'avec une équipe de managers responsabilisée, performante et autonome.

RISQUE N° 76 | Être une bête de concours, de subventions et de levées de fonds

« En toute chose, c'est la fin qui est essentielle. »
ARISTOTE

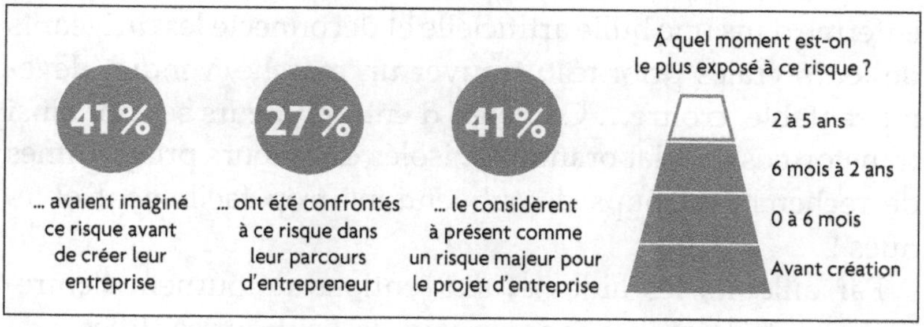

Ils sont forts, très forts même, bien informés aussi, pour connaître et courir les nombreux dispositifs d'aide à la création d'entreprise et les subventions (AIMA, AIR, AIXpé, PIA, etc.). Et ils ont le talent pour que cet exercice devienne presque une simple formalité, sinon un vrai moment de plaisir. Forts, et du coup largement subventionnés, car le financement est un phénomène en cascade : obtenir un premier sésame ouvre la porte d'une multitude d'autres aides. Il y a donc de quoi vivre sous perfusion financière pendant de longs mois, voire de longues années, pour les plus « addicts » d'entre eux.

En s'y adonnant sans limite, ces entrepreneurs oublient néanmoins que la meilleure des sources de financement reste le client, et qu'une subvention doit être considérée, non comme le seul moyen de financer son développement, mais comme un complément de financement. Mais il faut reconnaître que l'exercice est rassurant et confortable car il permet de repousser dans le temps le moment de la confrontation au marché, et donc la réponse à une question aussi simple que cruciale : mes produits ou services ont-ils un véritable intérêt, et seront-ils ainsi achetés ? Lever des fonds donne aussi de la perspective. Cela décale dans le temps la préoccupation de la trésorerie, et donne des occasions de communiquer – via communiqués de presse, par exemple – ou d'être visible et reconnu – grâce aux remises de prix. Les aides et les fonds servent aussi à remplir le porte-monnaie de fierté.

Mais le champion de la levée de fonds et de la subvention fait courir de nombreux risques à son entreprise. L'exercice enferme dans une bulle artificielle et déconnecte les dirigeants de leurs vraies priorités : trouver un marché, vendre, devenir rentable, croître… Combien d'entrepreneurs se sont ainsi transformés en « laborantins », isolés dans leurs programmes de recherche à coups de subventions trop facilement obtenues !

Par ailleurs, les aides et subventions détournent l'entrepreneur de la réalité économique de l'entreprise. Elles font du *business model* de celle-ci un *cost model* subventionné, et créent une dépendance à des ressources non maîtrisables et non forcément durables. Il n'y a aucune garantie qu'elles soient reconduites dans le temps ; il suffit d'observer le nombre de redressements « crédit impôts recherche » pour s'en convaincre.

Enfin, chercher des subventions est coûteux en temps et mobilise durablement l'énergie et la disponibilité de l'un au moins des associés, en l'éloignant des opérations alors que l'équipe n'est jamais suffisante dans les premiers mois du démarrage pour gérer tout ce qu'il y a à faire. Et puis l'obtention d'une subvention n'est pas une science exacte. Le temps consacré peut donc aussi devenir un temps perdu en cas d'échec. Délaisser la priorité du développement et de la commercialisation pour rechercher des subventions est donc un arbitrage qui relève bien souvent du pari, aux risques et périls de l'entreprise.

Maÿlis Dupont
COMMONPLAY

Méfiez-vous de vos forces ! À tout le moins, sachez évaluer vers quels déséquilibres elles peuvent vous mener si vous ne cessez jour après jour de les « challenger ». C'est une des leçons que je retiens de mon premier « tour de piste » entrepreneurial, qui s'est soldé par une liquidation judiciaire.

Mes interlocuteurs sont parfois étonnés quand je leur fais part de cette opinion : dans le milieu des startups, il NE manque PAS de ressources. Un *business* bien présenté trouvera toujours à se financer. Je n'avais pas grand-chose à mettre dans mon entreprise quand je me suis lancée, mais je n'ai pas eu de réelles difficultés à obtenir plusieurs prêts d'honneur, des subventions, des avances remboursables, un crédit bancaire et encore des capitaux privés, dans le cadre d'un tour de table bouclé en... un peu moins de 8 semaines.

Une de mes forces dans l'aventure était probablement ma capacité à analyser, communiquer, argumenter, et finalement emporter l'adhésion de mes interlocuteurs, dans des « joutes oratoires » dont je ne cachais pas le plaisir que j'en tirais. Le fait est que cela sert, mais qu'il faut être en mesure de chaque fois se demander : que vaut cette adhésion de tel accompagnant ou de tel financier (au-delà des moyens d'action évidents que j'en obtiens) ? Connaissent-ils suffisamment le domaine pour que je puisse en déduire un signal positif fort quant à la réalité de mon marché ?

À remporter des victoires secondaires et/ou à emprunter, sans trop les questionner, les autoroutes que beaucoup d'autres ont tracées (subventions, prêts, levées de fonds, etc.), on en oublie parfois que la seule « épreuve de vérité » est celle du marché (autrement dit, vendre) et qu'il n'y a AUCUNE bonne raison de ne pas la traiter en premier.

À retenir :

- Ne pas considérer les aides et les subventions comme un moyen de réfléchir plus longtemps.
- Le seul combat qui vaille la peine, pour financer efficacement son activité : trouver des clients et vendre des opérations en dégageant de la marge.
- Se poser 3 questions quand on court les subventions : quel est le véritable intérêt de la société, et en ai-je vraiment besoin ? Où suis-je le plus utile, à courir les aides ou développer les ventes ? Quels sont les risques (directs et indirects) si cela ne se fait pas ?

RISQUE N° 77 | Refuser l'analyse lucide de la situation et donner tout pouvoir à l'ego

« Si un homme a une grande idée de lui-même,
on peut être sûr que c'est la seule grande idée
qu'il ait jamais eue dans sa vie. »

ALPHONSE ESQUIROS

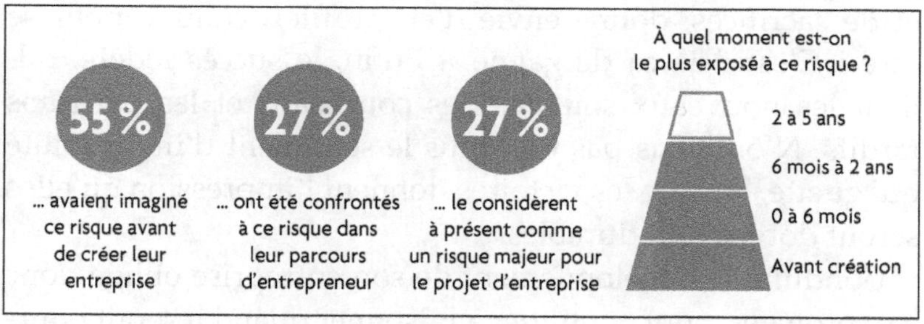

On le voudrait parfait, sans défaut ni aucun vice. Il se verrait bien comme cela aussi. Mais l'entrepreneur a une faiblesse : il reste une femme ou un homme comme les autres, riche de ses travers, de ses excès, de ses erreurs et de ses certitudes. Or, s'il y a une chose que la création d'entreprise autorise, au début tout du moins, c'est bien de s'y complaire, en perdant le raisonnement lucide et en donnant tout pouvoir à l'ego.

Cela peut prendre plusieurs formes : confier à l'un de ses associés des responsabilités déconnectées de ses compétences réelles, parce qu'il souhaitait s'affirmer, se réaliser ou tout simplement se faire plaisir, dans une fonction qu'il n'a jamais eu l'occasion d'occuper ; se laisser aller à des dépenses excessives, dès les premiers succès obtenus, pour s'afficher comme un entrepreneur qui réussit ; refuser de « pivoter », c'est-à-dire changer de stratégie, en restant enfermé dans ses certitudes, en rejetant l'idée d'avoir pu faire fausse route ; ou encore éviter l'analyse et l'anticipation, et réfléchir aux difficultés vécues lorsqu'il est déjà trop tard pour redresser une situation devenue périlleuse. S'intéresser aux conséquences de « l'amour-propre entrepreneurial », c'est s'attaquer à un vaste chantier !

L'entrepreneur imprudent a toutefois des excuses, tant l'écart de conduite est facile à commettre. Il y a ce temps, d'une part, qui joue contre lui : plus il passe, plus les contrôles et la vigilance se relâchent – conséquence naturelle de l'expérience et de l'assurance gagnées. D'autre part, vivre ses premiers succès après de longs mois de questions, de doutes et de sacrifices, donne envie d'en profiter, comme pour se dire « C'est déjà ça de gagné ». Enfin, le succès fédère, ralliant les nouveaux soutiens, les courtisans et les partisans tardifs. N'oublions pas non plus le sentiment d'invincibilité qui guette, lorsque les victoires donnent l'impression qu'elles seront dorénavant durables.

Conduire le développement de son entreprise oblige donc à se protéger, pour continuer à raisonner quand il serait pourtant si facile de déraisonner.

À retenir :

- Savoir s'entourer, pour être remis en place lorsque les crises d'ego et d'excès de confiance apparaissent.
- Se dire que, si la partie semble gagnée, c'est qu'elle est encore loin de l'être.
- L'excès de confiance, c'est la perte de raison.

RISQUE N° 78 | S'accrocher coûte que coûte à l'idée du père fondateur

« Derrière tout créateur devrait se tenir quelqu'un.
Le mieux : que ce soit lui-même. »

STANISLAW JERZY LEC

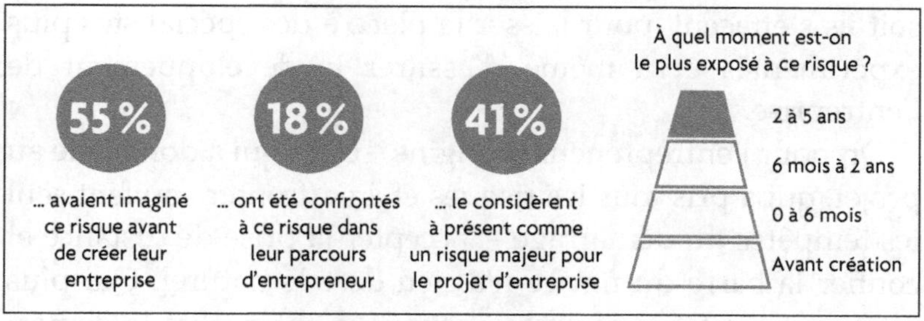

« Père fondateur » ou « mère fondatrice », ils sont ceux sans qui la belle histoire n'aurait pas pu voir le jour. Femmes et hommes d'idées, leur énergie, leur foi dans le projet qu'ils ont porté, leur inconscience parfois aussi, ont déplacé les montagnes. Ils ont transformé la micro-entreprise de départ en une société qui multiplie projets et clients, génère du chiffre d'affaires, parfois du résultat, et envisage l'avenir par le développement et la croissance. Seul dilemme, ces entrepreneurs ne sont peut-être plus la femme ou l'homme de la situation, mais ils refusent de le voir.

Faisons simple et synthétique. Le développement de l'entreprise peut se considérer suivant 3 phases, en fonction de son potentiel et de ses ambitions.

Phase 1 : faire d'une idée une réalité (phase de création/développement).

Phase 2 : transformer cette réalité en une activité pérenne (consolidation du *business model* et de l'organisation, gestion de la croissance organique).

Phase 3 : faire de cette activité pérenne une société aux ambitions fortes (croissance externe, développement international, entrée en bourse).

Ces différents stades de développement ne mobilisent pas les mêmes profils de dirigeants. Deux solutions se présentent donc : soit les dirigeants de la phase précédente s'adaptent et montrent les compétences requises pour la nouvelle phase ; soit ils s'effacent, pour laisser la place à des spécialistes plus expérimentés et à même d'assurer le développement de l'entreprise.

Or, pour l'entrepreneur d'origine – celui qui a donné vie au projet, qui a pris tous les risques et su affronter souvent seul les tempêtes du démarrage –, accepter la prise de distance et confier la barre du navire n'a rien de très naturel. Qui plus est, ces aspirations et dispositions, qui ont facilité le démarrage – liberté, indépendance, autonomie, absence d'aversion au risque, créativité, goût pour les structures souples, polyvalence, curiosité, flexibilité – risquent de se heurter au besoin de structuration de l'entreprise. Rendre des comptes à un inconnu ? Mais de quoi parle-t-on…

La tentation de garder le contrôle est forte, tout en évitant de se poser les bonnes questions pourtant nécessaires : l'entreprise, telle qu'elle est devenue, m'apporte-t-elle toujours autant de satisfaction, et constitue-t-elle donc encore une source de motivation ? Mes talents trouvent-ils à s'exprimer pleinement dans cette nouvelle configuration ? Ai-je toujours l'opportunité d'apprendre et de développer ma curiosité et mes compétences ? Suis-je toujours autant légitime aux yeux de mes équipes, quant à ma capacité à recruter les meilleurs, puis à les faire monter en puissance ? Suis-je un frein ou un moteur pour la croissance ?

En s'accrochant inutilement aux rênes de son entreprise, l'entrepreneur l'expose aux risques de sa propre inexpérience : refuser des profils plus âgés et plus expérimentés, par peur des éventuels conflits d'autorité ; avoir en aversion les structures très organisées et hiérarchisées, et ne pas savoir mettre en place une bonne gouvernance ; faire face à ses limites de compétences et freiner le développement, par peur de s'y confronter – développement international, levées de fonds, croissance externe, etc. ; se complaire dans des projets secondaires, par goût pour l'opérationnel, en occultant les enjeux majeurs de la croissance.

Il aurait pourtant tant à gagner en prenant ce recul qui allège un peu les responsabilités. Il retrouverait une nouvelle liberté : celle de réfléchir et de se projeter ; redevenir l'entrepreneur qu'il a été, finalement.

Fany Péchiodat

MY LITTLE PARIS

J'ai participé à la biennale du Réseau Entreprendre il y a quelques années. Une phrase de Simone de Beauvoir, citée lors d'une des conférences, m'a particulièrement marquée : « Il faut savoir changer pour rester soi-même. » Elle résume peut-être à elle seule ce qui nous a motivés, mes 5 associés et moi, pour vendre notre société au groupe média Aufeminin.com.

Si nous avions sans doute été de bons entrepreneurs, pour conduire le groupe My Little Paris de 0 à près de 20 millions d'euros de chiffre d'affaires, nous avions conscience qu'il fallait désormais un autre type d'actionnaires pour nous accompagner sur la voie d'un développement encore plus important. Le groupe avait besoin d'autres qualités et de nouveaux profils de managers pour gérer des équipes toujours plus expertes et plus larges ; il lui fallait également d'autres moyens pour viser de plus grandes ambitions. Ce relais nous paraissait enfin indispensable pour conserver cet ADN qui a fait le succès de My Little Paris : être curieux, découvrir, innover sans cesse... tout en se faisant plaisir.

Partis d'une simple *newsletter*, nous avons exploré de multiples territoires : applications mobiles, box, e-commerce, et même une nouvelle forme d'éducation avec The School of Life. Nous souhaitions voir plus loin et plus grand. Nous avons donc su, je crois, lâcher les rênes au bon moment, pour permettre à My Little Paris de changer... tout en restant elle-même.

À retenir :

- On est soit un pionnier-développeur, soit un manager-développeur, mais rarement les deux à la fois.
- Une clé : identifier son domaine de talents et savoir rester concentré dessus ; prendre conscience de ses zones de faiblesses, et les déléguer à de vrais experts.
- Garder en tête que nul n'est indispensable, et se dire aussi que c'est finalement la vraie chance de l'entreprise.

RISQUE N° 79 | S'autoriser des enjeux secrets entre associés

« Toute confiance est dangereuse si elle n'est pas entière : il y a peu de conjonctures où il ne faille tout dire ou tout cacher. »

Jean de La Bruyère

41 % ... avaient imaginé ce risque avant de créer leur entreprise

18 % ... ont été confrontés à ce risque dans leur parcours d'entrepreneur

50 % ... le considèrent à présent comme un risque majeur pour le projet d'entreprise

À quel moment est-on le plus exposé à ce risque ?

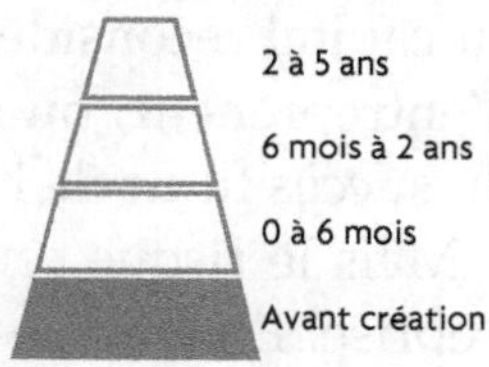

Rien qu'en associant les deux mots, on pressent qu'il doit y avoir quelque-chose de pas très clair derrière tout cela. « Enjeu secret » : un duo qui sonne comme le mariage d'un événement futur – un grand projet, une information cruciale, ou encore des décisions aux conséquences importantes – avec le besoin de ne rien dire, pour en rester le seul bénéficiaire.

Les enjeux secrets savent donc rester discrets. Ils sont ces messages qui ne se disent pas entre associés, notamment au moment de la création de l'entreprise. Des secrets qui pourraient impacter la relation d'associés, voire remettre en question la décision d'entreprendre ensemble. En parler serait un risque pour l'histoire d'entreprise en cours ? On le garde donc plutôt pour soi…

Un co-fondateur qui se sait sensible au risque, par nature ou par contexte car il doit rembourser un emprunt immobilier, financer les études de ses enfants, payer une pension alimentaire lourde à son ex-femme, ou qu'il craint tout simplement de réduire son train de vie ; qui a conservé son emploi salarié en s'engageant à rejoindre la nouvelle entreprise dans un an, tout en discutant par ailleurs avec son actuel employeur d'une évolution de carrière ou d'une mutation à l'étranger ; qui s'associe avec l'idée de prendre le pouvoir et d'évincer ses autres associés, le moment venu ; ou encore qui vit une situation personnelle complexe – maladie d'un proche, divorce – l'éloignant des préoccupations de l'entreprise en cours de création : il existe de multiples sujets que l'on peut vouloir cacher à ses futurs associés.

Car le risque personnel est évidemment non négligeable : être écarté de l'équipe des fondateurs, voir sa participation au capital reconsidérée et réduite, perdre le statut valorisant d'entrepreneur, ou encore ne pas pouvoir récolter les fruits du succès futur de l'entreprise.

Mais le risque est avant tout collectif : il est celui de l'entreprise. En effet, les enjeux secrets remettent en question les fondations mêmes de la nécessaire relation de confiance et de vérité qui doit animer les associés. Ils constitueront, une fois découverts, un sujet de discussion supplémentaire et une pollution dans un quotidien d'entrepreneur déjà très largement occupé. Ils trompent les associés qui s'engagent en croyant connaître toutes les données de leur engagement, alors que certaines d'entre elles, inconnues, auraient pu les conduire à agir différemment. Ils comportent un risque en matière d'organisation : attendre l'arrivée d'un associé qui ne rejoindra finalement jamais l'aventure. Ils peuvent aussi déstabiliser l'équilibre entre associés en créant des clans – les indulgents d'un côté, et ceux qui trouvent ces secrets inacceptables de l'autre – et fragiliser ainsi l'homogénéité du corps associé. Ils créent enfin un sujet qui ne peut pas forcément avoir de réponse rapide : comment faire sortir un associé qui ne peut plus répondre aux besoins de l'entreprise, sans passer par d'interminables discussions sur la valorisation des parts, etc. ?

S'autoriser des enjeux secrets entre associés revient donc à entrer dans le monde de la tactique et de la politique. Soyez-en persuadés, il y a bien d'autres choses prioritaires à traiter.

David Hamelin

VERIFIMMO

Lors de certains rachats d'entreprise, le montant du projet oblige à réaliser un montage financier incluant plusieurs investisseurs. Cette association peut se limiter au seul partenariat financier, mais bien souvent – et dans l'intérêt de l'entreprise – elle s'envisage comme un vrai partenariat stratégique, chacun participant activement au développement de l'entreprise.

Dans le cas de l'entreprise que j'ai rachetée en 2011, il est très rapidement apparu que le partenaire investisseur n'interviendrait qu'à titre financier, et que, dans ce contexte, j'envisageais sa sortie du capital dans un délai court (2 à 3 ans maximum). Ce partenaire financier devait donc permettre de réaliser l'opération de rachat, sécuriser le *business model*, aider l'entreprise à faire la preuve de sa capacité à se développer et générer du *cash flow*. Une sorte de préparation pour une future levée de fonds plus ambitieuse, qui me verrait alors reprendre la majorité des parts de l'entreprise, en rachetant notamment les parts du premier investisseur.

J'avais donc en tête mon enjeu secret : développer l'entreprise en créant de la valeur, mais pas trop, pour éviter de valoriser trop fortement l'entreprise, et de devoir payer très cher le rachat des parts...

Convaincu de mes chances de succès, j'ai accepté des clauses défavorables pour moi dans le pacte d'associés ; des clauses fortement pénalisantes, si les résultats sur lesquels je m'étais engagé n'étaient pas atteints comme prévu (formule de rachat de mes actions en cas de non-atteinte des objectifs). La crise de l'euro, à l'été 2011, a eu raison de mon enjeu personnel : je me suis trouvé dans l'impossibilité d'atteindre les objectifs fixés. L'investisseur s'est alors servi de sa position d'associé majoritaire pour me révoquer et racheter les parts sociales que je détenais, et ce, dans des conditions très défavorables pour moi.

Cette mésaventure m'aura appris 2 choses : que si l'on s'autorise des enjeux secrets vis-à-vis de ses associés, on n'est sans doute pas seul à le faire ; et qu'un enjeu à long terme est forcément virtuel, tant le contexte de l'entreprise peut changer rapidement dans un monde toujours en mouvement. Une seule chose prime donc : savoir rester vigilant.

À retenir :

• Être transparent entre associés, cela rapproche et cela soude. Une complicité qui rend l'aventure d'entrepreneurs plus facile et plus belle à vivre.
• Les enjeux secrets se découvrent forcément un jour. Plus ils le sont tard, plus la rancœur risque d'être forte, et moins grande sera la marge de manœuvre pour réagir.
• S'autoriser des enjeux secrets, c'est accepter l'idée que d'autres puissent en avoir aussi.

RISQUE N° 80 | Se comparer entre associés

« En rugby, il y a ceux qui jouent du piano
et ceux qui les déménagent. »

Pierre Danos

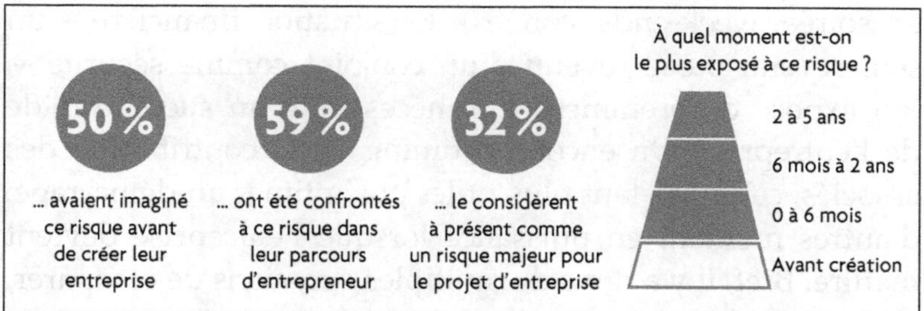

« Vous voulez être malheureux ? Comparez-vous ! » Cette phrase empreinte de vérité est certes valable dans la vie personnelle, mais au moins tout autant dans la vie professionnelle. Lorsque l'on s'engage dans un projet qui mobilise plusieurs associés, il faut la garder à l'esprit en permanence, tant se comparer représente un risque pour le bon équilibre des relations.

Se comparer est comme un réflexe. On le fait, souvent sans réfléchir, pour se positionner et s'évaluer. Et puis créer une entreprise, c'est unir les destins : l'implication et la contribution de chacun auront donc un impact direct sur le destin des autres. Par ailleurs, la répartition du capital a permis de définir ce que l'on attend de chaque associé. En comparant son investissement personnel dans l'entreprise, on tente de vérifier que cette répartition initiale est toujours juste.

Et en matière de critères de comparaison, le choix est plutôt vaste. La disponibilité, tout d'abord, certains s'engageant à 100 % en quittant leur entreprise, quand d'autres s'engagent de façon plus mesurée en conservant leur poste et tous les avantages associés : salaire confortable, vacances et RTT, assurance chômage, etc. Les conditions du départ de l'entreprise précédente, ensuite : licenciement ou rupture conventionnelle qui garantissent une indemnisation par Pôle emploi, ou démission sans aucune sécurité financière, pour les plus optimistes. La situation personnelle (célibataire ou vie de famille), qui implique des contraintes d'organisation et des temps de présence dans l'entreprise forcément différents (disponibilité en soirée, week-ends, congés). La situation financière – un seul revenu ou le revenu d'un conjoint comme sécurité –, qui expose différemment à la nécessité d'un succès rapide de l'entreprise. Ou encore le timing de la contribution des associés, certains étant plus utiles et légitimes au démarrage, d'autres montant en puissance lorsque l'entreprise devient mature. Bref, il y a donc de multiples occasions de comparer, et de multiples occasions d'y trouver de mauvaises réponses.

Car se comparer, c'est accepter la conséquence de la comparaison : le jugement, toujours teinté d'un peu de reproche. C'est oublier aussi que chacun vit l'entreprise différemment, en fonction de son rapport au risque, de sa situation personnelle, de son rapport au travail et à l'effort, de son expérience, etc. Le jugement est un risque d'éloignement entre associés, et, lorsque le sentiment de vivre une injustice s'immisce dans les relations d'associés, cette pensée a vite fait de devenir une obsession. Ce qui compte devient alors moins le développement de l'entreprise que la nécessité de rétablir la justice : un combat bien loin de l'intérêt premier de l'entreprise, et le risque de consacrer son temps utile aux discussions et à la négociation. Qui plus est, se comparer est toujours subjectif, celui à qui vous reprochez son manque de disponibilité aura peut-être, de son point de vue, l'impression d'en faire déjà beaucoup. Autant dire que les discussions risquent vite de devenir stériles.

Une entreprise est une aventure qui s'inscrit dans la durée et, surtout, qui voit les hommes, les femmes et les contextes changer. S'associer, c'est comprendre la réalité des changements qui s'opèrent, et considérer que l'injustice que vous avez le sentiment de vivre aujourd'hui sera peut-être remplacée demain par une autre : celle que vous-même ferez vivre aux autres. Une seule chose compte finalement : quelle est l'envie véritable d'avancer ensemble ?

À retenir :

- Se comparer est le meilleur moyen d'avoir des choses à reprocher.
- La comparaison n'a pas de sens. Les parcours, les personnalités et les contextes sont tous différents.
- Ne pas hésiter à créer des obligations communes – ne pas travailler le dimanche, partir à 18 h 2 fois par semaine – comme un symbole pour introduire une notion d'égalité.

RISQUE N° 81 | Se laisser griser par les soirées d'entrepreneurs

« Le jazz, c'est ce qui nous permet d'échapper à la vie quotidienne. »

STÉPHANE GRAPPELLI

32 % ... avaient imaginé ce risque avant de créer leur entreprise

23 % ... ont été confrontés à ce risque dans leur parcours d'entrepreneur

9 % ... le considèrent à présent comme un risque majeur pour le projet d'entreprise

À quel moment est-on le plus exposé à ce risque ?

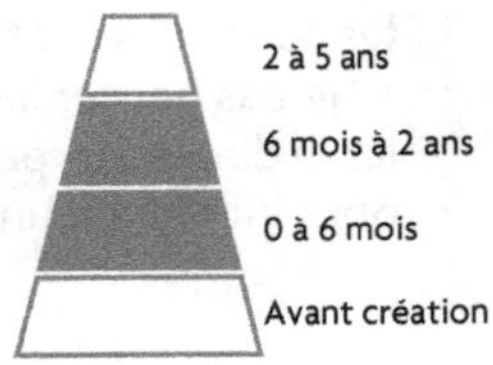

La création d'entreprise est un *pass* VIP. Elle donne accès à un univers d'initiés, à ses soirées, à ses réseaux, au privilège de faire partie d'un club. Être entrepreneur fait entrer dans une nouvelle famille dont les membres se reconnaissent et se respectent, sans distinction sur la taille de l'entreprise, son chiffre d'affaires, son succès ou ses ambitions. Ils ont entrepris, et cela compte plus que tout. Ils font bouger les lignes ; ils prennent des risques et ils ont pris leur destin en main.

Pour les noceurs de l'initiative, les occasions de mélanger travail et plaisir ne manquent jamais. Salons, clubs, cocktails, ou *think tanks*, il y en a pour toutes les envies et pour tous les échanges – de la mise en relation au simple partage de tuyau. Et l'on y va forcément pour de bonnes raisons : s'extraire de son quotidien ; prendre un *shot* revitalisant au contact de ceux qui vivent la même chose ; partager ses succès et chercher la reconnaissance de ses pairs ; communiquer sur son entreprise et s'exposer à de nouvelles opportunités ; ou encore chercher les félicitations qui sonneront comme une récompense à tous les efforts consentis.

Mais, comme dans tout, l'excès est la mère de tous les déséquilibres. Courir les soirées d'entrepreneurs, c'est accepter plus loin encore que le temps de l'entreprise empiète sur celui de la récupération et de la reconnexion à ses proches. Comme si les journées à rallonge ne suffisaient pas… Le risque est donc d'en faire une activité à part entière, comme le prolongement naturel de son temps de travail. Certains s'en font même une obligation, par peur de passer à côté de quelque-chose qui pourrait être bénéfique à l'entreprise. Ils en oublient ainsi qu'ils sont aussi en train de passer à côté d'une chose plus bénéfique encore : du temps pour eux, pour leur famille et pour leurs proches ; un temps qui ressource et remotive.

D'ailleurs, l'effet de la confrontation aux autres n'est pas toujours si positif : l'entrepreneur est toujours dans une posture qui donne à l'histoire qu'il raconte un cours plus beau qu'il n'est en réalité. Aller écouter d'autres histoires, c'est s'exposer ainsi au décalage entre ce que vous vivez vraiment et les histoires des autres, forcément belles, réussies, riches et enthousiasmantes. Il n'y a pas de place pour les difficultés et les échecs dans le monde des réunions d'entrepreneurs. Et la tentation de se comparer peut alors avoir l'effet inverse à celui escompté.

À retenir :

- Le temps de l'entrepreneur étant compté, choisir de participer à un événement, non parce que l'on y est convié, mais parce que l'on a réellement envie – ou un intérêt objectif – d'y participer.
- Garder en tête qu'il y a un écart parfois important entre les vies d'entrepreneur que l'on entend et leur réalité.
- Ne pas se laisser prendre à son propre jeu de la belle histoire qui pousse à multiplier les soirées pour continuer à la raconter et à s'extraire de son quotidien.

RISQUE N° 82 | S'entêter sans fin, s'entêter trop loin

« Si la cause est bonne, c'est de la persévérance.
Si la cause est mauvaise, c'est de l'obstination. »

LAURENCE STERNE

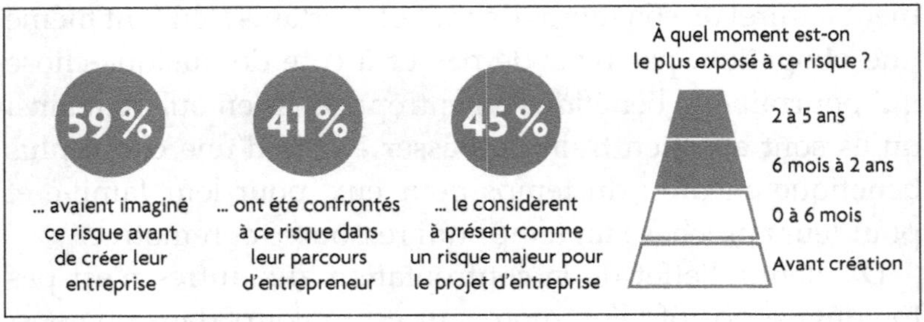

Confiant jusqu'au bout, l'entrepreneur ? Ténacité, pugnacité, engagement, vision – voilà les qualités que l'on aime rappeler pour qualifier ce qui fait sa force. Et, du coup, prendre conscience de la nécessité de changer, voire d'arrêter lorsque les résultats se font trop longtemps attendre, a tout du « contre nature ».

L'entrepreneur s'entête donc, comme pour se protéger de l'idée d'un abandon dont il faudra assumer la décision. Et puis, à quel moment savoir qu'il devient temps d'arrêter ? Il y a tant d'exemples de visionnaires qui, à force de courage et de conviction, ont réussi à donner raison à leur entêtement. Il aura fallu ainsi 5 années de développement et 5 127 prototypes pour que l'aspirateur sans sac Dyson devienne une histoire d'entrepreneur que l'on prend désormais en exemple. Que dire aussi de Richard Branson, le patron de Virgin, et de son partenaire de défis, l'homme d'affaires et aventurier Steve Fossett – malheureusement disparu, qui, à force d'obstination et d'imagination, ont su repousser contre toute attente les limites du possible.

Et puis en abandonnant, on se crée une incertitude éternelle : celle de ne pas savoir si l'on a eu raison ou non de le faire – interrogation que seul le succès d'une future aventure permettra d'atténuer un peu.

Enfin, la décision d'arrêter entaille l'image que l'on a de soi. Elle interroge l'entrepreneur sur sa capacité de visionnaire. Abandonner, c'est devoir reconnaître que l'on s'est trompé : il y a eu décisions plus valorisantes pour l'ego.

Mais le risque est grand à s'entêter trop loin, car, plus l'on repousse la décision de mettre fin à un projet qui ne prend pas, plus la trésorerie se consume et plus on réduit, voire hypothèque, sa capacité à investir sur un autre projet. On se crée alors une pression forte : la nécessité que le succès du prochain projet soit immédiate. De plus, l'obstination est un risque de démobilisation des équipes, lassées de courir après un résultat qui ne vient jamais. On risque également sa propre lassitude à force d'épuiser les réserves physiques et mentales sans contrepartie, et de ne plus entrevoir ce qui permettrait de rebondir, en agissant autrement.

Par ailleurs, le « trop tard » peut aussi avoir des conséquences juridiques lourdes : ne pas déclarer sa situation de cessation de paiement dans les délais légaux, par exemple. Penser que l'on va se refaire, avec l'optimisme d'un joueur de poker, peut conduire à engager sa responsabilité de dirigeant sur le plan civil et pénal. Ce n'est plus seulement un risque d'entreprise que l'on gère alors, mais un risque étendu à son patrimoine personnel.

S'obstiner est enfin une extension du risque aux tiers. Décaler les « paiements fournisseurs », augmenter son découvert bancaire, accepter les « projets clients » et encaisser les acomptes sans avoir la garantie de pouvoir poursuivre, c'est décider de façon unilatérale d'exposer ses partenaires à son propre risque d'exploitation. C'est aussi une garantie, celle d'entacher son image, et d'anéantir la confiance que l'on pourrait vous accorder pour une future aventure entrepreneuriale.

Aller trop loin peut donc signifier aussi ne plus pouvoir repartir.

Maÿlis Dupont
COMMONPLAY

Lorsqu'on parle d'entrepreneuriat, on parle souvent du courage et de l'audace qu'il faut avoir pour se lancer. À raison. Mais, s'il est difficile de se lancer, je dirai qu'il est plus difficile encore de s'arrêter ; de prendre la décision de stopper une aventure que vous avez portée avec toute l'énergie possible, dans laquelle vous avez investi un maximum de ressources (des ressources financières, des compétences humaines, votre réseau, tout votre temps disponible, etc.) et qui vous a donné, le temps qu'elle a duré, une identité forte et agréable à porter de « fondateur, dirigeant d'entreprise ».
Quels signaux écouter ? Jusqu'où va la ténacité, jusqu'où va la témérité ? Où commence l'entêtement ? Le risque est qu'embarqué dans l'action, on perde le pouvoir d'en juger. Aucune des difficultés que ma société a connues côté *business* (de la lenteur du cycle de vente à la difficulté ponctuelle à délivrer la promesse, de l'impossibilité de passer à l'échelle sur le premier *business model* au manque de traction sur le second), ni aucune des épreuves qu'elle a plus généralement endurées (défaillance d'un fonds d'investissement, bataille juridique et politique sur le crédit impôt recherche, retard et finalement abandon d'un partenariat industriel) ne constituaient des alertes assez fortes pour me décider à réévaluer ce qui se jouait. Jusqu'au moment où la scène privée a craqué : c'est à ce moment-là seulement que j'ai trouvé le courage de renoncer.

À retenir :

- On ne sait jamais vraiment quand le moment est venu d'arrêter. Une seule question à se poser : jusqu'où va l'envie, et la capacité d'en assumer les conséquences ?
- Garder en tête que, plus on va loin, plus on s'obstine, plus on court le risque de s'arrêter trop tard.
- Faire de la ténacité et de la pugnacité un choix, et non une obligation.

Heure 10

Passer du laxisme et des omissions à l'exigence

RISQUE N° 83 | Négliger la rédaction des statuts

« L'art d'être tantôt très audacieux et tantôt très prudent est l'art de réussir. »

NAPOLÉON BONAPARTE

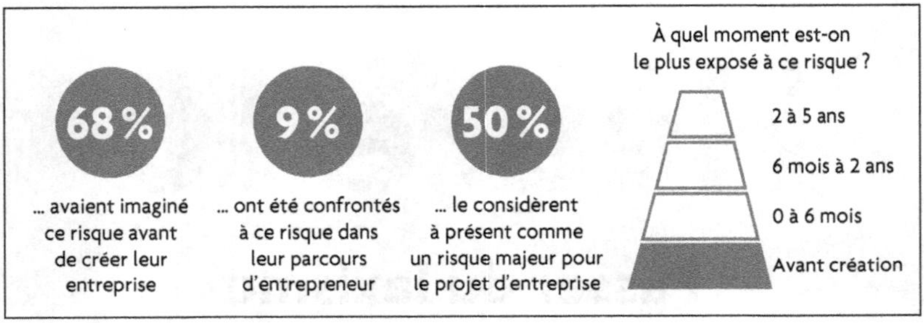

Quand on pense aux statuts, il y a beaucoup de mots qui surgissent comme des associations réflexes : juridique, administratif, long, fastidieux, compliqué, avocats, clauses,... On ne peut pas dire que le sujet déclenche le plus vif enthousiasme chez les futurs créateurs d'entreprise, qui les voient comme un passage obligé et, pour la plupart, comme une contrainte dont ils se passeraient bien. Parfois même, cette contrainte est telle que les statuts sont bâclés, afin de pouvoir rapidement passer à autre chose.

S'ils sont autant à les négliger, c'est que les entrepreneurs sont souvent dans l'incapacité de mesurer leur valeur et leur portée, principalement par manque d'expérience ou de connaissance juridique. Les statuts sont pourtant fondamentaux. Ils définissent les règles qui fixeront le cadre pour piloter l'entreprise et prendre des décisions sans contestation possible.

L'un des travers de l'entrepreneur qui débute est de raisonner en temps marginal, en comparant le temps des tâches par rapport à la somme des choses à faire, sans considérer le risque couru à ne pas y accorder le temps nécessaire. Lorsqu'il s'agit alors de choisir entre « prendre du temps pour rédiger les statuts » et « travailler le marketing de l'offre ou le *business model* », le choix est souvent vite fait. Il est vrai que se plonger dans les statuts, c'est devoir se projeter dans le futur, et imaginer des situations complexes à résoudre. L'impatience et l'envie d'en venir au véritable sujet de l'entreprise – créer, développer, vendre, diriger – sont souvent plus fortes que la raison.

Récupérer des statuts en ligne, ou reprendre à l'identique les statuts d'une autre entreprise, en oubliant qu'il n'y a pas deux histoires et contextes d'entreprise semblables ; demander des conseils rapides autour de soi sans considérer que la personne sollicitée n'aura sans doute ni le temps, ni l'envie, ni les éléments clairs et suffisants, ni peut-être les vraies compétences pour apporter un éclairage pertinent ; ou encore considérer la rédaction des statuts sous le seul angle de la dépense, et viser l'économie en cherchant une prestation *low cost* : ce ne sont là que quelques exemples des erreurs facilement commises, propices à créer de vraies complications futures.

Et pourtant, en négligeant les statuts, on n'imagine pas combien le temps que l'on croit gagné aujourd'hui, n'est rien à côté du temps qu'il faudra consacrer demain, pour débloquer les situations compliquées (entrée ou sorties d'actionnaires, augmentation de capital, nomination ou révocation de dirigeant, pouvoirs du gérant, etc.). De mauvais statuts, c'est un risque de discussions sans fin, voire de blocage, si les conditions de sortie d'un associé – critères de valorisation de l'entreprise, échelonnement du paiement pour ne pas fragiliser la trésorerie, raisons qui motivent la décision d'exclure un associé défaillant – n'ont pas été clairement définies. C'est un risque aussi pour le fonctionnement des organes de décision et l'exercice du pouvoir (règles de convocation d'une assemblée générale, quitus nécessaire pour décider, pouvoir du président de SA ou SAS, du gérant de SARL). Un risque, encore, pour le développement de l'entreprise (conditions d'agrément d'un nouvel investisseur, par exemple).

La bonne rédaction des statuts est donc une assurance sérénité. La négliger, c'est se priver de la notice de fonctionnement de la machine « Entreprise ».

Jean-Marc Satta

ARAGON-eRH, GROUPE DIGITAL DIMENSION-ECONOCOM

Lorsque j'ai créé l'entreprise, j'avais une priorité absolue : transformer l'offre innovante que j'avais imaginée pour en faire une vraie réussite d'entreprise. Toute mon énergie était donc concentrée sur ce qui me permettrait de développer commercialement l'entreprise. Et si je devais passer un peu de temps sur les aspects juridiques, c'est sur le contrat commercial qu'il me fallait investir.

J'ai donc considéré la rédaction des statuts comme un sujet totalement accessoire. Il ne m'intéressait pas. En outre, je montais une entreprise classique (SARL) avec des statuts très encadrés, et je m'associais avec des gens que je connaissais. Le risque me paraissait inexistant.

Je me suis donc tourné vers la solution la moins coûteuse que j'avais trouvée – une prestation facturée 500 euros – et j'ai parcouru le document produit en diagonale, sans véritablement m'intéresser aux implications réelles de chacune des clause. Mal m'en a pris : confronté à la nécessité de me séparer d'une associée, je me suis rendu compte que les statuts ne protégeaient pas l'entreprise. Pour motiver cette personne à rejoindre l'entreprise, je lui avais cédé un certain nombre de parts à la valeur nominale, soit 1 euro. Mal couverte par des statuts insuffisamment précis, et en l'absence de pacte d'associés, l'entreprise n'était pas en situation de peser dans les négociations, face à cette associée pourtant minoritaire. La légèreté dont j'avais fait preuve a eu un coût : 25 000 euros. J'aurais sans aucun doute pu largement le réduire, en acceptant de consacrer quelques milliers d'euros à la rédaction de statuts parfaitement en phase avec mon contexte d'entreprise.

J'ai depuis rédigé de nouveaux statuts, simples mais clairs et protecteurs, auxquels je peux me référer pour toute question liée au fonctionnement de l'entreprise.

À retenir :

- Le recours à un spécialiste (avocat) est un investissement prioritaire pour doter l'entreprise de vrais statuts.
- Les statuts, c'est une notice de fonctionnement mais aussi de règlement des différends éventuels.
- C'est une assurance sérénité pour l'entrepreneur.

RISQUE N° 84 | Se passer de contrat, en oubliant qu'il est le meilleur souvenir des engagements pris

« Il est mal de violer sa parole sans raison ;
mais on trouve toujours une raison. »

FRÉDÉRIC II DE PRUSSE

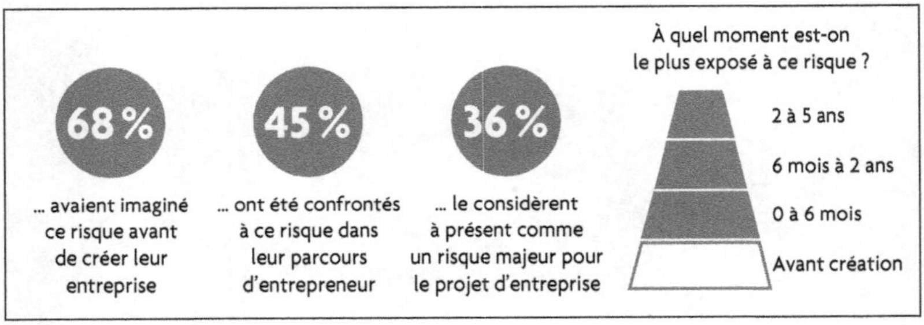

Il suffit parfois d'une bonne poignée de main, suivie d'un de ces déjeuners qui réinventent la vie et soudent les grandes amitiés, pour se sentir durablement liés. « Faire affaire » ou « s'entendre » est donc parfois d'une immense simplicité : un engagement moral pris au son de la parole donnée. Un mode de fonctionnement, certes non dépourvu d'une certaine noblesse, qui plongerait presque l'entrepreneur dans l'atmosphère d'un polar italien en noir et blanc.

Le contrat, ce document formel et signé par au moins deux parties, n'est donc pas toujours un réflexe d'entrepreneur. Étonnant ? Non, et plutôt assez courant. Car un contrat, c'est quand même très contraignant : cela prend du temps, qui plus est sur un sujet juridique dont on se fait rarement une passion… Et puis l'on vient d'avoir l'accord du client, la relation se passe vraiment bien, les rencontres sont fréquentes et cordiales, l'information s'échange en toute transparence et l'envie de travailler ensemble est partagée : pour quelle raison ne se ferait-on donc pas confiance ? D'autant plus que faire confiance permet de gagner du temps et de consacrer moins d'effort. Avouez qu'il n'y a là que des avantages…

Mais en s'abstenant de signer un contrat qui formalise les engagements pris, l'entrepreneur oublie en réalité plusieurs choses. Tout d'abord, que l'on se souvient toujours plus facilement de ce qui est écrit. La mémoire est quand même terrible : elle souffre de distraction ! Par ailleurs, les contextes des entreprises changent (métier, offre, concurrence, résultat, trésorerie, etc.) ; or les engagements sont quasiment toujours pris dans un contexte donné. Il y a donc de fortes chances pour que la valeur de ces engagements et leur pertinence pour celui qui s'est engagé changent aussi. Dernier point, le respect de la parole donnée et des engagements pris est malheureusement devenue une valeur bien désuète, sinon totalement ignorée dans le monde de l'entreprise. S'il faut sans doute le regretter, il faut encore plus sûrement s'en prémunir ; et pour ce faire, la meilleure des garanties reste le contrat.

Ce document est à la fois une notice et un rempart contre l'oubli et la mauvaise foi. Il précise le cadre de la collaboration (périmètre du service) ; il définit les obligations réciproques ; il précise les conditions (tarifs, délais, pénalités) ; il indique comment traiter les litiges. Le contrat est le meilleur des compagnons, car il est convenu, signé, et devient ainsi le document référence pour toutes les questions. Qui plus est, il est un argument devant les tribunaux lorsque son non-respect ou les différences d'interprétation conduisent à une situation de blocage.

Se passer d'un contrat est donc un risque important que bien trop d'entrepreneurs acceptent malgré tout de prendre. Et ce risque est multiple : des tarifs qui varient sans prévenir ; des délais non respectés ou un service stoppé sans aucun préavis ; une absence de protection (assurance) ou de pénalités en cas de malfaçon. En d'autres mots, des engagements qui n'ont de valeur que le mot. Et puis, se passer de contrats, c'est aussi réduire la valeur de son entreprise vis-à-vis des investisseurs et des banques, l'entrepreneur n'ayant aucun élément tangible à leur présenter pour les rassurer sur la réalité et la pérennité de son activité. Dernier point, on a toujours tort sans contrat, puisque rien ne permet de prouver la vérité.

Le meilleur des accords commerciaux est donc une poignée de main pour le célébrer, et une signature pour s'en souvenir.

À retenir :

- On réfléchit toujours plus à la valeur de la promesse lorsqu'il faut l'écrire et la signer.
- Les engagements s'oublient pour deux raisons : le temps qui efface la mémoire et les objectifs non atteints.
- Le contrat est une assurance sérénité : il est le meilleur moyen de préserver une bonne relation commerciale.

RISQUE N° 85 | Se lancer sans avoir déposé sa marque

« 80 % de la réussite est dans le premier pas. »

WOODY ALLEN

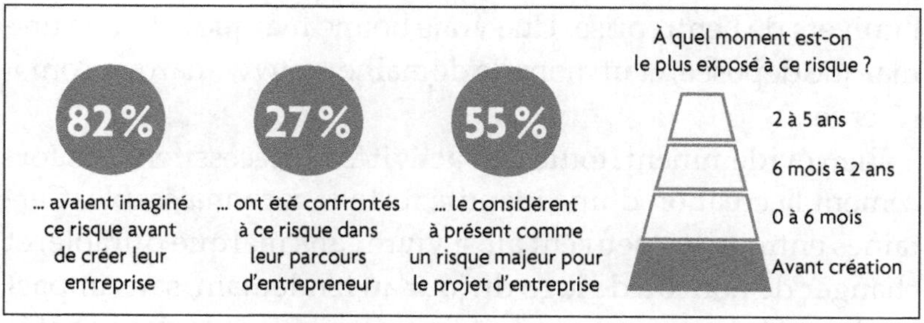

Écoutez un entrepreneur vous parler de sa marque : il s'anime, les yeux brillants des paillettes du succès, sûr d'avoir fait d'un nom, d'un logo et d'un son, son deuxième prénom. Et si l'on passe toujours tellement de temps à chercher la bonne marque, c'est qu'elle n'est pas seulement une identité, elle est aussi et surtout porteuse d'un message. La marque est le volet poétique de l'entreprise.

Des trésors d'imagination sont donc déployés pour chercher cette bonne marque. Celle qui se ressent, parce qu'on la veut émotionnelle et sensorielle. Celle qui flattera son propriétaire, car elle parlera un peu de lui, de sa créativité, de sa sensibilité et de son sens de la bonne communication. Celle, enfin, qui sera le premier symbole d'une réussite annoncée, parce qu'on se sent encore plus fort et plus chanceux quand on est persuadé d'avoir trouvé LA bonne marque.

On a souvent tendance à juger bonne une marque pour ce qu'elle sait véhiculer, pour ce qu'elle représente et pour les valeurs qu'on lui associe. Mais on oublie souvent une chose pourtant essentielle : ce qui rend une marque vraiment bonne, c'est la sécurité qu'on a su lui donner. Une sécurité juridique et marketing, qui garantit la propriété du nom et du logo dans le temps ; qui protège l'entreprise et son activité des nuisances de la concurrence ou de personnes mal intentionnées ; qui lui assure une visibilité durable et cohérente auprès des clients, fournisseurs et partenaires, sans risque de confusion sur l'activité de l'entreprise ; qui assure une existence sur le Web et facilite l'accès des internautes, des clients et des prospects, à l'univers de l'entreprise. Une vraie bonne marque est donc une marque déposée, et un nom de domaine « www.marque.com » réservé.

Bien évidemment, toutes les activités ne nécessitent pas forcément la création d'une identité forte et reconnaissable. Certaines entreprises peuvent ainsi vivre sans marque durable, et changer de nom ou de logo du jour au lendemain, sans impact sur leur développement. C'est le cas par exemple des sociétés de services aux entreprises, au « portefeuille clients » restreint et fidèle, qui n'ont besoin ni d'investissement en image ni de communication pour exister et être contactées.

Le risque sur la marque est donc essentiellement lié au besoin de notoriété des produits et services pour qu'ils se vendent. Pour les marques grand public, une bonne protection de la marque est évidemment indispensable pour se protéger de l'obligation coûteuse et contraignante de devoir en changer, parce qu'un autre l'aura finalement déposée. Les investissements de départ – campagnes de communication, création de l'univers de marque – auront alors été engagés à fonds perdu.

Et pourtant, de nombreux entrepreneurs oublient ou négligent de protéger leur marque. Par laxisme pour certains, qui préfèrent se concentrer sur les aspects opérationnels plutôt que sur ce sujet juridique, considéré comme secondaire ; par naïveté pour d'autres, qui sous-estiment la possibilité que d'autres s'en emparent, parce qu'ils la trouvent bonne ou qu'ils ont intérêt à empêcher l'entrepreneur de l'exploiter ; par procrastination, aussi, en pensant qu'il sera toujours temps, une fois l'activité démarrée, de faire les démarches nécessaires ; par manque de jugement encore, en considérant qu'avoir réservé le nom de domaine dissuadera un tiers de déposer la marque à l'INPI. Par économie, enfin, certains jugeant que 200 euros pour un dépôt sur 3 classes, c'est déjà bien trop cher payé…

À retenir :

- Une bonne marque, c'est un dépôt à l'INPI et un nom de domaine réservé.
- N'engager des investissements de communication que si ces deux conditions sont réunies, ou changer de marque.
- On ne sait jamais ce que le futur réserve : une marque obscure aujourd'hui peut devenir un grand succès demain.

RISQUE N° 86 | Négliger d'investir dans ses talents

« Pour avoir du talent, il faut être convaincu qu'on en possède. »

Gustave Flaubert

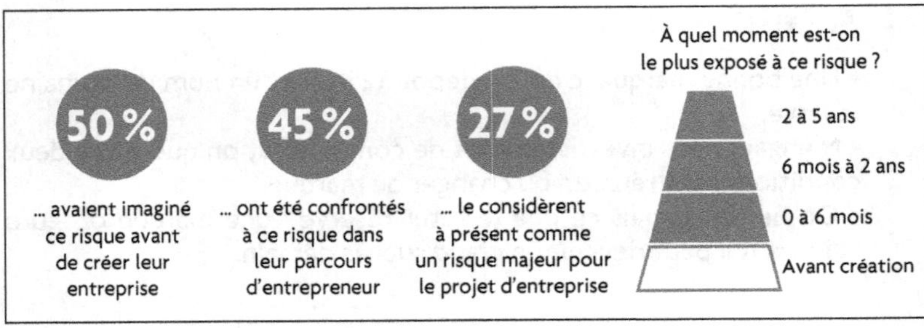

Ah, le talent ! Quel concept empreint de paradoxes : nous l'avons tous en nous, mais peu d'entre nous réussissent à l'affirmer et à pleinement l'exploiter. Beaucoup, en revanche, finissent par l'oublier... Et ce travers se retrouve aussi dans le monde des entrepreneurs, aussi surprenant que cela puisse paraître. Ils sont donc nombreux ceux qui le négligent. Pour une raison bien simple, d'ailleurs : ils préfèrent investir sur leurs faiblesses, quitte à devoir produire de plus grands efforts.

Prendre des responsabilités ou occuper des fonctions pour lesquelles on n'a ni compétence ni expérience ; laisser de côté les tâches que l'on sait faire vite et bien ; refuser de s'accorder du temps pour des activités faciles que l'on maîtrise et que l'on pourrait se satisfaire d'avoir bien réalisées ; se disperser dans de multiples fonctions, en voulant voir tout, toucher à tout, contribuer à tout. C'est cela, négliger, voire gâcher son talent.

Et si on le fait, c'est souvent pour de bien mauvaises raisons : une éducation qui aura inculqué le travail comme un devoir, et fait de celui-ci une activité forcément laborieuse, dans laquelle le plaisir ne peut avoir sa place ; une exigence excessive vis-à-vis de soi-même, qui conduit à vouloir tout faire et rend inacceptable l'idée de ne pas être bon sur un sujet, quel qu'il soit ; une méconnaissance de ses vrais talents qui donne à croire que l'on est capable de tout ; la curiosité et le plaisir, qui poussent à explorer sans cesse de nouveaux métiers que l'on n'a, pour certains, jamais eu l'occasion d'exercer – on devient alors un recruteur bien indulgent vis-à-vis de soi-même – ; la naïveté de croire que tout s'apprend, en oubliant que l'entreprise n'a pas forcément le temps d'attendre la fin de la période d'apprentissage de son dirigeant ; ou encore de simples raisons matérielles, lorsque l'on démarre seul ou avec très peu de ressources (il faut donc tout gérer, sans avoir vraiment le choix).

Mais oublier ses vrais talents, en ne mettant l'accent que sur l'effort ou en s'autorisant la dispersion, c'est finalement courir trois risques essentiels. Celui de s'épuiser, tout d'abord, en menant des combats toujours difficiles – aux récompenses incertaines – en oubliant la vertu des succès faciles qui économisent. Celui, ensuite, de perdre du temps, sans bénéficier des réflexes et des automatismes qui permettent d'aller vite et d'éviter les erreurs. Celui, enfin, de ne pas pouvoir donner l'exemple à ses salariés, et perdre ainsi en crédibilité (par exemple, vouloir accompagner ses commerciaux pour vendre, sans avoir le talent d'un bon vendeur).

Il y a déjà tellement à faire avec ses propres talents : savoir les reconnaître, tout d'abord, puis leur laisser le droit de s'exprimer ensuite. Le temps du talent est compté. Restez donc concentrés !

Sandrine Baslé

QUALIVIEW CONSEIL

Jusqu'à très récemment, j'ai vécu la création d'entreprise comme une bataille contre moi-même. Contre mes propres peurs, surtout. Je craignais de perdre ma liberté. J'avais des réticences fortes à me mettre en avant. J'avais peur aussi à l'idée que ce projet que je

• • •

portais, et dans lequel je croyais, puisse ne pas réussir. Je me mettais ainsi une pression sur tout, jusqu'à frôler la paralysie.

Mais ça, c'était avant. J'ai, depuis quelques mois, beaucoup avancé sur ce sujet de la confiance. Je me suis inscrite dans un cercle vertueux, avec le sentiment que, plus j'avance, plus cela devient facile d'avancer. Les événements et les opportunités s'enchaînent et semblent s'auto-entretenir.

Et j'éprouve un vrai plaisir à vivre ce développement porteur.

L'élément clé de ce changement est mon acceptation dans la Pépinière 27 (dans le 11e arrondissement de Paris). Mon entourage m'avait alerté sur mon isolement. Je travaillais seule, trop seule. J'avais pourtant l'impression de bien le vivre : c'était une façon pour moi de préserver ma liberté.

Une fois reçue à la pépinière, j'ai changé le nom de ma structure, fait faire un logo et un site internet. En réfléchissant sur mon positionnement, je me suis donné tous les atouts d'une véritable existence, et les moyens d'être reconnue. Tout s'est enchaîné depuis...

À retenir :

- **Il n'y a pas un talent, mais une multitude de talents. À chacun les siens.**
- **Le talent fait aller vite, et rend faciles les sujets difficiles. Ne risquez pas l'inverse.**
- **Laisser s'exprimer ses talents, c'est se faire plaisir en travaillant. Pourquoi vouloir se complaire dans l'effort ?**

Heure 11

Passer de la passivité et de la faiblesse à l'initiative

RISQUE N° 87 | Repousser à plus tard l'incontournable discussion sur le capital

« N'attendez pas. Le temps ne sera jamais le bon. »

NAPOLEON HILL

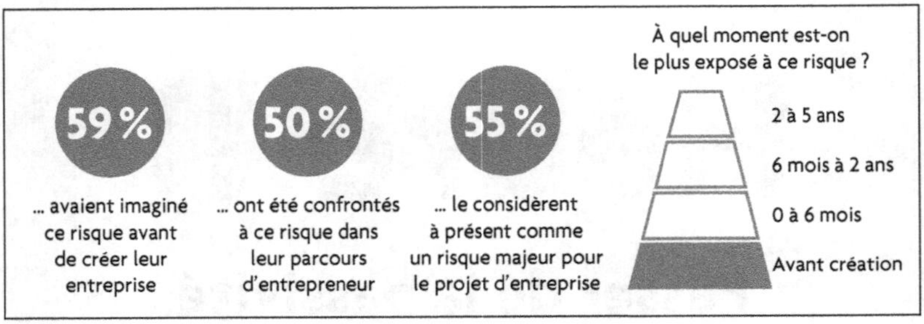

« Et si on se lançait ? » Il suffisait de le dire pour que la mécanique s'enclenche et que de nouveaux rendez-vous secrets se glissent aux extrémités de l'agenda quotidien. Car le début des réflexions sur un projet d'entreprise change la configuration des petits déjeuners et des fins de journée. Ainsi, de réunions matinales avant d'aller travailler aux apéritifs du soir qui s'éternisent, les apprentis entrepreneurs font bouillonner leurs idées et échafaudent leurs rêves de grandeur.

Ces moments sont la magie de l'histoire qui commence. Tout est possible, tout s'envisage. Les futurs associés inventent, « brainstorment », confrontent, remettent en question, se testent, aussi, sans se l'avouer vraiment. Ils multiplient les réunions, investissent leur temps, s'impliquent, font grandir l'idée et sa valeur par leurs réflexions collectives. Ils ont l'impression de penser à tout, d'aborder toutes les contraintes et difficultés, et de tendre vers la réalité de leur projet : « Il n'y a plus qu'à ! » Et pourtant, ils ont dès le départ oublié ou voulu oublier l'essentiel : discuter de la répartition du capital et de l'importance des contributions respectives. Au moment de l'aborder, ce sont les émotions qui prennent le relais, chacun ayant une perception toute personnelle de sa valeur et de son importance dans le projet.

Certes, répartir le capital social ne va pas de soi : les entrepreneurs qui s'y attèlent pour la première fois n'en ont évidemment pas l'expérience. Par ailleurs, il n'existe pas *une* répartition idéale qui s'imposerait à tous. Enfin, le sujet peut mettre mal à l'aise, car il parle d'argent, de pouvoir et d'intérêts personnels, dans une démarche qui se veut collective. Il touche aussi à la propriété de l'idée et à la comparaison des compétences ; il introduit l'idée d'une hiérarchie entre associés, qui tranche avec l'esprit de partage des premières discussions.

Le temps est donc venu pour les premières vraies confrontations. Celui de la première grande erreur, aussi : mal répartir le capital, et risquer l'injustice si les engagements de départ ne sont pas tous respectés. Comment se trompe-t-on ? En se fondant sur les promesses que formulent les associés – date d'arrivée dans l'entreprise, contribution au développement du chiffre d'affaires, activation du réseau relationnel, etc. –, dont il est impossible aujourd'hui de valider la réalité future ; en n'associant pas à cette répartition un pacte d'associés qui formalise les engagements, et un mécanisme de redistribution des parts sociales s'ils ne sont pas respectés ; en définissant une liste des critères de répartition complexes, pour donner un caractère scientifique à un exercice évidemment subjectif ; en répartissant uniquement en fonction des apports financiers possibles ; ou encore en ne se posant pas une question essentielle : quelle histoire d'entrepreneurs a-t-on envie de vivre ? Égalitaire (50/50, 1/3-1/3-1/3, etc.) par philosophie, ou inégalitaire par rationalité…

En se passant d'un échange sincère sur les rôles de chacun et l'esprit de la répartition du capital social, les futurs associés risquent 3 choses : s'apercevoir trop tard qu'ils ne peuvent parvenir à un accord sur ce sujet « capital », découvrir que les personnalités ne s'accordent pas lorsque les désaccords apparaissent, et créer un déséquilibre avec des niveaux de participation qui ne correspondent pas à la réalité des contributions.

« Et si on parlait capital ? » a tout l'air d'être l'une des premières phrases à prononcer, juste après « J'ai une idée ».

À retenir :

- **Aborder la « philosophie » de la répartition du capital avant d'avoir bien avancé sur le projet. Plus on attend, plus cela rend la discussion difficile.**
- **Répartir en fonction de l'apport réel des uns et des autres *aujourd'hui*.**
- **Lier la répartition du capital social à un pacte d'associés.**

RISQUE N° 88 | Laisser couver les non-dits

« Le silence est un aveu. »

EURIPIDE

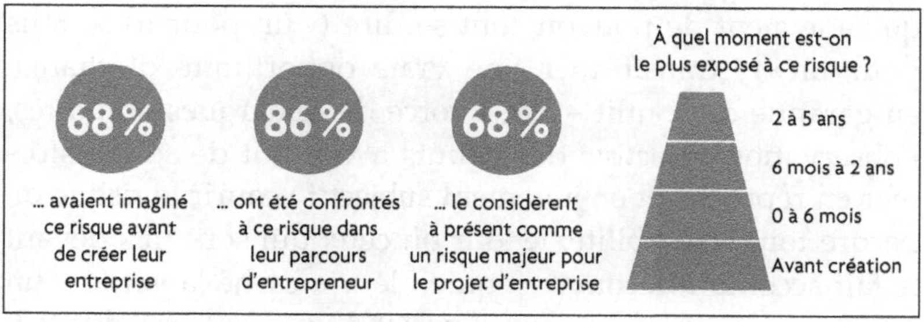

Autant le dire, les non-dits sont un danger qui couve à petit feu. Et, lorsqu'ils contaminent les relations de l'entreprise, internes comme externes, il y a de fortes chances pour qu'ils deviennent un jour une vérité, aussi soudaine… que peu agréable.

Ils surviennent parfois faute de temps, quand la répartition des tâches, la segmentation des responsabilités et l'augmentation de la charge de travail suppriment ces instants volés au quotidien, dont les associés profitaient pour échanger sur tout. Mais on les rencontre aussi dans les travers que l'entrepreneur s'accorde : reprocher à un collaborateur son manque d'implication ou son dilettantisme, et ne pas avoir de conversation directe et courageuse avec lui ; ne pas informer ses investisseurs du risque que les objectifs fixés ne soient pas atteints ; constater que le travail d'un prestataire-conseil ne correspond pas à ce qu'on attendait et se garder de l'évoquer ; ou encore garder pour soi les observations sur les erreurs ou approximations commises par un associé, par peur de tendre la relation.

Il existe une multitude de cas de figure pour illustrer ces silences. Des remarques, des observations ou des informations qui auraient pourtant eu un bien meilleur intérêt, si elles avaient été partagées.

Car les garder pour soi, c'est accepter la gangrène des silences : casser la confiance et la proximité qui soudaient une équipe d'associés, autrefois persuadés et rassurés par l'idée qu'ils avaient de pouvoir tout se dire (« un pour tous, tous pour un ») ; transformer une vraie opportunité d'échange en garantie de conflit – car, à force de remarques non-dites, l'observation objective des débuts a vite fait de se transformer en reproche et en jugement subjectif ; courir le risque de perdre toute crédibilité, le jour où ceux qui sont mis devant le fait accompli découvrent qu'on leur a caché la vérité – un retard ou une malfaçon sur le projet d'un client, des difficultés majeures de trésorerie cachées à des associés qui vous ont confié la responsabilité des finances, etc. ; risquer de devoir faire face demain à une situation qui s'est aggravée, quand une communication rapide aurait pu permettre de réagir vite pour circonscrire les difficultés (un échange qui s'est mal passé avec un client, par exemple).

Les non-dits font finalement entrer dans l'entreprise une chose inacceptable : le manque de courage. L'exact opposé de ce dont l'entrepreneur a su faire preuve pour créer et développer son entreprise. L'esprit d'entreprendre se trouve donc aussi dans la bonne gestion des relations.

Olivier Schwartz

UPSO CONSEIL

En 2009, après avoir passé une quinzaine d'années au sein de groupes internationaux en marketing et *business développement*, je décide de m'offrir une nouvelle vie professionnelle. L'heure des premiers bilans, à l'aube de la quarantaine...

Une opportunité se présente, je la saisis. Ce projet multimédia dans le domaine aéronautique se révèle très ambitieux. Il est porté par deux associés : le premier a une expérience de 25 ans dans le secteur ; le second travaille dans les médias et fournit du contenu aux

• • •

• • •

compagnies aériennes. En quelques semaines, nous nous mettons d'accord et, en un temps record, réglons accord, répartition des parts, dépôt des fonds, statuts formalisés et signés... Il n'y a plus qu'à les déposer.

C'est alors que le CFE nous impose une inscription à la Chambre des Métiers et de l'Artisanat, malgré notre fort aspect innovant : nous refusons, et entrons dans de longues discussions avec l'Administration. Au-delà de l'épreuve de force engagée, nous commençons alors à réaliser que le projet est trop ambitieux par rapport à nos ressources disponibles. Il faudrait continuer à nous battre pour avancer aussi vite qu'au début, prendre des risques plus grands encore, aller chercher des fonds et accepter de composer avec les divergences de points de vue... Car c'est bien là que le bât blesse : nous ne sommes pas faits pour nous entendre, et encore moins pour travailler ensemble. Le pressentions-nous au fil des échanges ? Sans doute, mais nous n'avions jamais pris le temps ou créé l'occasion de nous l'avouer. Nous avions peu à peu laissé les non-dits s'installer entre nous.

Avant même d'avoir pu déposer les statuts de la société, le trio d'associés vole en éclats... et le projet aussi ! Peut-être cela avait-il arrangé tout le monde, finalement : continuer ensemble nous aurait conduits à devoir nous avouer demain ce que nous refusions de nous dire aujourd'hui. Et le vivre mal, forcément...

À retenir :

- **Tout finit par se savoir ou par arriver.**
- **Plus on attend pour dire, pire ce sera.**
- **Les meilleurs alliés de la confiance : la transparence et la vérité.**

RISQUE N° 89 | Cesser d'être entrepreneur une fois les statuts signés

« Une capitulation est essentiellement une opération par laquelle on se met à expliquer au lieu d'agir. »

CHARLES PÉGUY

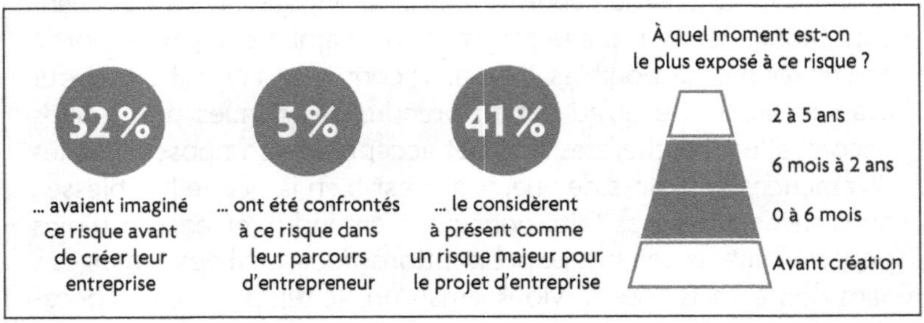

Si l'on vous dit « entreprendre », la plupart d'entre vous vont penser « commencer », « tenter », « agir ». Mais entreprendre a aussi un deuxième sens, que certains ont parfois tendance à oublier : « continuer », « transformer », « consolider ». Il y a donc bien deux grandes idées dans cette notion d'entreprendre : créer et durer. Et la plus difficile n'est pas toujours celle que l'on croit.

Lorsqu'il a créé son entreprise, l'entrepreneur a certes été à la fois courageux de sa décision et performant pour donner vie à son projet. Mais il a été aidé : il était dopé à l'adrénaline ! L'envie de réussir et de prouver, le frisson du risque, le plaisir de vivre un rêve qui se réalise enfin, ou encore la peur d'échouer, démultiplient l'énergie et l'efficacité. L'entrepreneur est porté et son projet en tire tous les bénéfices. Une création d'entreprise, c'est un peu comme l'apprentissage du ski nautique : des progrès fulgurants et spectaculaires au début puis des avancées beaucoup plus lentes ensuite, à coups de réglages techniques et de détails presque insignifiants. Mais c'est bien la prise de risque sans cesse renouvelée qui permet de repousser, chaque fois davantage, la limite de l'échec.

Cesser d'entreprendre, et dès les statuts signés pour certains, c'est confondre la définition d'entrepreneur – un savoir-être – et celle de chef d'entreprise – une position. Si la signature des statuts donne bien une existence juridique à l'entreprise et une nouvelle position à son fondateur, elle ne garantit en rien la capacité de celui-ci à développer son activité. Entreprendre, c'est donc s'inscrire dans un mouvement permanent, fait de prises de risques, de succès, d'échecs et d'apprentissage.

En cessant d'entreprendre, l'entrepreneur risque plusieurs choses : oublier que ne pas prendre de risque devient aussi un risque – celui de perdre son attractivité par manque d'innovation, de se faire rattraper par la concurrence, de se déconnecter des besoins du marché et de ne plus satisfaire durablement ses clients ; celui, encore, de bloquer le muscle des idées – perdre sa capacité à imaginer et inventer – à force de ne plus l'entretenir, et baisser en technicité. Un peu comme un sportif de haut niveau qui stoppe la compétition, perd son agilité, sa réactivité, son endurance et sa capacité à se surpasser et à gagner ; ou comme un Aborigène qui part vivre hors de son environnement et perd la compréhension, le contact fusionnel avec la nature dont il s'est approprié la connaissance au fil du temps. Cesser d'entreprendre, c'est enfin risquer de ne pas vivre sa vraie aventure entrepreneuriale et ce qui en fait tout le sel : donner vie à une inspiration, décider, piloter, recommencer… Bref, renouveler sans cesse.

Et lorsqu'il s'agit ensuite de repartir, les investissements nécessaires sont souvent lourds et coûteux pour remettre en route son actif, c'est-à-dire sa propre capacité à innover, inventer et entreprendre. Exactement comme un outil industriel que l'on aurait rendu totalement obsolète à force de ne pas le maintenir ou investir.

Laisser rouiller l'initiative ? N'y pensez même pas !

À retenir :

- Entreprendre, c'est faire d'une attitude une habitude.
- Le danger réside moins dans le fait de prendre des risques que dans celui de ne plus en prendre.
- Devenir chef d'entreprise ne doit pas être un aboutissement mais un point de départ.

RISQUE N° 90 | Perdre l'esprit malin, la soif de créer et la singularité des débuts

« Les enfants trouvent tout d'un rien,
les hommes ne trouvent rien dans tout. »
Giacomo Leopardi

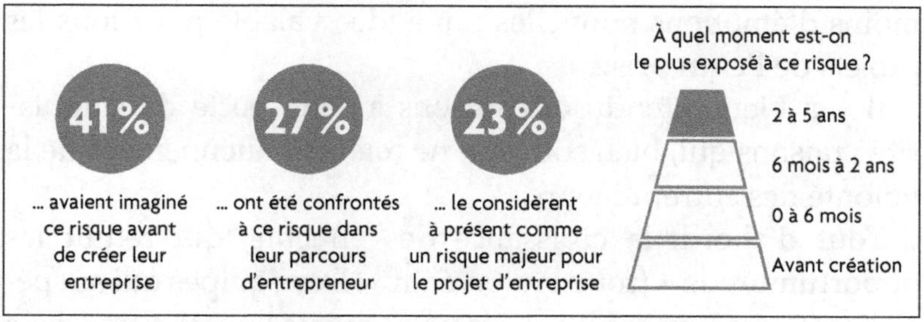

L'innovation frugale ou encore le « *power of zero* » sont dans l'air du temps. Une idée moderne et nouvelle, qui tord les *business models* à l'ancienne et rendrait presque poussiéreuse la notion de TRI – taux de retour sur investissement – tant elle fait de l'investissement une donnée quasi abstraite. « Faire beaucoup avec pas grand-chose » : une idée qui arrange bien des entrepreneurs…

Elle repose sur un principe tout simple : « on est bien plus malin quand on n'a rien. » Et pour une raison d'ailleurs aussi simple que son principe : « on n'a pas vraiment le choix ! »

Dans la plupart des cas, en effet, une entreprise qui démarre n'a pas ou que très peu de moyens. Mais elle a une chance formidable : l'obligation de créer des étincelles, provoquer les surprises et se montrer réactive ; une clé pour pouvoir exister et se rendre visible et attractive. Elle doit faire la différence, et l'absence de facilité financière lui donne les moyens de mettre l'intelligence et l'imagination au centre du projet. Elle peut s'autoriser à surprendre, exprimer sa vraie liberté de penser… Et comme il n'y a pas grand-chose à perdre, autant se faire un maxi-plaisir en tentant le décalage.

Et ça marche, parce que la simplicité est aussi une exception. Observez par exemple les invitations et attentions sans surprise lorsque les entreprises commencent à avoir les moyens de récompenser. L'expérience des premiers temps, qui se vivait comme un voyage, dans un minuscule restaurant thaï, a de fortes chances de devenir, avec la réussite, un dîner convenu dans un restaurant très cher… Plus de moyens, mais moins d'émotions nouvelles : une idée valable pour tous les projets de l'entreprise.

Il y a bien entendu des raisons à cette perte de singularité ; raisons qui, bien souvent, ne relèvent aucunement de la volonté des entrepreneurs.

Tout d'abord, la croissance des effectifs, qui réduit les opportunités de « frottement créatif ». Des équipes qui se spécialisent, que l'on organise par pôles et que l'on disperse dans des locaux plus grands, ce sont moins de moments d'échange entre des profils variés : on y perd ce génie qui surgit de la différence. Et puis, avoir des moyens, c'est aussi la possibilité de s'entourer, de déléguer à des tiers de confiance (conseils, etc.) et même de diluer la créativité, à trop vouloir la répartir.

Or, lorsqu'elle perd sa singularité, l'entreprise se met en risque. Celui de devenir moins attirante pour ses clients tout d'abord, car la séduction se travaille et s'entretient. Sans effort, la relation s'étiole, l'envie et le désir s'évanouissent ; l'offre devient commune et comparable ; elle se concurrence et se remplace.

Risque de démotiver ses salariés, ensuite, car c'est justement ce qu'ils étaient venus chercher dans la jeune entreprise : une singularité et des solutions « bout de ficelle » qui donnaient du plaisir à l'effort, et justifiaient salaires bas et horaires sans compter.

Celui, enfin, de perdre une vraie culture de la frugalité, et de devoir mettre en place des schémas complexes pour la retrouver. Car la singularité est un paradoxe : on rêve d'abord d'avoir les moyens pour faire de grandes choses, et, une fois la sécurité et le confort acquis, il faut mettre en place des process lourds et coûteux pour revenir à ces choses simples et ingénieuses que l'on faisait avant…

David Meulemans
AUX FORGES DE VULCAIN

J'ai créé, en 2010, une maison d'édition qui était alors innovante sur quelques points : toute notre communication était en ligne (nous faisons principalement de la vente directe sur notre site Web). Notre catalogue s'est étoffé, et nous nous sommes rendus compte que, pour continuer à croître, il nous fallait un canal de vente plus « classique », qui nous permettrait de changer d'échelle.
Ce canal, c'est la diffusion en librairie. Nous avons donc établi un partenariat avec un diffuseur-distributeur qui démarche pour nous les libraires et s'occupe de la logistique. S'il nous a permis une belle accélération de nos ventes – elles ont en moyenne été multipliées par 3 – nous avons dû faire face à des contraintes nouvelles : un temps de gestion plus long, directement lié à la taille et à l'organisation de ce nouveau partenaire – beaucoup plus gros que nous – et à la perte de contact direct avec une partie de nos clients, désormais démarchés par des grossistes et des revendeurs (les libraires).
Ces deux points nous ont en quelque sorte ramenés à une économie concurrentielle, dans laquelle nous ne sommes qu'un petit acteur, alors que notre identité et notre mode de fonctionnement particulier nous protégeaient jusqu'alors. Nous travaillons donc à retrouver un esprit original au sein de « l'océan rouge » de la compétition, afin de ne pas laisser s'émousser ce qui faisait notre force !
Le vrai risque est de perdre son identité en grandissant, et de créer soi-même son désavantage concurrentiel. Pour y résister, une solution : s'astreindre méthodiquement à ne pas trop écouter ce que font les autres, et garder en tête la vision initiale du projet.

À retenir :

• On pense souvent qu'il faut des moyens pour créer une entreprise, alors qu'il faut juste de l'imagination, du bon sens et de la créativité. Si vous avez cela, le reste suivra...
• Ne pas se demander ce que l'on ferait si on avait de l'argent, mais ce qu'on pourrait se permettre de faire si on n'en avait pas.
• On n'a rien à perdre quand on n'a rien... donc autant tenter !

RISQUE N° 91 | Confondre déléguer et abandonner

« Céder une fois à la foule, c'est lui donner conscience de sa force et se condamner à lui céder toujours. »

GUSTAVE LE BON

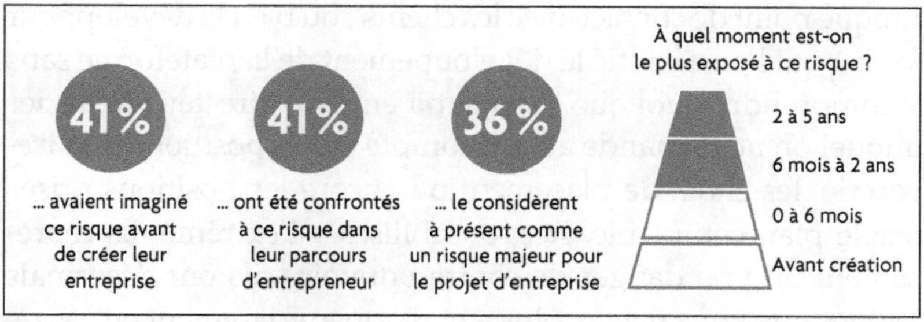

Déléguer est pour beaucoup un but ; l'un de ceux que l'on formule aux premiers mois du développement de l'entreprise, lorsque tout est à faire et qu'on est seul à le faire.

Vendre, acheter, inventer, penser, organiser, compter, communiquer, se défendre – l'entrepreneur du début est un hyperactif multi-casquettes. Aussi, quand vient le temps de constituer une équipe, avec des renforts spécialisés qui complètent et allègent, la mise en roue libre sur certains sujets en arrange plus d'un…

Déléguer, c'est un concept qui s'entend bien avec « confiance ». L'un ne va pas sans l'autre, devrait-on même dire. On délègue donc logiquement, parce qu'on sait qu'il est possible de le faire, et que ceux qui reçoivent cette nouvelle responsabilité sont les mieux placés pour l'endosser. Mais si déléguer a de multiples vertus – s'alléger d'une charge de travail que d'autres feront plus vite et mieux, dégager des plages de temps libre pour réfléchir ou se reposer, s'entourer de personnes inspirantes et motivantes, partager un quotidien que la solitude rendait difficile – il y a un vrai danger à tomber dans le travers d'un abandon sans contrôle.

Car abandonner, plus que déléguer, c'est prendre le risque de perdre la bonne compréhension des sujets et ne plus être ainsi en mesure de décider : en déléguant sans revue régulière ni contrôle, on abandonne la connaissance et, avec elle, la possibilité d'émettre un avis éclairé ou de pouvoir argumenter face aux contradicteurs. Mais on abandonne aussi et surtout le pouvoir que « détenir l'information » confère. Pensez au risque que le commercial fait courir à l'entreprise, en étant le seul et unique point de contact avec les clients ; ou bien le développeur Web à qui l'on a confié le développement de la plateforme sans y comprendre quoi que ce soit ; ou enfin le directeur financier auquel on ne demande aucun compte sur la position de la trésorerie, les choix de placement ou encore les positions prises sur le plan comptable. Responsabilisés à l'extrême, ils représentent un vrai danger de contre-pouvoir – ils ont désormais les clés que vous n'avez plus – et d'appauvrissement en cas de départ de l'entreprise, car ils partent alors avec l'information.

Il y a évidemment bien d'autres risques à l'abandon : découvrir trop tard les prises de risque inconsidérées ou les erreurs, et faire face au coût maximum de leur résolution ; perdre la vision collective, chacun travaillant et décidant en fonction de ses propres intérêts ou aspirations ; risquer la division des collaborateurs, engagés dans des luttes intestines pour s'octroyer le périmètre de responsabilité d'un autre ; ou encore prendre des engagements vis-à-vis de tiers extérieurs à l'entreprise, sans avoir une juste connaissance de la capacité des équipes à y répondre.

Abandonner plus que déléguer, c'est donc peu à peu se couper de la vie de son entreprise. C'est un patron par le statut, entouré des seuls vrais patrons de l'entreprise : les collaborateurs. Un patron bien fragile finalement.

Frédéric Garnier

STUDIOS GARNIER

Le studio que je dirige faisait face à un véritable enjeu de diversification – vers de nouvelles activités notamment la scénographie

•••

•••

et la décoration d'espaces de ventes. J'ai donc décidé, en 2012, de répondre favorablement à l'initiative d'un collaborateur, que j'avais par ailleurs décidé d'associer au capital de l'entreprise. Nous l'avons nommé « chef de projet » sur ce dossier, et je devais intervenir comme support. Il avait la responsabilité de l'offre, de son test auprès de nos clients historiques, puis de son industrialisation, de la recherche de nouvelles ressources pour la mettre en œuvre, et de la recherche de fournisseurs. Je me focalisais, de mon côté, sur la ligne stratégique, la grille tarifaire, l'argumentaire commercial et les documents supports.
Le retour du marché était bon. Mais notre nouveau collaborateur-associé a commencé à prendre de plus en plus de libertés avec les tarifs et la gestion des dossiers. Il ne me consultait pas. Je lui donnais les signes de la confiance en le laissant faire. J'étais débordé par ailleurs. Réagir aurait été rajouter un nouveau sujet à mon quotidien d'entrepreneur surchargé. Je me suis autorisé à accorder la dérive.
Ce n'est qu'au bout d'un an que je me suis intéressé à la rentabilité de cette nouvelle activité. Nous allions dans le mur ! Deux visions s'opposaient : la sienne, celle d'un artisan passionné, focalisé sur l'opérationnel et jugeant accessoire la rentabilité ; et mon souhait de standardiser le concept pour intégrer de nouveaux collaborateurs, prendre plus de commandes et dégager de la marge.
Nous avons alors décidé de nous séparer et j'ai stoppé cette activité qui nécessitait finalement beaucoup trop de temps et d'investissement au regard du potentiel retour. Il m'a fallu un an pour m'en rendre compte. Un an, pour avoir un peu trop facilement délégué. Le prix d'un confort un peu facile, sans doute.

À retenir :

• Plus on délègue, plus les échanges avec les collaborateurs responsables doivent être fréquents, précis et synthétiques.
• Déléguer, c'est passer du « tout faire » au « tout savoir ».
• Quand on délègue à l'excès, c'est son autorité et sa capacité de décision que l'on abandonne.

RISQUE N° 92 | Laisser dériver la vision

« Nous sommes ce que nous répétons chaque jour. »

ARISTOTE

32 % ... avaient imaginé ce risque avant de créer leur entreprise

45 % ... ont été confrontés à ce risque dans leur parcours d'entrepreneur

36 % ... le considèrent à présent comme un risque majeur pour le projet d'entreprise

Avoir la vision, ce n'est pas avoir une bonne vue, mais avoir son point de vue...

La vision est tant de choses à la fois : un chemin, une direction, une destination et une ambition ; un objectif à long terme, qui traduit « ce que l'entrepreneur veut faire de son entreprise », qui réunit et rassemble, qui explique et donne de la cohérence à l'action ; un mélange d'expérience, d'analyse rationnelle (objectif) et d'intuition (subjectif) ; un message fort, court, aux termes judicieux, simple dans sa formulation, qui s'écrit et s'énonce, se transmet et se partage, et se répète inlassablement aussi ; un phare qui éclaire dans les tempêtes et sert de refuge quand les difficultés rendent l'avenir flou et incertain. La vision est l'expression de l'autorité de l'entrepreneur, qui en est à la fois le détenteur et le garant.

Ça ne se formule donc pas à la légère, une vision ! Et plus encore, cela s'entretient et se protège, lorsque l'on a réussi à en faire le moteur de l'entreprise. Car une vision peut facilement dériver, ou plutôt, peut se laisser dériver pour diverses raisons.

La croissance de l'entreprise, tout d'abord. Elle rend le message plus difficile à transmettre, dans son contenu et sa fréquence, à des équipes plus importantes, plus éclatées géographiquement et plus encadrées. Une évolution qui crée moins de points de contact entre le dirigeant et l'ensemble des collaborateurs ; qui accroît les niveaux de management et donc augmente les points de relais – les « managers » – de la vision ; qui se traduit, aussi, par l'arrivée de nouveaux collaborateurs plus autonomes et expérimentés, à même d'en critiquer la pertinence, voire de la remettre en question.

Par excès de laxisme ou de faiblesse de l'entrepreneur, ensuite, lorsqu'il la fait évoluer en permanence et lui fait ainsi perdre en force et en lisibilité ; ou lorsqu'il néglige son importance et s'abstient de la répéter sans cesse, au risque d'en faire un cap dont on a oublié l'existence.

Ou enfin par manque de leadership, en tolérant que des managers ambitieux en fassent une interprétation toute personnelle, afin d'asseoir leur autorité.

Laisser dériver la vision, c'est laisser entrer le doute dans l'entreprise et dans l'esprit de son dirigeant, avancer sans convictions ni certitudes, s'exposer à la moindre contradiction et subir plus qu'agir. C'est un risque multiple : difficulté à fédérer de bons collaborateurs sur une ambition devenue peu claire ; difficulté à convaincre des investisseurs sur un potentiel qui ne s'affirme pas suffisamment ; ou perte d'autorité du dirigeant qui voit ainsi sa capacité de visionnaire et de leader discutée. C'est être tout simplement dessaisi de sa liberté d'entreprendre.

Un entrepreneur respecté et libre est un donc un entrepreneur qui radote !

Laurence Onfroy

TEMPTINGPLACES

Lorsque j'ai lancé TemptingPlaces, en 2010, j'avais la vision claire de créer un label hôtelier avec deux composantes clés : un marché international et une marque forte.

La plus grande difficulté dans le respect de la vision est de la porter à chaque étape franchie et nécessaire au développement : le

•••

• • •

« *proof of concept* », la validation du *business model*, l'adaptation de l'offre aux « besoins clients » et l'activation des leviers de croissance.

J'ai dû plusieurs fois prendre des « *décisions business* » afin de ne pas dériver de ma vision et rester dans le métier de ma société. À titre d'exemple, un de nos clients hôteliers français a été plus que séduit par notre offre de services de relations publiques digitales, pour le compte de ses hôtels. Cette prestation est devenue un point fort de notre label, ainsi qu'un revenu important. Cette composante a pratiquement cannibalisé notre positionnement et notre proposition de valeur : nous étions perçus comme une agence marketing. Nous dérivions ! J'ai dû alors prendre des mesures pour clarifier notre offre. Pas facile, car cela voulait aussi dire moins de budgets annuels !

Heureusement, quand j'ai conçu TemptingPlaces, j'ai rédigé une sorte de *tombstone* détaillant la philosophie, les valeurs, l'internationalisation : des projets précis pour porter la vision. C'est un document que je relis une à deux fois par an, il me rafraîchit. C'est aussi un document qui m'impressionne, car je suis toujours dans une exécution précise et naturelle de ma feuille de route écrite 5 ans auparavant alors que rien n'existait... Extraordinaire !

À retenir :

- **Une vision est une direction pensée, réfléchie, stable par définition, mais non figée.**
- **La vision est le contraire de l'agitation. Elle donne du sens. Elle est *le* sens !**
- **Deux priorités : 1/La répéter inlassablement. 2/S'assurer qu'elle est correctement entendue.**

RISQUE N° 93 | Rester réfractaire au pivot

« Toutes les grandes défaites se résument en deux mots : trop tard. »

Douglas MacArthur

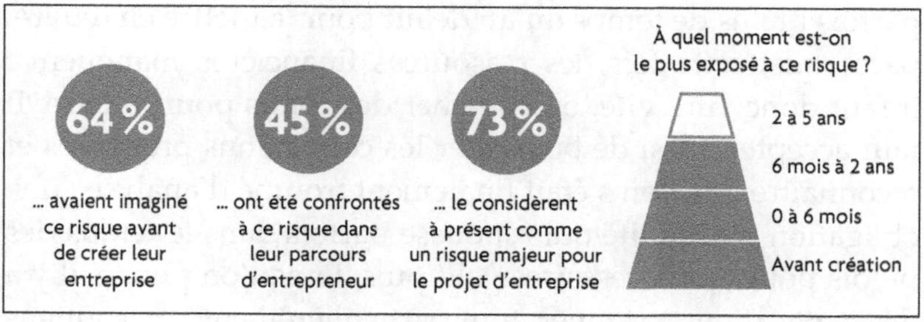

Parlez de « pivot », et vous ferez immédiatement partie d'un club. Non pas celui des amoureux de la langue française et des belles lettres, mais bel et bien de celui de l'entreprise et de l'innovation. Et si le mot pivot est presque devenu un tic de langage tant il semble suremployé, c'est qu'il renvoie à une chose essentielle dans la bonne gestion d'une entreprise : la capacité à se remettre en question. Pivoter, c'est changer, ou plutôt, c'est décider de changer. Sous-entendu, c'est une décision posée et réfléchie – souvent une nécessité : on prend la décision stratégique de pivoter car c'est devenu crucial pour l'entreprise. On le fait, ou pas… aux risques et périls de l'entreprise.

Changer un *business model* qui ne fonctionne pas : par exemple, un modèle par abonnement qui ne prend pas sur le marché visé ; stopper les développements informatiques pour partir sur un nouveau langage plus ouvert et plus évolutif ; décider d'adresser une nouvelle clientèle – le BtoB plutôt que le grand public initialement envisagé ; ou encore reconsidérer son partenariat industriel car il contraint trop fortement, et freine la R & D et une bonne stratégie produit.

Pivoter, c'est donc comprendre ce qui ne va pas et décider de faire autrement.

Évidemment, ce n'est pas simple de remettre en question les choix du passé. C'est un nouveau départ, ou plutôt une bifurcation, qui recrée de l'incertitude et de la complexité, confronte à nouveau au risque et à l'obligation d'investir, sans pouvoir tirer profit des investissements passés. Un changement qui indique aussi que l'on renie sa vision de départ, avec parfois moins de temps qu'au début pour la mettre en œuvre, parce que, cette fois, les ressources financières manquent : il faut donc faire vite, ou chercher des fonds pour le faire. Il faut accepter aussi de bousculer les convictions premières et reconnaître que l'on s'était finalement trompé d'analyse ; une obligation d'humilité qui repousse parfois dans le temps des pivots pourtant nécessaires… Et puis, lorsqu'on pivote, il y a des explications à donner, tout particulièrement aux soutiens des débuts que la vision initiale avait pourtant convaincus : investisseurs, mais aussi partenaires et salariés.

Pivoter, c'est donc, en quelque sorte, repartir sur un nouveau projet. Certains s'y refusent, par peur de se tromper en reniant l'analyse qui avait été menée ; par peur d'être jugés par ceux qui ont cru en eux ; pour ne pas donner l'image d'une entreprise qui se cherche ; par obstination, convaincus que le temps et les efforts donneront raison aux premiers choix ; ou encore parce qu'ils n'acceptent pas que les investissements puissent avoir été engagés à fonds perdu.

Mais refuser le pivot peut faire courir un vrai « risque *business* » – regardez Kodak, qui a laissé passer la révolution numérique – et laisser un espace disponible dans lequel ne manqueront pas de s'engouffrer les concurrents historiques comme les nouveaux acteurs. Cela revient souvent aussi à décaler dans le temps une décision pourtant inéluctable, qui obligera ensuite à engager des investissements majeurs pour rattraper le temps perdu, sans garantie toutefois d'y arriver ; ou encore s'enfermer dans un marché sans avenir, voir sa taille se restreindre et subir le déclin inéluctable de son entreprise, comme l'ont par exemple vécu certains industriels du CD et du DVD.

Pivoter, ne serait-ce donc pas donner une nouvelle chance à son projet d'entreprise ? Droite ou gauche, à vous de choisir…

> Olivier et Véronique Carrobourg
> DERVILLE
>
> Lorsque nous avons lancé notre marque de souliers sur mesure pour hommes, nous nous sommes tournés vers un industriel finlandais. Il présentait un certain nombre d'avantages, notamment dans ses capacités d'approvisionnement et la qualité de son organisation logistique. Mais il avait une faiblesse, dont nous n'avons pas pris conscience tout de suite : le design de ses produits.
> Les ventes ne décollaient pas. Nous avons donc pris le temps, avec mon épouse Véronique, d'étudier les marques très haut de gamme. Le constat fut sans appel : nous étions à côté de la plaque en termes de produit. Le design et la conception de nos souliers ne correspondaient pas au positionnement que nous avions choisi. Mais changer de design signifiait changer de fournisseur. Je n'avais ni le temps – mon quotidien était entièrement consacré à l'opérationnel – ni l'envie de me lancer dans la recherche d'un nouveau partenaire. D'ailleurs, je n'en connaissais pas d'autres ! Véronique était persuadée de la nécessité de changer, mais ne se sentait pas encore suffisamment légitime pour me l'imposer.
> C'est une opportunité qui nous a fait basculer : la rencontre, lors d'un salon professionnel, avec un industriel français spécialiste de la fabrication à l'unité. Quelques vérifications sur son sérieux auprès de la Fédération française de la Chaussure nous ont rassurés : nous tenions là l'occasion du changement. Il m'aura fallu 6 mois pour en accepter la nécessité, et la pression croissante de Véronique. Seul, je n'aurais certainement pas pivoté. Et j'aurais sans doute condamné notre affaire.

À retenir :

- **Pivoter ne veut pas dire révolutionner ou faire table rase du passé, mais évoluer.**
- **Savoir pivoter, c'est faire preuve de deux qualités essentielles chez un entrepreneur : l'agilité et la capacité à décider.**
- **Se refuser à pivoter, c'est un risque de concurrence accrue, de perte de marché et d'investissement lourd dans le futur.**

RISQUE N° 94 | S'abstenir de célébrer les réussites et faire des échecs un événement

« S'il n'y avait pas eu la troisième mi-temps,
je ne sais pas si j'aurais eu envie de jouer les deux premières. »

LAURENT PARDO

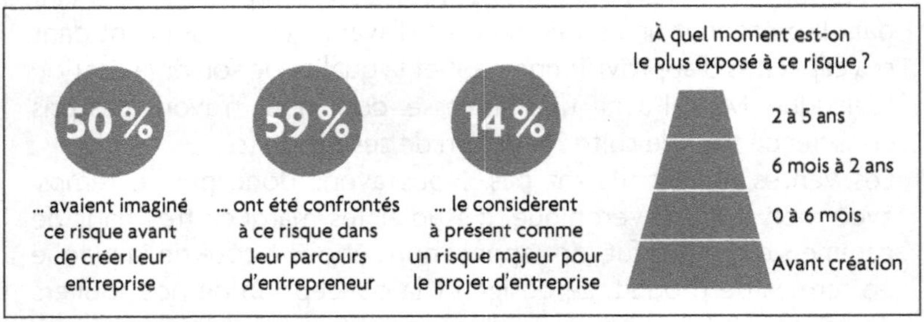

C'est à se demander si la bonne nouvelle, ou la nouvelle positive, est une vraie nouvelle en soi. Car en y regardant de près, il semble bien que le négatif ait une fâcheuse tendance à occuper tout l'espace : journaux télévisés, unes de quotidiens, commentaires de clients sur les forums, remarques d'un manager à ses équipes... Les scoops qui font sourire et les échanges qui se distinguent par leur chaleur et leur bienveillance souffrent de timidité. De là à dire que, dans la vie de tous les jours comme dans l'entreprise, ce qui ne va pas est plus facile à dire que ce qui va bien... il n'y a qu'un pas.

Certes, on considère l'échec pour comprendre son origine, identifier les erreurs commises, apprendre à ne pas les reproduire, ou identifier les moyens de les contourner. Lui donner plus d'importance qu'il n'a en réalité, c'est refuser qu'il soit aussi un passage presque obligé dans un projet qui s'élabore. Mais les échecs véhiculent la peur – celle d'échouer, de tomber sans pouvoir apprécier la hauteur de la chute et ses conséquences ; la peur, aussi, de ne plus pouvoir repartir... Le focus mis sur l'échec, c'est donc un réflexe de protection et de défense face au danger futur. Et on en fait un événement parce qu'il faut aussi des responsables.

Si le succès se néglige par ailleurs, au point que certains entrepreneurs s'abstiennent de le célébrer et d'en faire une occasion de se réunir en équipe, c'est qu'ils ne parviennent pas toujours à considérer l'événement à sa juste valeur. C'est la fonction qui veut cela : l'entrepreneur doit anticiper et voir plus loin. Le succès est donc bien souvent une surprise en demi-teinte, une confirmation, plus qu'un événement inattendu, comme la validation d'une étape sur une course de fonds bien gérée. Il s'y attendait ! Un entrepreneur face au succès est donc comme un acteur qui fait la tournée des « plateaux télé » pour la promotion de son film : devoir parler d'une histoire ancienne alors qu'il est déjà sur un nouveau tournage.

De plus, qui dit qu'à trop célébrer les succès, il n'aura pas à récompenser davantage ? Demandes de primes, de promotion ou de plus grandes responsabilités, les succès donnent aussi des arguments pour bien négocier : autant ne pas tenter le diable, se dit l'entrepreneur qui se juge bien avisé.

Mais à trop mettre l'accent sur les échecs, en oubliant la reconnaissance quand elle se justifie, l'entrepreneur risque plusieurs choses : des collaborateurs devenus peu sensibles à ses messages – car l'accumulation de négatif crée une carapace –, une démobilisation générale, et la perte de confiance et d'envie face à ce « tout va mal » permanent. Il risque enfin et surtout de passer à côté de ces plaisirs collectifs que le partage rend toujours plus forts.

365 occasions par an de trouver un bon événement à célébrer ? Faites donc marcher la boîte à idées !

Alexis Roux de Bézieux

CAUSSES

En faisant face aux difficultés de la gestion d'équipes, j'ai compris qu'un échec pouvait être une formidable opportunité, et qu'en faire un événement n'avait pas vraiment de sens.

Pour l'entreprise, l'important n'est pas tant d'avoir du « monde dans le bus » mais d'avoir les « bonnes personnes dans le bus », comme cela a été écrit dans certains ouvrages de management.

Au cours de ma courte expérience entrepreneuriale, j'ai été marqué par l'arrêt maladie d'un salarié important. Le jour où je l'ai appris, je n'en menais pas large. Le lendemain, dès 7 h, j'étais sur le pont pour déterminer comment gérer ce sujet, qui risquait de déstabiliser mon organisation. Il se trouve que ce salarié déléguait peu : j'ai donc entrepris de répartir entre d'autres salariés l'ensemble des tâches qu'il réalisait, en ignorant les réactions et les doutes que ce transfert pouvait éveiller chez les uns et les autres. L'important pour moi n'était pas qu'ils ne se trompent pas, mais qu'ils fassent et qu'ils apprennent.

Ce fut un acte fondateur, qui changea complètement notre façon de fonctionner. Les choses n'ont plus jamais été les mêmes, chacun se sentant responsabilisé. L'attentisme passé avait fait place aux initiatives, et nous avions réussi à faire d'un sujet qui représentait un échec important, un véritable atout pour l'entreprise.

J'ai découvert la valeur de la confiance. Sans doute aurions-nous dû d'ailleurs célébrer cette découverte comme une vraie réussite collective...

À retenir :

- **On cesse de recevoir quand on cesse de donner. À afficher en grand sur les murs de l'entreprise !**
- **Un simple merci à un collaborateur est une source de motivation immense, une confiance renouvelée, une fidélité accrue et une disponibilité assurée pour toute prochaine demande.**
- **Chaque parcours peut être divisé en une multitude de mini-succès. C'est juste une question de curseur.**

RISQUE N° 95 | Tolérer l'inacceptable dans ses « relations prestataires »

« *En se résignant, le malheureux consomme son malheur.* »

Honoré de Balzac

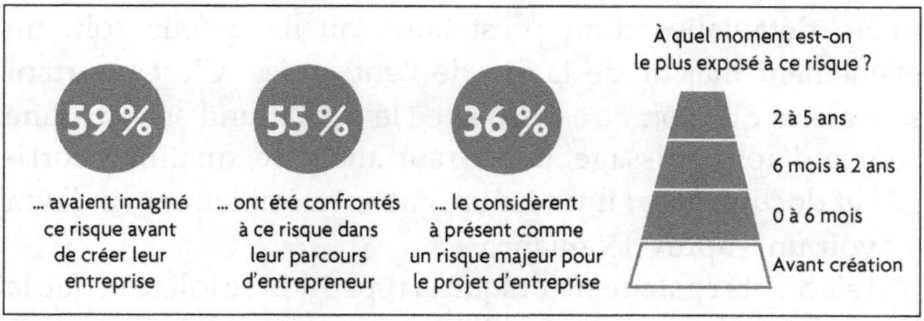

C'est sans doute ce qu'il y a de plus difficile à accepter pour un entrepreneur : tout a été pensé, construit, sécurisé, le prestataire a été qualifié selon un processus rigoureux, le contrat signé pour préciser les obligations réciproques, les cahiers des charges communiqués sont précis pour éviter toute erreur d'interprétation, les échanges fréquents et cordiaux, pour que chaque interrogation éventuelle puisse trouver une réponse rapide… et puis patatras ! Une première malfaçon, puis une deuxième… et une troisième encore. Malgré tous les efforts consentis et les garde-fous mis en place, l'inacceptable s'est frayé une place dans la « relation prestataire ».

Mais qu'est-ce que « l'inacceptable », au juste ? C'est à la fois le risque que font peser les prestataires externes sur l'activité de l'entreprise – malfaçons industrielles répétées, mauvaise qualité de service récurrente, retards systématiques – et le risque que l'entrepreneur lui-même fait peser sur sa propre entreprise, en négligeant de corriger ce qui ne marche pas. C'est aussi une situation de risque qui se répète sans qu'aucun enseignement n'en soit tiré. L'inacceptable, c'est tout ce qui peut déstabiliser, neutraliser et fragiliser l'entrepreneur dans ses efforts de construction. C'est le sabotage de son esprit créatif, de sa volonté de développer son activité et de bien servir ses clients, par un tiers ni concerné ni responsable.

Une situation *a priori* impossible à accepter, se dit-on. Et pourtant, les occasions d'y succomber ne sont pas si rares que cela.

L'inacceptable s'accepte lorsque l'on ne fait pas de la première défaillance d'un prestataire, quelle qu'elle soit, un événement majeur de la vie de l'entreprise. C'est pourtant une alerte qui doit être prise avec le plus grand sérieux, une source d'apprentissage, une erreur analysée, qualifiée, corrigée et documentée : il y a eu un « avant défaillance », il devra y avoir un « après défaillance ».

Il s'accepte également lorsque la répétition se tolère et que la bonne qualité de service est finalement réservée… aux autres. Tolérer, c'est la garantie d'un service au maximum « acceptable » – bref, un service durablement dégradé.

Pour l'entrepreneur, la « facture » de cet inacceptable est un risque pluriel.

Un « risque *business* », tout d'abord, car la résolution d'une défaillance oblige l'entrepreneur à consacrer du temps pour comprendre, résoudre, trouver des solutions et les négocier avec son client final, qui en fait les frais (entreprise ou distributeur, par exemple) ; un temps long qui empêche de prospecter et qui donne des arguments au client lésé pour négocier une remise commerciale, des réductions de tarifs, des services additionnels sans surcoût, un avenant au contrat, voire de s'en servir comme excuse facile pour ne pas payer ses factures… L'inacceptable est donc un risque pour le contrat, le niveau de chiffre d'affaires, la marge et la trésorerie.

Un risque d'image, ensuite, car il dégrade la réputation de sérieux et la crédibilité de la jeune entreprise, si longues à bâtir. Un risque d'ailleurs accru à l'heure des réseaux sociaux – l'information se diffuse vite – et sur des marchés fortement concurrentiels – où les adversaires se tiennent en embuscade.

Un risque pour les salariés ensuite, lassés ou démotivés à force de faire le tampon entre des clients mécontents et des prestataires négligents. Un risque pour l'autorité et la crédibilité de l'entrepreneur, perçu comme incapable de maîtriser le volet « sous-traitance » de l'entreprise. Un risque financier, enfin, lorsque les défaillances peuvent avoir des conséquences graves pour les clients qui les subissent – par exemple, un risque de déréférencement en grande distribution pour des produits non conformes ou livrés trop tard.

Christophe d'Auzac
CINCOSENSO

Mon associé et moi avions décidé de faire entrer un ancien employeur – une importante PME industrielle spécialisée dans l'univers des médias et du *packaging* – dans le capital de l'entreprise. Cet investissement s'accompagnait d'une relation de partenaires étroite : la quasi-totalité de nos productions devait leur être confiée. Nous pensions que notre proximité permettrait un traitement particulier (nous serions plus qu'un client), une facilité de communication, des tarifs favorables, une parfaite réactivité à nos demandes, une qualité de service irréprochable. Nous imaginions que notre intérêt serait aussi le leur, en tant qu'investisseurs. Il n'y avait donc aucune raison objective pour que cela se passe mal.
C'est malheureusement l'inverse qui s'est passé. Nous avons fait face à des malfaçons industrielles majeures ; les « *process* qualité », pourtant signés conjointement, n'ont pas été respectés ; nos demandes de correction et de réparation étaient négligées. Malgré les conséquences graves – fragilisation de la relation client, temps infini consacré à la résolution des problèmes et non au développement commercial, risque d'image –, nous continuions à leur confier des productions. Nous pensions à chaque fois que le pire était derrière nous. Nous avions aussi cet historique qui nous liait.
Jusqu'au jour où une défaillance majeure en plein été, portant sur une importante fabrication, nous mit dans une situation très délicate vis-à-vis de notre client. Alertée, la direction générale de notre fournisseur-actionnaire nous fit une réponse laconique par mail : « Nous sommes en vacances, nous verrons cela à notre retour. » L'inacceptable venait d'être dépassé...

À retenir :

- L'inacceptable, c'est le risque de défaillance qui s'impose à l'entreprise sans qu'elle en soit à l'origine, et alors qu'il aurait pu être évité.
- Une erreur, c'est beaucoup ; deux, c'est déjà trop.
- Toute défaillance d'un prestataire doit faire l'objet d'une analyse documentée et donner lieu à la mise en place de « contrôles qualité » renforcés. Si ce n'est pas le cas, changez de prestataire sans attendre !

Heure 12

Passer du pessimisme et du renoncement à la foi en soi-même

RISQUE N° 96 | Négliger la force et la pertinence de l'intuition première

« Ayez le courage de suivre votre cœur et votre intuition. L'un et l'autre savent ce que vous voulez réellement devenir. Le reste est secondaire. »

STEVE JOBS

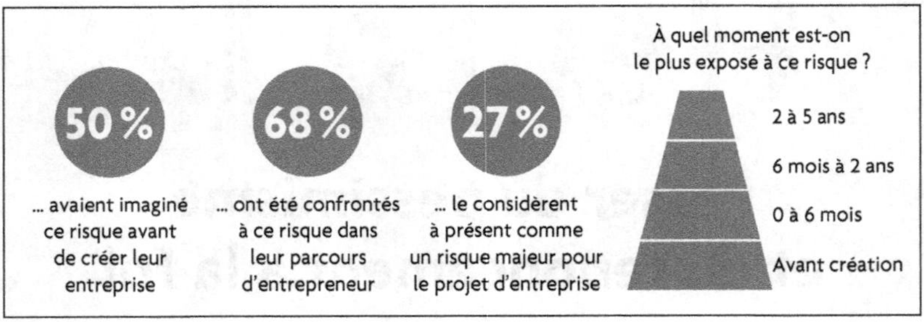

Il le sent. Il en est même persuadé. C'est juste une sensation, l'impression que quelque-chose ne colle pas et que le choix qu'il vient de faire n'est peut-être ou sans doute pas le bon. Pourtant tout a été pesé, réfléchi, discuté. Tout a été objectivement et rationnellement étudié. Et plus encore, si l'on avait été à sa place, on aurait sûrement pris la même décision. C'est dire s'il peut se rassurer…

Sauf qu'à ignorer son intuition, il vient sans doute de commettre une bien belle erreur. Car l'intuition a de multiples vertus, que le psychologue et prix Nobel d'économie Daniel Kahneman a précisées dans son ouvrage *Système 1, Système 2 : les deux vitesses de la pensée*[1] :

– elle permet de décider vite ;
– elle est souvent vraie ;
– elle est le réflexe inconscient à l'expérience ;

1. Daniel Kahneman, *Système 1, Système 2 : les deux vitesses de la pensée*, Flammarion, Paris, 2012.

– elle est un révélateur de choses importantes au fond de soi ;
– elle est l'expression de la créativité ;
– elle établit des liens entre des choses ;
– elle ne demande pas d'effort.

Et bien, malgré tout cela, on trouve encore des entrepreneurs qui décident de ne pas l'écouter, et encore moins de lui faire confiance… L'intuition ne repose, il est vrai, sur aucun processus d'analyse réfléchi, mûri, objectif et rationnel. Difficile, donc, pour l'entrepreneur, d'intégrer un message venu de l'intérieur lorsque l'on vante partout les vertus du pragmatisme et du bon sens pour bien diriger une entreprise. Par ailleurs, écouter son intuition, c'est faire un pari et piloter au feeling ; une démarche pas toujours simple à expliquer aux tiers – partenaires financiers en tête – pour lesquels un « Je ne le sens pas » a rarement été un argument suffisant ! Encore plus lorsque survient l'échec d'ailleurs ; comme si se tromper après avoir analysé et réfléchi était plus excusable qu'en ayant simplement suivi son intuition. Et puis, il peut aussi y avoir des facteurs qui détournent d'une démarche intuitive : l'argent (on ne « sent » pas le fonds d'investissement qui souhaite entrer dans le capital, mais il a donné son accord pour une valorisation supérieure aux autres…), le temps (on est allé trop loin dans les discussions et les remettre en question pourrait fragiliser le projet) et l'ego (le client avec lequel on s'apprête à signer est quand même très prestigieux, occultant ainsi tous les signes pourtant bien présents de difficultés futures). Enfin, l'intuition a une connotation négative par son caractère spontané : approximation, précipitation, légèreté… Il ne fait pas bon être intuitif.

Mais en refusant de donner crédit à son intuition, l'entrepreneur risque une belle perte de temps, puisque l'intuition est un processus rapide et souvent exact. Et l'on connaît le rapport à l'urgence de l'entrepreneur… Par ailleurs, comme elle a de fortes chances de s'avérer juste, c'est donc objectivement plus risqué de ne pas y répondre. Et que dire de l'échec qui survient quand on n'a pas su écouter son intuition première. Plus difficile à assumer, sans doute, cette idée de n'avoir pas su se faire confiance. D'autant plus que l'intuition n'est jamais totalement irrationnelle ; elle se construit au fur et à mesure des expériences.

L'intuition a donc tout du bon réflexe. À quoi bon s'en préserver et vouloir tout contrôler ? Être libre de se faire confiance, c'est peut-être aussi cela être entrepreneur…

David Hamelin

VERIFIMMO

L'opération de rachat d'entreprise que j'ai réalisée réunissait trois parties autour de la table des négociations : le cédant, le fonds d'investissement qui portait le montage financier et le manager-repreneur (moi-même). L'opération était donc une équation à 3 « semi-inconnues », entièrement basée sur la confiance. Une confiance qui s'est pourtant délitée tout au long des négociations, au point même de disparaître le jour de la signature.

J'avais cette intuition que quelque chose ne tenait pas dans cette opération. J'en étais persuadé même. Mais la force du projet et les perspectives qu'il offrait, sur le papier, ont eu raison de mes sursauts de clairvoyance. J'ai donc signé ! Avec le sentiment de le faire contraint et forcé.

La perte de confiance envers mes partenaires m'avait permis de comprendre ce qui pouvait anéantir le projet. J'avais entrevu mon risque d'être débarqué de l'entreprise en cas de résultats non atteints. Ma position d'associé minoritaire ne me garantissait aucune sécurité, et j'avais en face de moi un profil d'investisseurs spéculateurs. Ces éléments et signaux m'ont amené à écarter au plus vite le cédant pour l'empêcher de nuire à la bonne marche de l'entreprise et, parallèlement, à tout faire pour protéger celle-ci de l'investisseur. Nous étions dans une partie de bataille navale, et je ne devais pas perdre de temps.

Malheureusement, la crise m'a fortement déstabilisé, et a réduit ma capacité à imposer mes orientations et décisions. J'en étais arrivé à constater que l'actionnaire majoritaire privilégiait, voire protégeait son intérêt d'actionnaire financier, au détriment de l'intérêt social. Ce que j'avais anticipé s'est alors vérifié, comme si je connaissais l'histoire de ma perte dès le début. Et que j'avais tout fait pour ne pas la voir.

À retenir :

- Faites confiance à votre intuition, elle devine souvent avant la raison.
- L'intuition est un processus de décision parmi d'autres. Le plus important : choisir celui avec lequel on se sent le plus à l'aise.
- Savoir identifier les vraies raisons qui pousseraient à ne pas écouter son intuition.

RISQUE N° 97 | Ne pas oser aller chercher de l'argent auprès de ses proches

« Il est des moments où les rêves les plus fous semblent réalisables, à condition d'oser les tenter. »

BERNARD WERBER

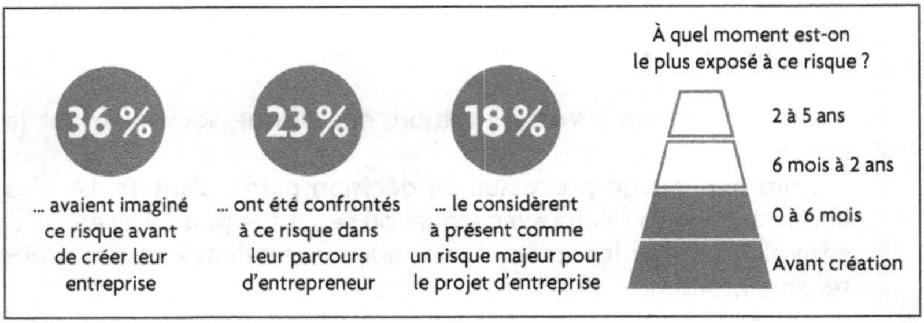

C'est le bout du chemin, ou plutôt le bout d'un premier chemin avant d'entamer une tout autre ascension. Tout est prêt : l'équipe est constituée, le projet a été pensé et sa stratégie est claire, des contacts ont été pris avec les partenaires et clients potentiels. Tout, ou plutôt presque tout, car il ne manque plus qu'une chose pour donner à l'idée les premiers moyens de ses ambitions : l'argent !

Et, pour certains entrepreneurs, pourtant prêts à se lancer, c'est à partir de là que le projet patine… Des entrepreneurs soudain devenus bien timides, lorsqu'il s'agit d'aller chercher cette condition nécessaire à la création de leur entreprise. Difficulté parmi les difficultés : demander à ses proches, famille et amis, d'investir quelques économies dans le projet. Comme si mobiliser l'épargne de son entourage faisait soudainement perdre confiance dans les chances de succès de l'entreprise.

Il y a sans doute, dans ces réticences, une pudeur toute française à parler d'argent et à l'exposer au risque. S'agissant du risque, il suffit d'ailleurs de constater le peu de fonds consacrés à l'amorçage en France pour s'en convaincre. Perdre de l'argent est donc une éventualité difficilement acceptable ; plus encore lorsque c'est l'argent des proches que l'on engage. Si l'entreprise est un échec, comment vivre demain, sans honte, les réunions de famille et la perte de cette épargne collective ? Et puis, comment ne pas imaginer devoir rembourser l'argent perdu ? Ce serait quand même plus simple avec un investisseur inconnu, sans implication affective.

Mais il y a probablement une autre raison pour expliquer les réticences à aller chercher du *love money* : la peur d'essuyer un refus !

Pourtant, ne pas le faire, c'est passer à côté d'une vraie chance de trouver vite et facilement l'argent du démarrage. Pas forcément des sommes conséquentes, mais suffisantes pour réaliser les premiers investissements nécessaires. D'autant plus qu'il y a de fortes chances pour que la famille et les amis soient heureux d'investir, pour prendre part à l'initiative entrepreneuriale et vivre ainsi une vie d'entrepreneur par procuration, sans autre risque que celui de la perte financière. Et puis, c'est une formidable opportunité pour créer un nouveau sujet de partage et d'échange lors des prochaines réunions familiales. Par ailleurs, il ne faut pas oublier que l'investissement dans les PME est fiscalement incité : l'investissement réalisé est donc en réalité moindre que le montant des fonds apportés. Enfin, même si les proches refusent la proposition d'investir, c'est rarement un désaveu mais plutôt l'expression d'une relation très personnelle au risque et à l'argent.

Ce serait donc une bien mauvaise idée d'avoir tellement agi, construit, investi beaucoup de temps et d'énergie, et s'arrêter au dernier moment, si près du but. Un risque, aussi : celui de ne pas donner les moyens à l'entreprise d'exister ou de se développer. Un risque encore plus grand : celui de passer à côté de son projet.

Renaud Guillerm

VIDEDRESSING.COM

Il y avait, à la fin des années 1990, un vent de folie qui soufflait sur la création d'entreprise. Beaucoup autour de moi quittaient leur job pour créer une startup.
Aussi, lorsque l'un de mes amis m'a proposé de participer à son tour de table, je l'ai vu, non comme de l'argent à investir, mais comme un cadeau qu'il me faisait : j'allais prendre part à son aventure entrepreneuriale !
J'ai créé Videdressing en 2009 et réalisé 3 levées de fonds auprès de mon réseau, pour un montant total de 1 million d'euros, avant de lever auprès de *Venture Capitalists* en mars 2013. Pour la deuxième levée, qui a eu lieu en juin 2010, j'ai fait en sorte de proposer au plus grand nombre possible de mes contacts : famille, amis, anciens employeurs, relations professionnelles. J'ai essayé de n'oublier personne... ou presque. « Pourquoi ne m'as-tu pas proposé ? » m'a reproché cet ami que j'avais involontairement omis de consulter sur le sujet. « Nous nous demandions, avec mon mari, quand vous alliez enfin nous proposer », m'a glissé cette directrice financière avec laquelle j'avais travaillé auparavant.
J'ai aujourd'hui plus de 60 investisseurs, tous ravis de participer à l'histoire de Videdressing.com. Je réalise par ailleurs que ces investisseurs privés et proches sont un excellent soutien. Aucune peur d'ennuyer la famille et les amis, le week-end, avec l'histoire de mon entreprise : ils sont tous partie prenante, et s'intéressent de près à son développement. 60 entrepreneurs à mes côtés, en somme !
Donc un seul conseil : visez large, et surtout n'oubliez personne. On pourrait vous en vouloir...

À retenir :

• Ne pas voir le recours aux proches pour le financement comme la confirmation de leur amitié ou de leur foi absolue dans le projet.
• N'oublier personne lorsque l'on sollicite ses proches, car les oubliés pourraient être frustrés de ne pas avoir été sollicités.
• Éviter de collectionner les investisseurs. Un capital très dispersé est une complexité supplémentaire (il y a plus de gens à consulter).

RISQUE N° 98 | Se laisser envahir par la peur

« Il n'y a qu'une chose qui puisse rendre un rêve impossible, c'est la peur d'échouer. »

PAULO COELHO

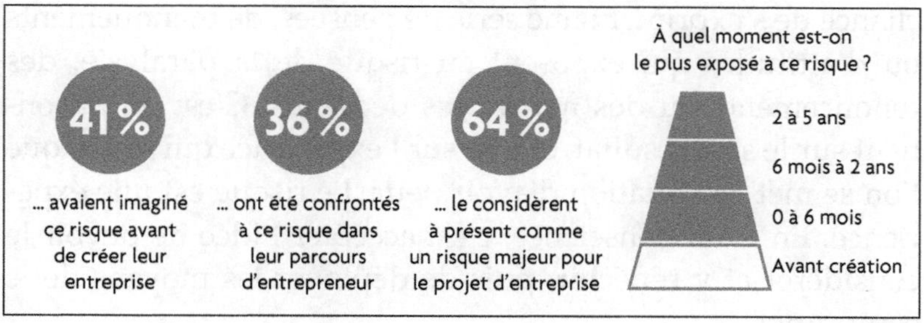

C'est le plus sournois des concurrents. Un adversaire capable de précéder les décisions et de les paralyser, de neutraliser la confiance, réduire les ambitions, se rétracter et transformer l'entrepreneur en une toute autre personne : un non-entrepreneur. La peur est un nouvel associé redoutable, présent pour saborder le navire « entreprise » et, surtout, défaire son capitaine.

La peur peut se nicher partout et s'exprimer en tout : peur d'échouer (que vont-ils penser ?) ; peur des conséquences de l'échec (que vais-je devenir ?) ; peur de ne pas trouver de clients (vais-je facturer ?) ; peur d'être rattrapé par ses concurrents (sont-ils meilleurs ?) ; peur de ne pas savoir s'entourer et recruter (suis-je un bon manager ?) ; peur de ne pas avoir le bon produit (ai-je la vision ?) ; peur de ne pas se développer suffisamment vite (suis-je efficace ?) ; peur de ne pas être à la hauteur (suis-je vraiment entrepreneur ?) ; peur de ne pas en faire suffisamment (suis-je suffisamment motivé ?).

S'il y a une chose de certaine, c'est que l'entrepreneur est le premier artisan de sa propre peur.

Refuser d'admettre qu'essayer peut aussi vouloir dire se tromper et échouer ; ne pas avoir suffisamment réfléchi à son idée de la réussite et sur l'aventure que l'on souhaitait vivre ; ne pas s'être préparé, non aux difficultés elles-mêmes, mais à l'idée de devoir en affronter ; regarder le projet uniquement dans sa vision aboutie, sans y voir d'abord un chemin que l'on emprunte et une série d'étapes que l'on valide ; se comparer sans cesse ; tout rationaliser, sans laisser à l'inconscience la chance de s'exprimer : une série de pensées, de manquements ou d'attitudes qui exposent au risque de la paralysie, des renoncements ou des mauvaises décisions. C'est en raisonnant sur le seul résultat, et non sur l'expérience qui se vit, que l'on se met en situation d'avoir peur. Le risque est une expérience. En avoir conscience, c'est accepter l'idée de devoir le considérer et y réfléchir, puis de déployer les moyens de le contourner.

La peur peut néanmoins être saine lorsqu'elle est sans excès et peu durable : elle est alors source d'interrogations, de doutes... Bref, autant d'opportunités de remettre en question les choix et les décisions pour progresser. Elle est aussi une forme de sagesse qui indique que l'entrepreneur sait encore faire preuve de bon sens, de lucidité et d'une bonne perception des dangers qu'il encourt. Avoir peur, c'est aussi de l'adrénaline, et donc le signe que l'initiative est un risque, une opportunité de se dépasser, une occasion de repousser ses limites, d'apprendre encore davantage.

Faut-il donc avoir peur ? Oui... mais l'espace d'une seconde, pour raisonner, juste ce qu'il faut, avant de bien sauter !

À retenir :

- La peur est indissociable de l'initiative et de la prise de risque. C'est grâce à elle que l'on s'informe et qu'on se prépare à la réduire.
- On a peur quand on regarde le projet tel qu'il sera quand il sera abouti. La peur tombe quand on se concentre sur le premier pas à faire.
- Il est nécessaire de comprendre ses facteurs de peur personnelle (solitude, manque d'information, manque d'argent, etc.) et d'agir en conséquence pour la réduire (s'associer, s'entourer, s'informer, rencontrer, lever des fonds, etc.).

RISQUE N° 99 | S'interdire de penser que l'on peut créer à tout âge

« Il n'est jamais trop tard pour devenir ce que nous aurions pu être. »

GEORGE ELIOT

23 % ... avaient imaginé ce risque avant de créer leur entreprise

23 % ... ont été confrontés à ce risque dans leur parcours d'entrepreneur

9 % ... le considèrent à présent comme un risque majeur pour le projet d'entreprise

À quel moment est-on le plus exposé à ce risque ?

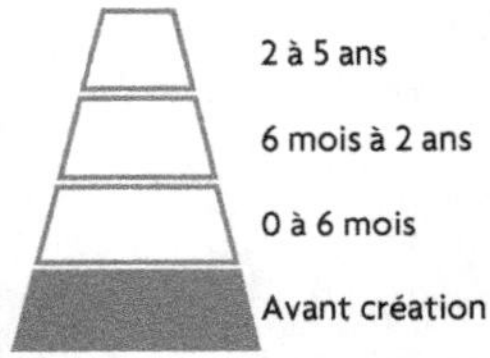

Trop jeune… ou trop vieux, c'est selon. Comme s'il y avait un âge pour imaginer, avoir du courage, se prendre à rêver, travailler dur, se sentir plus jeune ou se penser plus mûr, vivre le frisson du risque et la satisfaction de l'expérience vécue, parfois même de la victoire…

Certes, il y a dans les deux cas des contraintes ou des limites.

L'entrepreneur de 25 ans manque d'expérience et de recul sur ses propres faiblesses ou domaines d'incompétence : il se sent capable de tout mais n'est expert en rien. Il entre forcément sur un marché qu'il ne connaît pas, ou très peu. Son réseau professionnel reste à construire, sa capacité à mobiliser fonds et compétences reste à prouver ; ses talents de *manager*, notamment vis-à-vis de profils plus seniors, se découvriront au fil du développement de l'entreprise ; son rapport à l'échec sera sans doute moins mature, son ego plus exposé aux difficultés rencontrées, et sa conception de la réussite sans doute davantage construite en fonction du regard extérieur. Il n'a pas encore été confronté à la gestion de difficultés lourdes. La fraîcheur et l'insouciance qui lui donnent des ailes peuvent le conduire à sous-estimer la complexité de la mission et s'enfermer dans le rêve et l'utopie.

Mais les entrepreneurs juniors ont aussi d'immenses atouts : une ambition majuscule, une très forte appétence pour les nouvelles technologies (dont ils ont fait un mode de fonctionnement), une capacité à se montrer agile et à considérer leur vie professionnelle comme une opportunité d'expériences. Ils sont armés pour construire, échouer parfois, et surtout recommencer et réussir.

De son côté, l'entrepreneur de 50 ans portera un regard plus pratique sur le risque qu'il prend et sur les conséquences de ce risque. Quel impact sur son confort et niveau de vie, sur sa capacité à répondre aux engagements financiers (emprunt immobilier, études des enfants), sur sa vie sociale (amis, relations) ? Comment gérer le changement des habitudes professionnelles (plus de statut, plus d'équipes, plus d'assistante) ? Et puis, que faire en cas d'échec ? Il risque en effet de rencontrer des difficultés pour retrouver un emploi salarié et il aura sans doute plus exposé son patrimoine, car il avait les moyens d'investir dans son entreprise. Enfin, aura-t-il à la fois l'envie et l'énergie pour vivre les sacrifices que le démarrage d'une entreprise impose ?

Toutefois, les entrepreneurs seniors ont, eux aussi, de multiples atouts. Pour certains, des fonds à investir pour reprendre une entreprise et éviter ainsi les 2 à 3 premières années du démarrage. Pour la plupart d'entre eux, du réseau et des soutiens (techniques et financiers) ; des réflexes et des compétences liés à une longue expérience ; la sagesse qui rend patient et préserve des impulsions comme des émotions ; la capacité à choisir un projet pour ce qu'il apporte (sûr) et non ce qu'il promet (spéculation) ; et la lucidité, enfin, pour identifier un projet qui correspond à ses talents et à son envie de se réaliser personnellement.

Il n'y a donc pas d'âge pour entreprendre. Il y a simplement des enjeux distincts, et donc des approches qui ne peuvent se comparer. L'ignorer serait une erreur : le risque de se reprocher durablement de ne jamais avoir tenté, de venir grossir les rangs des résignés, des passifs et des plaintifs, et de trouver des excuses qui, ne convainquent finalement, que celui qui les émet.

Marc Santenac

DAKOTABOX

J'ai créé ma première entreprise en 1989, à l'âge de 22 ans. Une décision presque spontanée, prise à la fin de mes études, comme une réponse à deux questions clés : avais-je envie de rejoindre une entreprise comme salarié ? Non. Avais-je quelque chose à perdre ? Non.

J'ai donc décidé de m'associer à deux amis de longue date pour lancer la société Parcopub, une régie publicitaire qui commercialisait des espaces publicitaires au dos des tickets d'horodateurs.

Avec le recul, nous avions fait de notre jeune âge une vraie force. Nous n'avions aucune expérience de la création d'entreprise, et n'avions pour ainsi dire aucune expérience professionnelle. Nous ne connaissions rien au métier dans lequel nous entrions. Ce sont nos fournisseurs imprimeurs qui nous l'ont appris. Mais nous avions pour nous l'insouciance et le bon sens pratique.

Nous avons démarré petit, sans nous payer, avec un seul salarié. Nous étions persuadés que la seule chose qui comptait c'était de vendre, d'émettre des factures et d'encaisser ; tout le reste était mis de côté, les sujets compliqués comme l'administratif. À tel point que nous n'avons pas tenu de comptabilité pendant quelque temps !

Y a-t-il donc un âge pour créer une entreprise ? Oui. L'âge auquel on se sent prêt à le faire...

J'ai créé 5 entreprises depuis lors. Avec 6 autres associés, j'ai notamment créé le groupe Karavel-Promovacances – revendu en 2005 – et créé l'éditeur de coffrets cadeaux Dakotabox. Mon beau-frère a quant à lui démarré sa vie d'entrepreneur à 55 ans, en rachetant une entreprise de transformation de fromage : un atelier d'une personne, devenu depuis une belle PME industrielle de 70 personnes. À tout âge, je vous dis...

À retenir :

- On peut créer à tout âge. C'est le profil d'entreprise qui ne sera sans doute pas le même.
- Quel que soit son âge, faire une liste lucide et objective de ce que l'on a à gagner et à perdre.
- Ne se poser finalement qu'une question : « Ai-je envie ? » et non « Est-ce raisonnable ? »

RISQUE N° 100 | Le risque ultime : risquer de ne pas risquer !

« Ce n'est pas parce que les choses sont difficiles que nous n'osons pas les faire, c'est parce que nous n'osons pas qu'elles sont difficiles. »

SÉNÈQUE

J'ai démarré ce projet de livre comme n'importe quel autre projet d'entreprise. J'avais une idée, celle d'écrire un livre et de répondre ainsi à un rêve vieux de 20 ans. J'avais également l'intuition que c'était pour moi le bon moment. Je voulais partager mon expérience malheureuse d'entrepreneur pour qu'elle soit utile au plus grand nombre. J'étais légitime pour la traiter, cela me permettait de poursuivre et approfondir les réflexions sur les origines réelles de cette faillite. J'avais aussi et surtout l'envie, inexplicable, de me lancer dans cet inconnu que réserve chaque initiative, juste pour voir où celle-ci me mènerait. Pour voir aussi si je serai capable de relever ce nouveau défi.

Le 26 décembre 2013, j'étais donc face à mon PC, à la fois enthousiaste et fébrile, sans doute inconscient par manque d'expérience : l'interview n'était pas mon métier. J'écrivais comme un loisir et de façon très irrégulière ; je ne savais pas, surtout, si j'allais réussir et aimer ce marathon de l'écriture. Mon texte de *teasing* était prêt ; c'était une demande que j'adressais aux entrepreneurs : croire dans ce projet qui me tenait à cœur, et y participer en m'accordant une interview. Il ne me restait plus qu'une chose à faire : appuyer sur cette touche « Entrée » qui me paraissait soudain tellement plus grande et impressionnante. Appuyer, c'était s'engager. Appuyer, c'était aussi s'obliger…

Quelques secondes d'hésitation, la conscience de vivre un moment suspendu entre un « avant » connu et un « après » aux certitudes impossibles. Et j'ai appuyé ! Ça y est, j'étais sur un nouveau projet : j'écrivais un livre...

Je n'avais pas mesuré l'ampleur de la tâche ! Je l'ai découverte tout au long des 6 mois qu'a demandé la rédaction de cet ouvrage. Deux mois d'entretiens, pour commencer – 51 entrepreneurs interviewés – puis 2 mois de préparation à la rédaction – 750 pages rédigées – et enfin 2 mois de rédaction, et de collecte des témoignages pour illustrer les risques. Un travail non-stop ! Des périodes d'euphorie, quand la progression semblait facile et que le projet s'organisait exactement comme prévu ; des périodes de doute, lorsque l'inspiration s'est mise à me jouer des tours, tout particulièrement aux deux tiers du parcours, un peu comme ce fameux mur des 30 km au marathon, finalement...

Au fil des interviews, au contact de ces 51 entrepreneurs, je me demandais quel pourrait bien être le risque ultime. Ce risque qui dépasserait tous les autres, non pas par le danger qu'il représenterait pour l'entreprise, mais pour le risque qu'il ferait peser sur la grande idée d'entreprendre. Il s'est imposé naturellement : risquer de ne pas risquer ! Risquer de passer à côté de l'émotion du saut dans le vide, quand l'inconnu est la seule ligne d'horizon ; risquer de passer à côté de tous ces verbes qui colorent les pages de l'histoire entrepreneuriale : rêver, imaginer, rencontrer, vibrer, construire, convaincre, emmener avec soi. Entreprendre, c'est confronter ses sens à de nouvelles expériences.

Ce livre a aussi été pour moi une révélation : celle de la grandeur de ce qui est reçu lorsqu'on replace la générosité, la bienveillance, la sincérité et l'empathie au centre de l'entreprise. J'ai « rencontré » 51 entrepreneurs. 51 hommes et femmes auxquels j'ai parlé avec sincérité de mon parcours, de ma faillite et de ses enseignements. Ils m'ont offert en échange la vérité de leurs vies d'entrepreneurs. J'ai certes pris des risques en m'investissant dans ce projet d'entreprise, mais ne pas le faire m'aurait fait courir un risque plus grand encore : passer à côté de toute cette richesse.

Si je devais donc traduire en un seul mot tout ce qu'ils m'ont offert et permis au travers de cette aventure, je le choisis en majuscules : RENAÎTRE !

100 conseils de 51 entrepreneurs

« *Best of* » des 100 conseils spontanés, récoltés au fil des 51 interviews réalisées.

COMMUNIQUER

- Ne communiquez dans les médias que si vous avez de bonnes raisons de le faire, des messages clairs à faire passer, et si vous êtes à l'aise dans cet exercice.
- Ne donnez que les informations nécessaires pour vendre : suffisamment pour séduire et vous rendre crédible, mais pas trop, pour que vos interlocuteurs soient obligés de payer pour avoir le reste.
- Parlez de votre idée. Il y a 0,1 % de chances pour que la copie éventuelle soit réussie.

FINANCER

- Allez chercher de l'argent quand tout va bien : subventions, découverts bancaires, solutions d'affacturage, etc.
- Apprenez à bien connaître vos investisseurs – fonds d'investissement et *business angels* – avant d'envisager de les faire rentrer dans votre capital.
- Ne choisissez pas vos investisseurs parce qu'ils s'intéressent à vous, mais parce que vous voulez vraiment ceux-là.
- Ne pensez pas que ce sont ceux qui vous connaissent le mieux qui investiront le plus.
- Ne sous-estimez jamais les fonds que sont prêts à investir ceux qui croient en vous.

• N'hésitez pas à aller chercher de l'argent autour de vous et, quand vous le faites, n'oubliez personne ; les oubliés pourraient vous en vouloir…

GÉRER

• Évitez tout risque de dispersion. Soyez 100 % mobilisé et investi dans votre projet.

• Faites ce que vous aviez dit que vous feriez, et utilisez l'argent restant pour ajuster et repenser.

• Faites toujours en sorte que vos délais de paiement « clients » soient plus courts que vos délais de paiement « fournisseurs ».

• N'acceptez pas les retards de paiement. Vous aviez l'obligation de délivrer un produit ou un service dans des conditions définies ; vos clients ont l'obligation de payer dans les délais convenus.

• Ne comblez jamais les trous de trésorerie de l'entreprise par des apports personnels. Allez chercher l'argent ailleurs.

• Organisez-vous pour pouvoir précéder les envies de vos clients et ne pas vous laisser déborder par leurs exigences sans cohérence avec votre stratégie.

• Restez animé(e) par le « bon sens paysan » : soyez économe et restez pragmatique.

• Concentrez-vous sur les activités à faible investissement en coût et en temps, et à forte marge.

RÉFLÉCHIR

• N'oubliez jamais que c'est parce que vous essayez que vous avez une chance de réussir.

• Prenez une journée par semaine pour vous extraire de l'opérationnel et prendre de la hauteur.

• Réfléchissez un peu, mais pas trop, et agissez vite !

• Fixez-vous des règles de vie personnelle/professionnelle et écrivez-les. Puis sortez-les régulièrement et relisez-les.

S'ASSOCIER

• N'entreprenez pas seul(e), sauf si vous êtes bien entouré(e) (actionnaires, mentors, partenaires).

• Dites-vous qu'en matière de capital social, il vaut mieux avoir 10 % d'un énorme gâteau que 100 % d'une miette, sauf si vous tenez à rester seul(e), bien entendu.

• Méfiez-vous de ceux qui vous tournent autour et vous promettent des conseils futurs en échange de parts sociales gratuites ou d'un achat dans des conditions avantageuses.

• Parlez de la répartition des rôles et du capital le plus tôt possible, si vous voulez éviter que l'émotionnel s'immisce dans les discussions.

• Répartissez le capital, non pas en fonction de ce que les uns et les autres sont susceptibles de faire demain, mais en fonction de ce qu'ils apportent réellement, dès à présent, à l'entreprise…

• Mettez en place des mécanismes qui permettront d'ajuster les pourcentages de détention de parts sociales des associés, si leurs engagements sont effectivement respectés.

• N'attendez pas pour formaliser et signer un pacte d'associés. Ce n'est qu'une fois le pacte d'associés signé que vous pouvez envisager de signer les statuts.

• Ne faites pas rentrer les fournisseurs dans votre capital social, pour garder à la fois flexibilité – possibilité de vous adresser à d'autres fournisseurs concurrents – et capacité de négociation.

SE COMPORTER

• Ne réagissez ou ne prenez jamais de décision « à chaud ». Il y a de fortes chances pour que cela soit une grosse erreur… qu'il vous faudra ensuite réparer.

• Sachez rester humble, le succès est temporaire. Sachez rester confiant(e), l'échec l'est tout autant.

• Soyez vous-mêmes et n'essayez pas de jouer celui ou celle que vous n'êtes pas. Cela va se voir et sonner faux.

SE CONNAÎTRE

• Cessez de vous comparer et de penser à ce que vous auriez pu faire. Vous ne l'avez pas fait, et pour mille bonnes raisons.

• Dites-vous que si vous êtes un chef nécessaire au démarrage, vous ne serez pas forcément le meilleur des chefs pour le développement futur.

• Faites votre propre check-up avant de vous lancer. De quoi avez-vous envie ? Quelle réussite voulez-vous vivre ? Comment souhaitez-vous travailler ?

• Ne cessez jamais de vous demander si ce que vous vivez, en tant qu'entrepreneur, correspond à ce que vous vouliez vivre. Si ce n'est pas le cas, vous avez la liberté de changer !

• Se méfier de son désir d'excellence et de perfection. Il peut conduire à gaspiller un temps utile à autre chose.

• Soyez sûr(e) de votre intuition, elle a souvent raison.

SE MÉNAGER

• Gardez cet objectif en tête : vous organiser pour prendre des vacances.

• Ménagez-vous, ménagez votre entourage et trouvez des sources d'équilibre et d'inspiration ailleurs que dans le travail.

• Sortez, faites du sport, prenez des vacances. Sachez respirer !

SE PROJETER

• Votre *business plan* ? Étudiez vos chiffres, réduisez-les de 30 % et rallongez de 12 mois la période pour les réaliser : vous êtes encore trop optimiste.

• Décomposez votre projet en étapes à atteindre et prenez le temps de célébrer chaque succès.

• Fixez-vous un cap, profitez du chemin et n'hésitez pas à changer de direction le moment venu.

• Ne passez pas un temps infini à régler les détails de votre *business plan* à la virgule près. Il sera faux de toute façon.

• Sachez penser international même si vous n'agissez que localement pour le moment.

• Pour votre plan de trésorerie, soyez optimiste à 3 ans, pessimiste à 3 mois.

• *Think big* (« Pensez grand ») ! C'est le meilleur moyen de tirer tout le monde vers le haut.

SE PROTÉGER

• Battez-vous pour éviter la caution personnelle sur les emprunts de l'entreprise. Elle hypothéquerait votre liberté future.

- Comprenez ce que veulent dire vos statuts, de la première ligne à la dernière.
- Évitez ou protégez-vous des grands comptes et des organisations complexes au démarrage. Gros = risque commercial (temps passé) + risque de non-signature (appel d'offres) + risque de pillage intellectuel (finalement réalisé en interne).
- Investissez dans vos statuts en faisant appel à un vrai professionnel et en y accordant le temps et le budget nécessaires.
- Faites en sorte que la création d'entreprise ne modifie pas fondamentalement votre vie et n'accumule pas les sacrifices.
- Ne partez pas sur un *business model* qui réduira fortement votre train de vie (rémunération, temps libre, loisirs, etc.) : c'est le meilleur moyen de vous affaiblir.
- N'oubliez jamais que le danger n'arrive pas qu'aux autres. Assurez-vous !
- Soyez convaincu(e) que le contrat est le meilleur souvenir des engagements pris. Prenez le temps de le rédiger et de le signer conjointement. Il sera la meilleure des mémoires contre le temps et l'oubli.
- Soyez vigilant(e) sur les services que l'on essaie de vous vendre. La plupart d'entre eux ne serviront à rien.

SE RASSURER

- Dites-vous que rien n'est grave, encore plus quand vous vivez le pire.
- Dites-vous qu'il n'y a pas d'âge pour entreprendre. Le meilleur âge est celui auquel on se sent prêt.
- Persuadez-vous de la force du *Power of Zero* : zéro argent, zéro contact, zéro compétence. Un excellent moyen de faire mieux que les autres.
- Gardez à l'esprit que 80 % de la réussite, c'est de la préparation.

S'ENTOURER

- Créez un comité de sages autour de vous. Des experts bienveillants, expérimentés, pertinents et désintéressés – non-actionnaires de l'entreprise – qui vous aideront à réfléchir et à prendre de bonnes décisions.
- Faites confiance, mais ne cessez jamais de contrôler.

• Déléguez tout ce sur quoi vous n'avez ni valeur, ni intérêt, ni efficacité.

• Embauchez des personnes meilleures que vous et dites-vous que cela devrait être facile : il y en a partout.

• Écoutez un peu les gens très intelligents, et beaucoup les débrouillards.

• Recrutez un *profit maker*, en priorité si vous ne l'êtes pas vous-même.

• Séparez-vous des indésirables sans attendre, mais sans précipitation non plus.

• Testez pendant 2 à 3 jours les ressources que vous souhaitez recruter.

• Vous vous êtes trompé(e) d'expert-comptable ou d'avocat ? Changez !

S'INFORMER

• Affectez des coefficients de valeur à tous ceux qui vous donnent un avis, en fonction de leur légitimité, et considérez les avis donnés en fonction de ces coefficients.

• Écoutez les conseils mais ne les prenez pas pour argent comptant, et confrontez-les à d'autres avis.

• Gardez quoi qu'il arrive, même dans les pires difficultés, des liens avec votre marché (rencontres, contacts). C'est la meilleure source d'information.

• Méfiez-vous des conseils de votre entourage. Ils sont soit trop bienveillants, car on ne veut pas vous blesser, soit trop négatifs, car on a peur pour vous.

• Allez chercher des conseils extérieurs parce que vous en avez besoin, et non pour vous rassurer ou trouver ce que vous savez déjà.

• Ne croyez pas tout ce que dit *TechCrunch* !

• Rencontrez d'autres entrepreneurs, discutez et apprenez d'eux.

• Tournez-vous vers les autres, non parce qu'ils vous flattent mais parce qu'ils vous aident.

SOUS-TRAITER

• À la première erreur d'un prestataire, comprenez et corrigez. À la deuxième, basculez une partie de l'activité sur un autre. À la troisième, quittez-le.

• Évitez de vous tourner vers de très gros prestataires au départ, et privilégiez ceux qui ont autant besoin de vous que vous avez besoin d'eux.

• N'ayez jamais un seul prestataire ; 2 au minimum, 3 dans l'idéal. Répartissez les commandes en 60 %, 30 % et 10 %, et faites tourner les fournisseurs (le troisième d'aujourd'hui devient le premier de demain)

• Ne soyez jamais dépendant d'un seul prestataire, votre potentiel de développement ne doit pas être freiné par ses limites.

• Respectez vos prestataires, et gardez avec eux le même ton qu'avec vos clients.

• Voyagez léger : faites tout pour réduire les frais fixes et les contraintes durables sur la trésorerie, en externalisant le plus possible.

VENDRE

• Choisissez un « modèle à la performance » uniquement si vous avez la garantie qu'il y aura une activité, et si vous pouvez agir sur les ventes de vos clients pour maximiser votre rémunération.

• Comprenez qu'à un moment ou un autre, l'un de vos clients représentera une part importante de votre chiffre d'affaires, mais organisez-vous pour que cela dure le moins longtemps possible.

• « Crash testez » votre projet : allez vite sur votre marché, pour échouer vite si vous devez le faire, corriger tant qu'il en est encore temps et arrêter vite s'il n'y a pas de débouchés.

• Demandez-vous si vous savez expliquer facilement votre idée. Si ce n'est pas le cas, retravaillez votre message. Si ce n'est toujours pas le cas, changez d'idée !

• Demandez-vous toujours si, en tant que client, vous achèteriez vos produits ou vos services.

• Gardez en tête que tout service se paie. Les conseils et analyses que vous produisez, même lors des premiers échanges, doivent être facturés car le temps que vous y passez, vous ne le consacrez pas à autre chose.

• Un contrat d'exclusivité avec un client est à éviter dans 99 % des cas. S'il est inévitable, obtenez une forte compensation financière – garantie de marge – et une durée contractuelle longue.

• N'attendez pas le produit parfait pour essayer de le vendre. Faites un produit « acceptable » et viable, et testez-le.

- N'attendez pas pour rencontrer vos clients et les faire signer, car ils sont vos premiers investisseurs ; vos premiers contrats et premières factures sont votre première levée de fonds.
- Pensez à vendre votre produit dès que vous vous levez le matin.
- Privilégiez des activités duplicables. Investissez du temps pour comprendre et apprendre sur le premier projet, et vendez-le à la chaîne ensuite.
- Rédigez des CGV (conditions générales de ventes) qui vous protègent, et communiquez-les avant et avec toute facture.
- Soyez convaincants, mais n'essayez pas de vendre à tout prix à ceux qui n'ont pas envie d'acheter.
- Un(e) commercial(e) guère courageux(se) qui ne vend pas aujourd'hui, est un(e) commercial(e) qui ne sera pas plus courageux(se) et ne vendra pas mieux demain.
- Vendez votre idée, avant même de penser à la mettre en œuvre.

Les 51 entreprises interrogées

Alexandre Bataille	MONALBUMPHOTO.FR Produits photos personnalisés
Alexis Roux de Bézieux	CAUSSES Alimentation générale de qualité
Benjamin Azancot	TALENT ADDICT Cabinet de chasse de têtes spécialisé sur les métiers du conseil
Bertrand Duprez	CONVERSONS Réseau de 50 points de vente spécialisé dans la vente d'appareils auditifs
Christian Kamayou	FINANCETESETUDES.COM Courtier en ligne, spécialiste des offres bancaires ou financements pour étudiants MYAFRICANSTARTUP.COM Plateforme digitale et événementielle pour la promotion des startups africaines
Christophe Bourbier	LIMONETIK Spécialiste des paiements digitaux et du « marketing paiement »
Christophe d'Auzac	CINCOSENSO Opérateur d'instruments de paiement privatifs en marque blanche

Damien Bourel	CAPHORN INVEST Fonds d'investissement indépendant dédié aux jeunes PME françaises au stade du développement commercial
Damien Kessida	CARTEL BELLI Agence de communication globale
David Hamelin	VERIFIMMO Courtier d'assurances spécialisé dans l'analyse et la sécurisation du financement des projets de construction
David Lerman	GUIDIGO Plateforme web pour créer des visites guidées « nouvelle génération » et les publier sur appareils mobiles
David Meulemans	AUX FORGES DE VULCAIN Maison d'édition
David Sobel	THE OTHER STORE *E-retailer* pour le compte de marques
Djamel Brahmi et Mathias Deray	SPHÈRE SANTÉ Leader français dans la vente de produits pour l'incontinence et l'information sur cette pathologie
Emmanuel Cotsoyannis	GROUPE ANTILOPES Groupe intégré des métiers de la restauration et de l'événementiel
Fany Péchiodat	MY LITTLE PARIS Groupe média féminin qui regroupe une communauté d'1,5 million de femmes
François Bernard	NEAMEDIA Fabrication sur mesure d'objets de communication et de produits design
François Chopard	STARBURST ACCELERATOR Premier accélérateur de startups dans l'aéronautique

François Soulard	PLACELOOP Plateforme marketing *web-to-store* pour les marques qui n'ont pas de *stores*
François-Xavier Tanguy	ADVISE UP Cabinet de conseil et d'audit avec un esprit d'entreprendre et d'innovation
Frédéric Garnier	STUDIOS GARNIER Réalisation d'images publicitaires
Frédéric Rodriguez	GREENFLEX Société de services en développement durable
Ghislain Pironneau	IMODEV Foncière ayant pour objet la constitution, la rénovation et la gestion d'un portefeuille immobilier
Hugues Franc	BEELEEV Plateforme internationale pour la mise en relation d'entrepreneurs de tous pays
Jean-Baptiste Rousset	MABELLEPHOTO.COM Spécialiste de la décoration murale sur mesure
Jean-Luc Schnoering	TALENVI SAS Broker - Solutions et expertise en contenus vidéos, digitaux et photos
Jean-Marc Satta	ARAGON-eRH, GROUPE DIGITAL DIMENSION - ECONOCOM Plateforme SIRH cloud et SaaS pour la gestion des talents et l'administration du personnel
Julien Delon	SEJOURNING.COM Site de location courte durée d'appartements entre particuliers partout en France
Laurence Onfroy	TEMPTINGPLACES Premier label de boutique-hôtels d'exception à travers le monde

Louis-David Benyayer	WITHOUT MODEL Club d'innovation et de réflexion sur de nouveaux *business* models
Marc Adamowicz	HAPPYVIEW.FR et MALENTILLE.COM Spécialistes e-commerce pour les lunettes de vue et les lentilles de contact
Marc Santenac	DAKOTABOX Editeur de coffrets cadeaux loisirs
Maÿlis Dupont	COMMONPLAY Conception et développement d'applications web pour le marché de la vidéo en ligne
Nicolas Piegay	KBCAFESHOP *Cakes & Specialty Coffee Shop*
Nicolas Rodelet	PARIS REGION LAB INCUBATEURS NOKINOMO Agence de design interactif
Olivier et Véronique Carrobourg	DERVILLE Souliers sur mesure à portée de main
Olivier Schwartz	UPSO CONSEIL Conseil en entrepreneuriat, stratégie et développement opérationnel
Patricia Dumesny	SIMONET CONSEIL Cabinet d'accompagnement managérial et de coaching
Philippe Duhamel	CLUSTAAR Service d'études de marché par l'analyse des mots clés Google
Philippe Lehr	PETITE FRITURE Éditeur de mobilier design
Pierre-Henri Deballon	WEEZEVENT Service de billetterie et d'inscription en ligne à destination des organisateurs d'événements

Quentin Desurmont	PEPLUM Création de voyages sur mesure extraordinaires
Rachid Baalla	MONSIEUR POULET Marque web de vêtements responsables dont les graphismes sont signés par des artistes
Rémi Barbe	MYSPORTCONNECT Premier service vidéo à destination des centres et clubs de sport
Renaud Guillerm	VIDEDRESSING.COM Site de shopping communautaire
Rudy Muti	CRÈCHES ET MALICES Spécialiste de la création et de la gestion de micro-crèches et crèches en France
Sandrine Baslé	QUALIVIEW CONSEIL Cabinet d'études qualitatives et de conseil en stratégie d'entreprises
Stéphane Buthaud	JEREVEDUNEMAISON.COM Service web de chasse immobilière optimisée pour les résidences secondaires
Valérie Alasluquetas	GINGER Institut d'études marketing et de sondage d'opinion
Victor Lugger	BIG MAMMA Restaurants italiens
Xavier Milin	BASICS FINANCE Direction financière en temps partagé STARTUP LEADERSHIP PROGRAM France Accélérateur international d'entrepreneurs de talent

Remerciements

À mes parents, frères, belles-sœurs, proches et amis, pour ce trésor qu'ils m'ont offert : leur indéfectible soutien pour encourager puis tracer la voie du rebond.

À Louis et Léa, dont la joie d'enfant, les sourires et l'affection, rendent la plume plus heureuse, plus légère et inspirée.

À Christophe d'Auzac, mon Associé, qui aura partagé et vécu notre belle amitié grandissante dans les succès et les tempêtes de l'aventure entrepreneuriale.

À Catherine Chavigny, une coach et sculpteuse de talent, dont la sensibilité, la clairvoyance et la sagesse auront permis de croire en ces possibles que l'on se refuse souvent.

À Alain Parmentier, Andres Buehler, Nicolas Prieur, Loïc Sidot et Laurent Lepeu, pour leur amitié, leur confiance, leurs encouragements et les conseils avisés dont ils ont su nous faire profiter tout au long de l'aventure CincoSenso.

À Jacques Wajnapel, pour ces échanges qui éclairent, et ces paroles toujours empreintes de mesure, d'intelligence et d'humour.

À Philippe Rambaud et l'association 60 000 Rebonds qui déploient tant d'énergie et mobilisent tant de richesse pour redonner des couleurs et des ambitions aux entrepreneurs fragilisés par la faillite.

À Cyrille Saint-Olive et au Réseau Entreprendre Paris pour leur confiance et leur aide dans le démarrage et la mise en œuvre de ce projet de livre, pensé comme un projet d'entreprise.

À Valérie Alasluquetas, de la société Ginger, pour son expertise, ses conseils avisés et son aide précieuse dans la construction et la gestion du sondage sur les niveaux de risque.

À mes éditeurs, Christophe Rémond et Jean-Yves Clément, pour avoir su créer le déclic : l'intuition et l'envie de vivre ce projet d'édition ensemble.

À L. qui aura inspiré les réflexions nécessaires, mais trop tardives, sur l'indispensable équilibre entre vie professionnelle et vie personnelle.

À Charles Beigbeder, instigateur malgré lui de cet ouvrage sur le risque entrepreneurial.

À ces 51 entrepreneurs, enfin, sans qui ce livre n'aurait pu voir le jour. Ils m'ont fait un immense cadeau en m'ouvrant les portes de leurs interrogations, bien au-delà des postures auxquelles les responsabilités d'entrepreneur obligent. Trouvez dans ce livre qui nous rassemble mon infinie reconnaissance.

Annexes

Profil des 51 entreprises interviewées

L'entreprise existe-t-elle encore ?

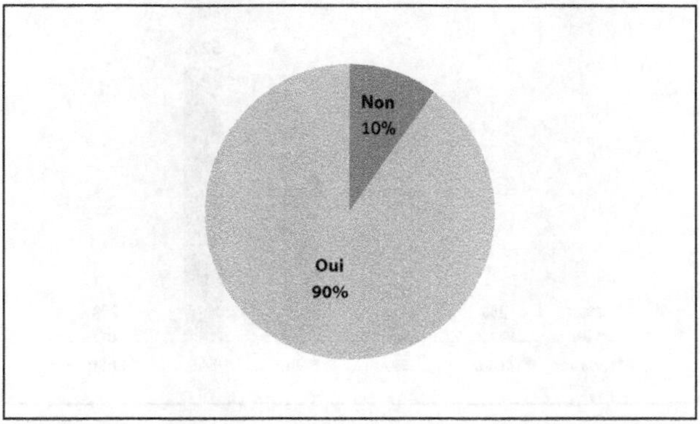

Répartition des entreprises par ancienneté

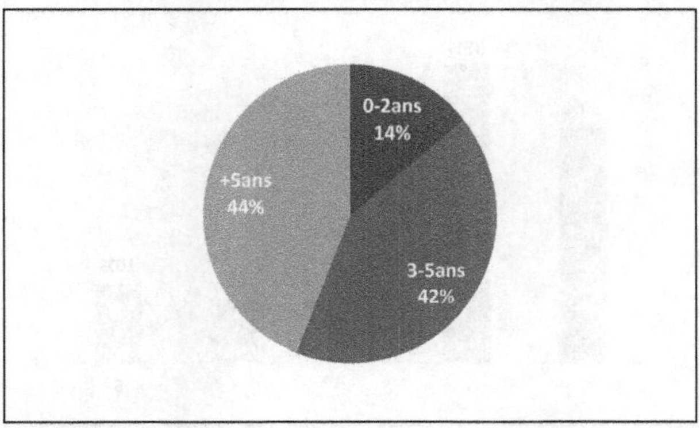

Nombre d'entreprises par secteur d'activité

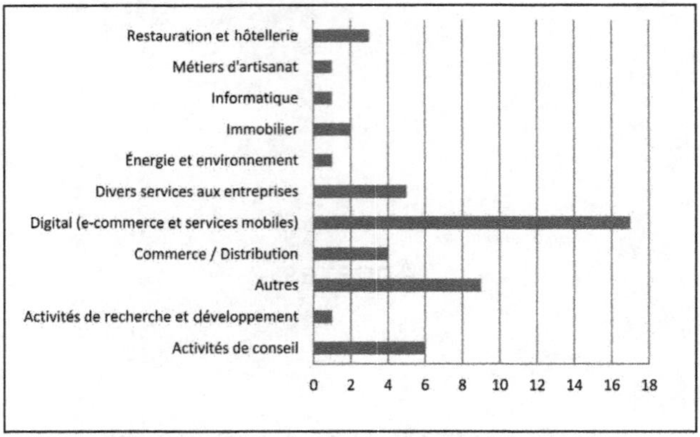

Répartition des entreprises par structure juridique

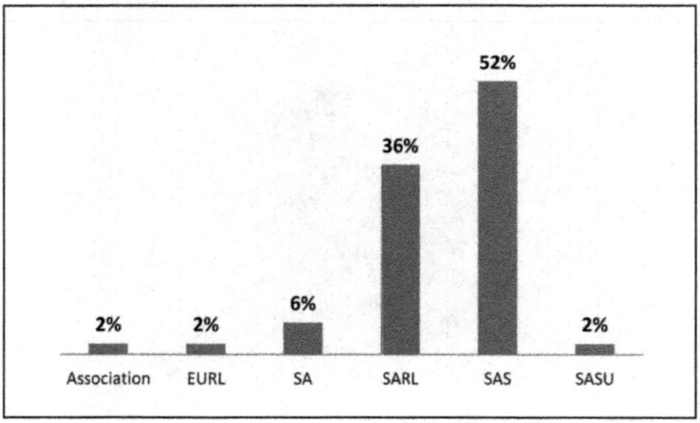

Répartition des entreprises par nombre d'associés fondateurs

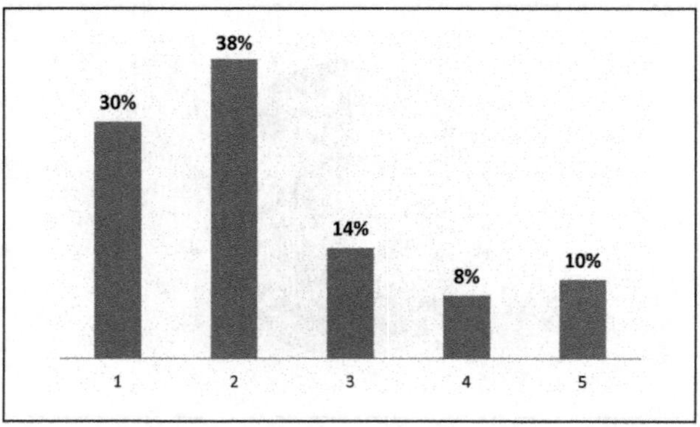

Répartition des entreprises par taille d'effectif

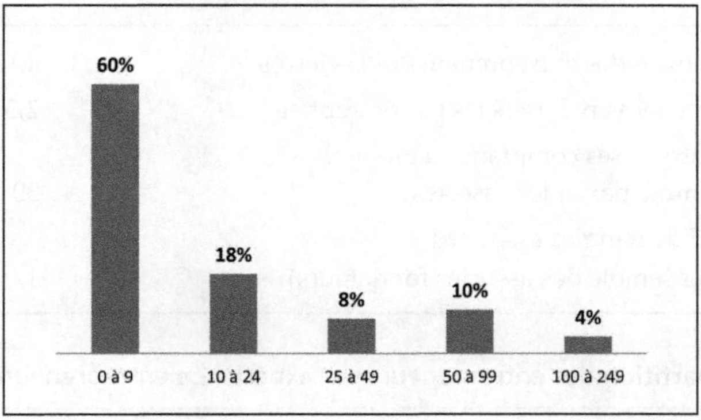

Répartition des entreprises par chiffre d'affaires réalisé

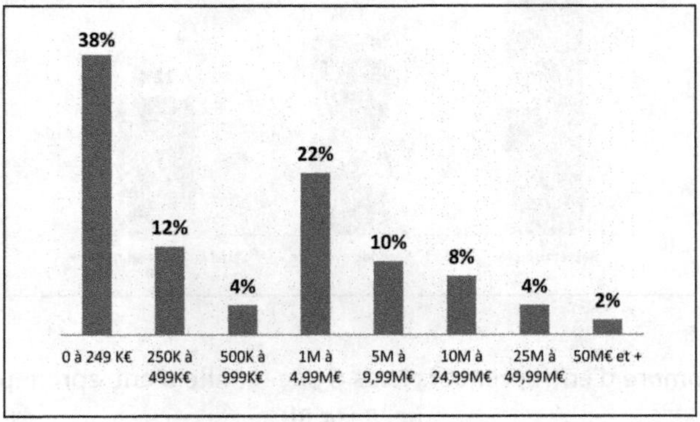

Répartition des entreprises par montant de fonds levés

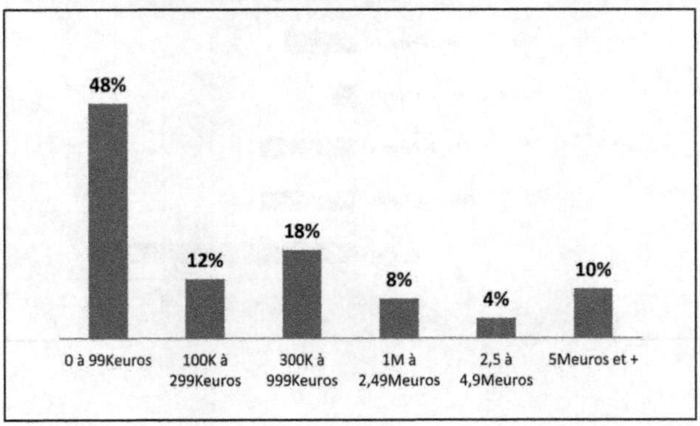

Profil des associés fondateurs

Âge moyen des entrepreneurs interviewés	40,2 ans
Nombre moyen d'associés par entreprise	2,3
% d'entreprises comptant au moins une femme parmi les associés	30 %
% total de femmes associées (sur l'ensemble des associés fondateurs)	17 %

Répartition des entrepreneurs par expérience entrepreneuriale

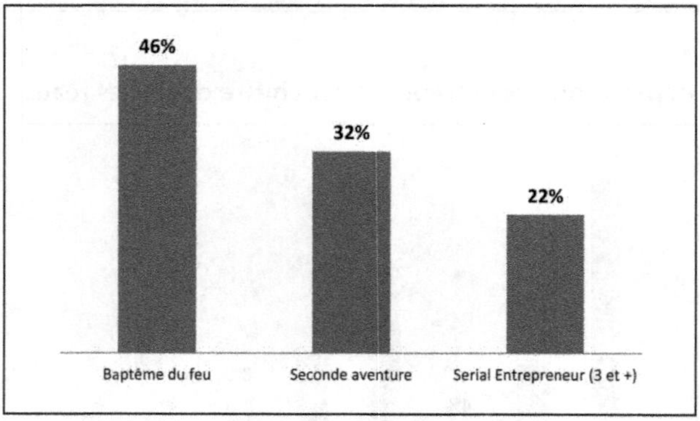

Nombre d'entrepreneurs issus d'une famille d'entrepreneurs (= 28 sur 51)

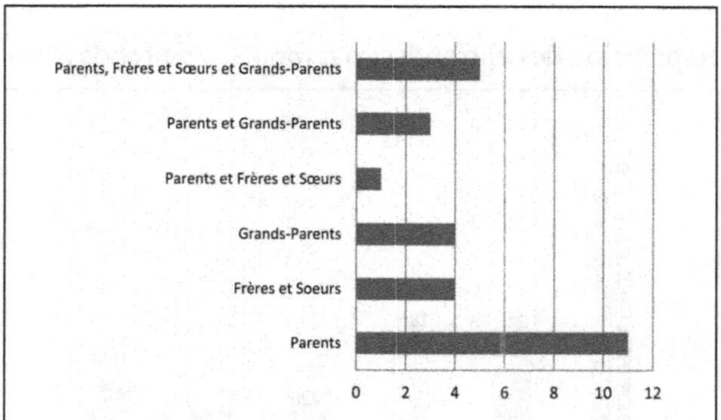

Ce qu'ils ont retiré de leur aventure entrepreneuriale

« J'avais mesuré ce qui m'attendait. »

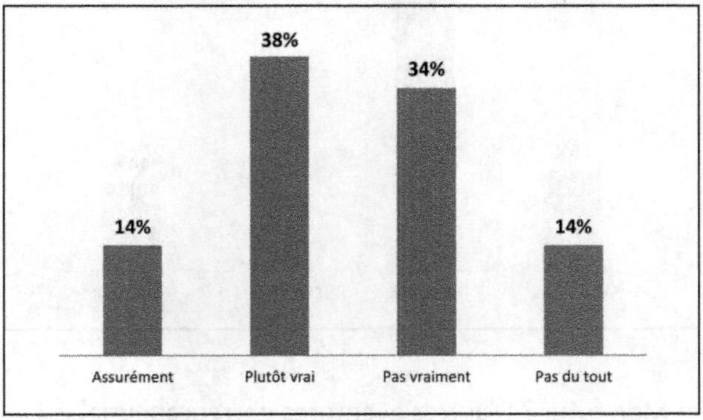

« J'y étais préparé. »

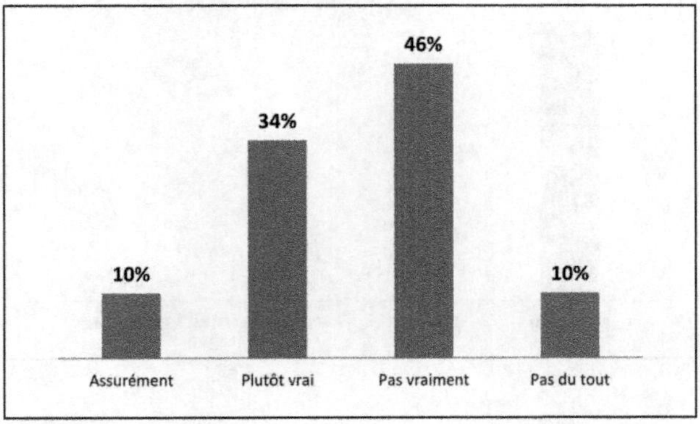

« J'ai trouvé ce que je cherchais. »

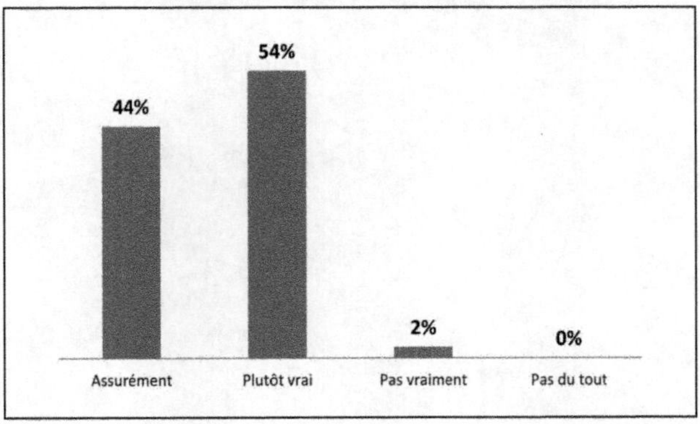

« Si je devais recommencer, je referais comme ça. »

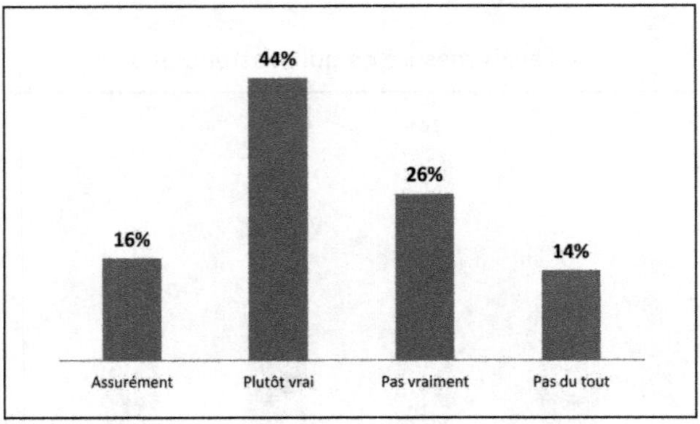

« Mon futur ? D'autres aventures entrepreneuriales ! »

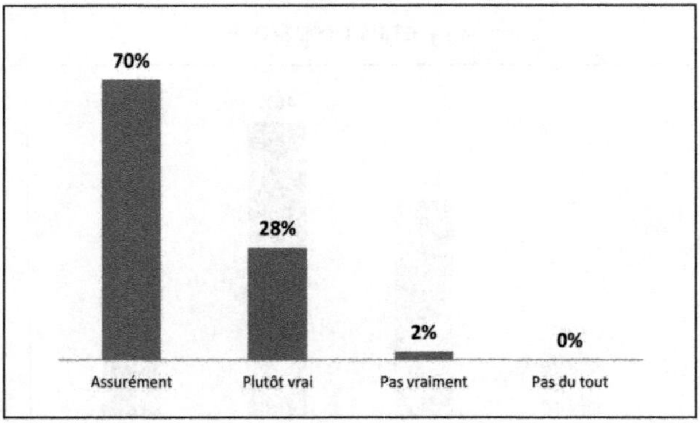

Table

CET OUVRAGE A ÉTÉ COMPOSÉ
EN PALATINO CORPS 11
PAR NORD COMPO
À VILLENEUVE-D'ASCQ.

ACHEVÉ D'IMPRIMER
PAR L'IMPRIMERIE CPI FIRMIN DIDOT
À MESNIL-SUR-L'ESTRÉE, EN DÉCEMBRE 2014,
SUR PAPIER OFFSET 70 G,
POUR LE COMPTE DU PASSEUR ÉDITEUR.

IMPRIM'VERT®

Dépôt légal : janvier 2015.
N° d'imprimeur : 125893
Imprimé en France.